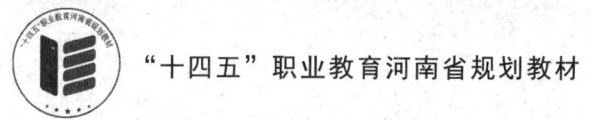 "十四五"职业教育河南省规划教材

物流市场开发与客户服务

主　编　程晓栋　李明慧
副主编　姜东淼　曾佩佩　王馨艺

扫码申请更多资源

南京大学出版社

图书在版编目(CIP)数据

物流市场开发与客户服务/程晓栋,李明慧主编.
—南京:南京大学出版社,2021.3(2024.1重印)
ISBN 978-7-305-24147-5

Ⅰ.①物… Ⅱ.①程… ②李… Ⅲ.①物资市场—市场开发—教材 ②物资市场—商业服务—教材 Ⅳ.①F252.2

中国版本图书馆 CIP 数据核字(2020)第 265581 号

出版发行	南京大学出版社
社　　址	南京市汉口路 22 号　　邮　编　210093

书　　名　**物流市场开发与客户服务**
　　　　　WULIU SHICHANG KAIFA YU KEHU FUWU
主　　编　程晓栋　李明慧
责任编辑　武　坦　　　　　　　　编辑热线　025-83592315
照　　排　南京开卷文化发展有限公司
印　　刷　南京玉河印刷厂
开　　本　787×1092　1/16　印张 16.75　字数 407 千
版　　次　2021 年 3 月第 1 版　2024 年 1 月第 2 次印刷
ISBN　978-7-305-24147-5
定　　价　49.80 元

网　　址:http://www.njupco.com
官方微博:http://weibo.com/njupco
微信服务号:njuyuexue
销售咨询热线:(025)83594756

＊版权所有,侵权必究
＊凡购买南大版图书,如有印装质量问题,请与所购
　图书销售部门联系调换

前　言

近年来，中国经济平稳较快的增长以及众多的政策支持，为现代物流及供应链管理等第三方服务行业的快速发展提供了良好的宏观环境，同时也带来了竞争日益剧烈的挑战。开辟新的市场领域，提高企业的市场份额，巩固已有客户，发展新客户，成为所有物流企业亟待解决的问题。

本书以适应高等职业教育物流管理、物流工程专业应对 1+X 证书制度试点工作而进行的教学改革为依托，在充分考虑高等职业教育特点及分析相关职业岗位群的任职要求的基础上，以"项目引领、任务驱动"为指针，形成工学结合、特色鲜明的课程体系。根据《物流管理职业技能等级及要求》(中级)涉及物流市场开发与客户服务相关的职业功能、工作内容与技能要求标准，全书共分为 4 个项目、16 个工作任务，每个任务均包含知识储备、相关链接、前沿理论以及基于真实工作场景的实训任务、练习题等。本书内容丰富、实用性强，既有对基本概念和原理的阐述，又涵盖了大量企业真实案例，并设计了工作任务，深入浅出，易学易懂。本书特色主要体现在以下几个方面：

(1) 聚焦物流核心岗位的技能要求。

经行业、企业、院校的调研可知，与市场开发、客户管理相关的核心技能，属于企业非常关注但院校教学仍待加强的核心技能。部分院校将此类技能的知识点穿插到某些物流相关专业的专业课之中，大部分学校没有单独开设本门课程。本次"1+X"改革，在物流管理职业技能等级(中级)要求中，将物流市场开发与客户管理列为第一项技能要求，对此项技能的重视程度可见一斑。据了解，大部分高职院校已经在物流管理相关专业的人才培养方案中加入《物流市场开发与客户管理》课程，但本课程配套教材市面上尚未出版。因此，本教材出版具有相当的时宜性、必要性与前瞻性。

(2) 对接行业标准和专业教学标准。

本教材对接《物流管理职业技能等级及要求》(中级)行业标准中关于物流市场开发与客户服务的能力要求，有机衔接教育部最新物流专业教学标准，准确定位并充分融入行业标杆物流企业市场开发岗位与客户服务岗位需求，促进专业对接产业、职业岗位，课程内容对接职业标准,教学过程对接工作过程,积极探索课岗证有效衔接与融通。

(3) 面向职业实践需要。

本教材以职业实践为导向,涵盖典型职场情境和典型工作任务,以项目为引领、以任务为驱动,精心设计典型工作任务和通用职业实践流程,让学生在典型职场情境中体验、内化职场核心技能与素养,培养学生关键职业能力和岗位工作胜任能力,有效满足岗位能力培养要求和学生职业生涯发展需要。

(4) 适应"互联网+教育"发展趋势。

本教材紧跟行业"四新"(新技术、新工艺、新规范、新要求)变化趋势,将持续更新提供更丰富的行业前沿资源,拓宽学生视野,多维度提高学习效果。

本教材是国家级优质高等职业院校河南交通职业技术学院的重点建设课程,是省级教改课题"'1+X'证书制度下高职物流专业教学改革研究与实践"中重点改革课程的配套教材,是对接物流管理职业技能等级证书(中级)的系列教材之一,是在"1+X"大背景下实现课岗证融通的研究成果之一。本书编写工作分工如下:河南交通职业技术学院程晓栋副教授任主编,负责全书策划、大纲制定工作,编写项目三的任务三、四;李明慧副教授任主编,编写项目二的任务三和项目四的任务一,并负责全书统稿工作;姜东淼编写项目三的任务一、二;曾佩佩编写项目一;王馨艺编写项目四的任务二、三、四;贾雯雯编写项目二的任务一、二、四。

特别感谢为本书编写提供支持的有关单位和物流企业,他们为本书提供了应用案例及编写指导意见;特别感谢为本书内容提供参考、借鉴、引用的大量国内外研究成果的作者,他们的研究成果为本书的出版提供了理论支撑。由于编者知识和实践经验的局限性,书中难免存在不妥之处,敬请各位专家与读者批评、指正。

编　者
2021 年 2 月

目 录

项目一　物流市场分析与调研 (1)

任务一　物流市场分析 (2)
一、物流行业的分析 (3)
二、物流行业细分 (6)
三、物流行业市场细分出现的问题及分析 (10)
四、快递行业目前的市场细分现状 (12)

任务二　物流市场调研(调研流程、方法) (16)
一、市场调研和物流市场调研的概念 (18)
二、物流市场调研的一般流程 (18)
三、分析行业物流特征 (18)
四、调查对象的确定 (19)
五、制订调研计划 (20)
六、实施市场调研 (21)

任务三　调研数据处理与统计 (23)
一、调研数据的处理 (24)
二、调研数据的统计汇总 (25)
三、调研数据的描述与分析 (26)
四、调研数据的动态分析 (28)
五、常用的统计分析方法 (29)

任务四　物流市场调研报告的撰写 (36)
一、物流市场调研报告的意义 (38)
二、物流市场调研报告的特点 (38)
三、物流市场调研报告的结构 (39)

项目二　物流客户开发 (43)

任务一　物流客户开发一般知识 (44)
一、客户的内涵 (45)
二、物流客户分析 (45)
三、物流客户分类及其意义 (47)
四、物流客户价值 (48)

五、物流客户开发流程 …………………………………………（51）
　任务二　寻找与识别物流客户 ……………………………………（56）
　　一、寻找物流客户前的准备工作 …………………………………（57）
　　二、寻找潜在物流客户 ……………………………………………（64）
　任务三　接近物流客户 ……………………………………………（71）
　　一、接近物流客户前的准备 ………………………………………（73）
　　二、约见物流客户 …………………………………………………（78）
　　三、物流客户跟进 …………………………………………………（82）
　　四、物流客户谈判沟通技巧 ………………………………………（83）
　　五、拜访物流客户基本礼仪 ………………………………………（85）
　　六、接近电子商务客户 ……………………………………………（91）
　任务四　客户异议处理与交易促成 ………………………………（98）
　　一、认识物流客户异议 ……………………………………………（99）
　　二、物流客户异议的类型及产生的根源 …………………………（100）
　　三、处理物流客户异议的原则与方法 ……………………………（103）
　　四、常见客户异议的处理技巧 ……………………………………（106）

项目三　物流项目招标与投标 ………………………………（110）
　任务一　认识招标和投标工作 ……………………………………（111）
　　一、招标投标的产生及含义 ………………………………………（112）
　　二、招标投标的程序及原则 ………………………………………（115）
　　三、招标投标活动的立法及监督 …………………………………（118）
　任务二　掌握物流项目招标工作 …………………………………（129）
　　一、项目招标常用方式 ……………………………………………（130）
　　二、物流项目招标文件的主要内容 ………………………………（133）
　　三、招标文件编写的关键点分析 …………………………………（137）
　任务三　掌握物流项目投标工作 …………………………………（144）
　　一、物流投标项目的确定 …………………………………………（146）
　　二、物流项目投标的主要工作 ……………………………………（152）
　　三、物流项目投标标书的主要内容及编写 ………………………（160）
　任务四　熟悉物流项目的开标评标定标工作 ……………………（170）
　　一、物流项目开标 …………………………………………………（171）
　　二、物流项目评标 …………………………………………………（175）
　　三、物流项目中标 …………………………………………………（182）
　　四、物流项目落标分析 ……………………………………………（184）

项目四　物流客户投诉管理体系 ……………………………（192）
　任务一　建立物流客户投诉管理体系 ……………………………（193）
　　一、物流客户投诉 …………………………………………………（194）

二、物流客户投诉管理体系 ……………………………………………… (195)
三、物流客户投诉管理的跟踪评价 ……………………………………… (206)

任务二 物流客户投诉的分析和处理 …………………………………… (211)
一、物流客户投诉的内容 ………………………………………………… (212)
二、物流客户投诉的原因 ………………………………………………… (213)
三、物流客户投诉处理原则 ……………………………………………… (215)
四、受理物流客户投诉的技巧 …………………………………………… (215)
五、物流客户投诉处理方法 ……………………………………………… (217)
六、物流客户投诉的处理流程 …………………………………………… (218)

任务三 物流客户投诉的预防问题 ……………………………………… (221)
一、提高员工满意度,有效减少客户投诉 ……………………………… (223)
二、改进客户服务质量,提高客户满意度处理 ………………………… (227)
三、与物流客户建立伙伴关系 …………………………………………… (232)

任务四 客户赔偿处理 …………………………………………………… (236)
一、货损处理 ……………………………………………………………… (237)
二、物流风险与物流保险法律制度 ……………………………………… (239)
三、物流争议解决 ………………………………………………………… (247)

参考文献 ………………………………………………………………………… (260)

项目一

物流市场分析与调研

通过本项目的学习,能够了解物流市场分析的一般方法,掌握物流市场细分的一般变量选择,熟悉物流调研报告的结构,掌握物流调研报告的撰写方法。

 知识目标

1. 了解市场信息收集的方法与工具。
2. 掌握物流市场调研的流程和方法。
3. 掌握数据处理与统计的知识与方法。

 能力目标

1. 具备进行物流市场细分的能力。
2. 具备开展物流市场调研的能力。

 素质目标

1. 树立良好的职业道德素养及求真务实的精神。
2. 培养专业分析的职业素养和理论联系实际的作风。

注:本项目知识目标、能力目标与《物流管理职业技能等级标准(中级)》中对应的知识点、技能点有机融合,实现课证融通,为物流管理职业等级技能证书的考取打下基础。

	工作领域	工作任务	实操考点	理论考点
《物流管理职业技能等级标准(中级)》	物流项目开发与范围管理	物流市场调研	1. 能制定物流市场调研计划; 2. 能编制调研计划、收集整理并分析数据; 3. 能编写物流市场调研报告	1. 了解物流市场调研的流程和方法; 2. 了解调研计划的内容; 3. 掌握市场信息收集的方法与工具; 4. 了解数据整理与分析的步骤和方法
	基本管理技能应用	工作效能提升工具	无	理解SWOT优劣势分析法

任务一　物流市场分析

 任务目标

通过本任务的学习,熟悉当前物流行业的现状;掌握物流服务模式分析的方法;熟悉物流行业细分的概念、作用和标准;掌握物流市场细分的方法和步骤以及处理细分过程中的问题。

 重难点分析

掌握物流市场细分的方法和步骤以及处理细分过程中的问题。

 教学建议

在教学过程中重视学生学习的主体地位,其次是注重学生对基础知识、基本技能的理解和掌握。

 【引导案例】

中远物流细分市场,提供差异化物流服务

物流是少数几个保持高于平均水准增长的行业之一。2018年,我国社会物流总额达283万亿元,较2017年增长12.0%,显示了经济对物流的需求仍然强劲。不过,在显著的增长中,不同细分领域的分化愈发严重,但每一个细分制造业都有潜力拥有自己的专业物流细分领域,如汽车物流、冷链、农业物流、危化品、仓储等。

中远物流凭借国际化的实力,通过物流市场细分,选定了汽车物流、家电物流、项目物流等作为目标市场,为物流客户提供高附加值的物流服务,取得显著成效。

在汽车物流领域,中远物流为上海通用、安徽江淮汽车等厂家提供汽车零配件配送服务。中原物流承担了上海通用公司汽车零配件,从上海港至浦东金桥通用RDC仓库的一关三检、仓储和内陆配送运输服务,以及安徽江淮汽车零部件海上运输、进口一关三检、仓储、短驳配送及整车出口东南亚及南美的物流业务。

在家电物流领域,中远物流参与无锡小天鹅公司的供应链方案设计与实施,通过对客户整个物流供给链的治理,提升客户物流效率。中远物流参与南京熊猫团体进出口公司的物流项目,包含货物的提货、仓储、装箱、检验检疫、通关、海运、目的港配套服务等全过程物流服务。

在项目物流方面,中远物流成为秦山三期设备内陆运输总承包商,负责承运秦山三期核电工程所有设备的内陆运输和大部分设备的海外段运输。

案例思考: 阐述中远物流对物流市场细分的特点。

项目一 物流市场分析与调研

【任务知识储备】

一、物流行业的分析

中国的物流术语标准将物流定义为:物流是物品从供应地向接收地的实体流动过程中,根据实际需要,将运输、储存、装卸搬运、包装、流通加工、配送、信息处理等功能有机结合起来实现用户要求的过程。

现代物流是经济全球化的产物,也是推动经济全球化的重要服务业。世界现代物流业呈稳步增长态势,欧洲、美国、日本成为当前全球范围内的重要物流基地。物流业是融合运输业、仓储业、货代业和信息业等的复合型服务产业,是国民经济的重要组成部分,涉及领域广,吸纳就业人数多,促进生产、拉动消费作用大,在促进产业结构调整、转变经济发展方式和增强国民经济竞争力等方面发挥着重要作用。

中国物流行业起步较晚,随着国民经济的飞速发展,中国物流行业保持较快增长速度,物流体系不断完善,行业运行日益成熟和规范。物流业离不开物体的运输、仓储、包装、搬运装卸、流通加工、配送以及相关的物流信息等环节。具体内容包括以下几个方面:用户服务、需求预测、订单处理、配送、存货控制、运输、仓库管理、工厂和仓库的布局与选址、搬运装卸、采购、包装、情报信息。

物流行业的分析,包括物流行业背景调查、物流服务模式分析两个部分的内容。

(一)物流行业背景调查

近年来,我国物流行业保持快速发展,全社会物流总额呈不断上涨趋势。根据发改委数据统计,2018 年,全国全社会物流总额为 283.1 万亿元,按可比价格计算,同比增长 6.4%,增速比上年同期回落 0.3 个百分点(见图 1-1-1)。

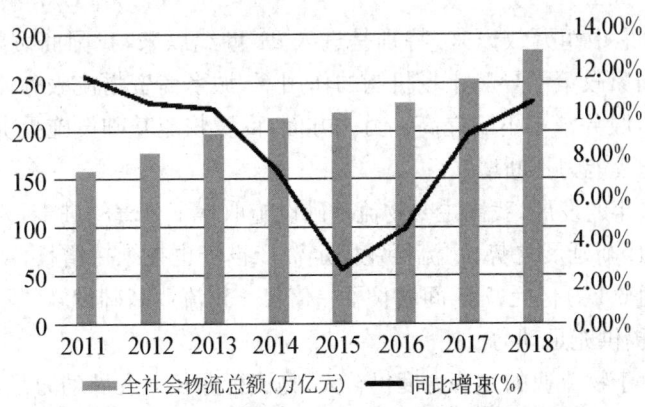

图 1-1-1 2011—2018 年中国社会物流综合及同比增速

得益于我国工业的崛起,工业物流发展迅猛,工业品物流在全社会物流中占据着重要地位。细分市场方面,以煤炭物流为例,煤炭作为我国最重要的能源,产量长期保持高位,推动着我国煤炭物流市场的持续发展。根据中国煤炭工业网数据,2018 年全国铁路煤炭运输持续增长,全年发运煤炭 23.8 亿吨,同比增长 10.3%(见图 1-1-2)。

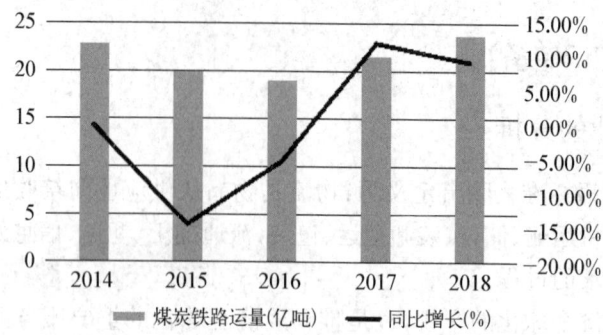

图1-1-2　2014—2018年中国煤炭铁路运量及同比增长

相比工业物流,我国农业物流市场发展稍显落后,但也有明显进步。2018年,农产品物流总额为3.9万亿元,按可比价格计算,同比增长3.5%,增速比上年同期回落0.4个百分点,但占同期全社会物流总额比重仅为1.38%(见图1-1-3)。

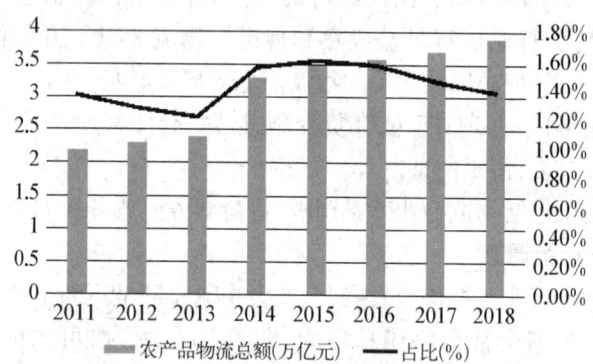

图1-1-3　2011—2018年中国农产品物流总额及占比情况

商贸物流方面,改革开放以来,特别是进入21世纪以来,我国商贸物流发展成效显著。一方面,在国家政策引导和市场机制的作用下,城乡商贸物流服务体系逐步完善,服务功能不断增强,服务水平不断提高。另一方面,商贸物流基础设施投资稳步增长,配套设施不断完善,配套能力不断增强。

首先,经过多年的发展,我国主要物流基础设施取得了显著的进步,公路、铁路和民用航空交通网络呈逐渐延展之势;物流行业固定资产投资也在维持增长,从2010年的3万亿元到2017年的6.1万亿元,7年间增长了一倍多。物流业基础设施的不断完善,将为物流业进一步发展提供充足动力。

其次,政策对于物流业的支持力度仍较大,物流行业长期发展动力足。例如,《物流业发展中长期规划(2014—2020年)》提出,到2020年,基本建立布局合理、技术先进、便捷高效、绿色环保、安全有序的现代物流服务体系;物流的社会化、专业化水平进一步提升;物流业增加值年均增长8%左右,物流业增加值占国内生产总值的比重达到7.5%左右。

再如,《商贸物流发展"十三五"规划》提出,"十三五"期间,基本形成城乡协调、区域协同、国内外有效衔接的商贸物流网络;商贸物流标准化、信息化、集约化和国际化水平显著提高,商贸流通领域托盘标准化水平大幅提升,标准托盘使用率达到30%左右,先进信息技术应用取得明显成效,商贸物流企业竞争力持续增强;商贸物流成本明显下降,批发零售企业物流费用率降低到7%左右,服务质量和效率明显提升;政府管理与服务方式更加优化,法治化营商环境更趋完善;基本建立起高效集约、协同共享、融合开放、绿色环保的商贸物流体系。

(二)物流服务模式分析

物流业的服务模式是通过使用现代技术和专业管理方法,在拥有丰富的经验和对客户需求深刻理解的目标行业,在某一行业领域的基础上,为客户提供全部或部分专业的物流服务模式。

商业运作方式决定着物流服务方式,只有深入掌握目标行业或项目的具体特征,才能提供专业化的物流服务。实际上,行业物流服务模式体现了细分物流市场的特征。物流企业必须不断研究目标市场行业的物流特点和发展趋势,成为这些行业的物流服务专家。

1. 物流服务模式按照服务提供方不同分类

物流服务模式根据不同的分类方式有不同的类别,按照物流服务提供方不同可分为第一方物流服务、第二方物流服务、第三方物流服务和第四方物流服务。其各自的特点如下:

(1)顾客自我服务的模式,称之为"第一方物流服务"。这是由买方使用自己的物流设施为自己提供物流服务的模式,是一种"自给自足"的物流服务模式,社会化和专业化程度很低,经济效率也比较低。

(2)供应商提供物流服务的模式,称之为"第二方物流服务"。这是由供应商使用它们的物流设施为其顾客提供物流服务的模式,由于供应商可以为多个顾客企业提供物流服务,所以这种物流服务模式的社会化程度高于第一方物流服务,其经济效率相对也高,但是其服务对象仍然局限于自己的顾客企业。

(3)第三方物流服务的模式。这是由买卖双方以外的第三方物流服务企业使用自己的物流服务设施和设备为买卖双方企业提供现代物流社会化服务的模式。这种模式中的第三方物流服务企业需要从货主企业(卖方或卖方企业)的利益与要求出发,代替货主从事物流作业和一定的物流管理工作。这种模式是一种效率和效益都较高的现代物流社会化服务的模式。

(4)第四方物流服务的模式。这是由第四方(既非买卖双方也不是第三方)物流服务企业为买卖双方或第三方物流服务企业所提供的一种广义的现代物流集成管理的服务,包括为买卖双方企业所提供的物流系统设计与企业物流集成管理安排等服务和为第三方物流服务企业及其分包商和类物流企业所做的物流服务集成、运输与仓储优化管理、配送和顾客服务管理、信息网络管理等服务。

2. 物流服务模式按照平台不同分类

物流服务模式根据平台不同可以分为一体化服务模式、网络化服务模式、虚拟化服务模式和移动化服务模式(见图1-1-4)。各自特点如下:

(1)一体化服务模式。一体化服务模式是以信息平台为基础,根据客户需求,从原材料采购到产成品分销的整个供应链的流程方案,整合、协调和管理涉及整个流程的资源。一体化服务不是若干物流功能服务的简单汇总,而是提供综合物流服务整体解决方案,扮演物流参与者角色;将多个物流功能服务进行整合,对物流运作进行总体设计和管理,扮演的是物流责任人角色。一体化物流服务的市场竞争,实际上是物流解决方案合理性的竞争。

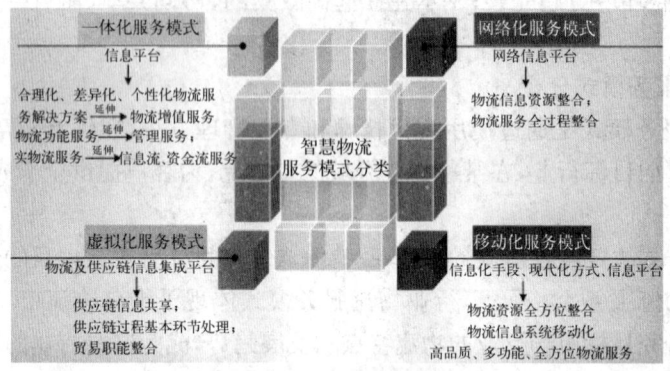

图 1-1-4 智慧物流的服务

(2) 网络化服务模式。网络化服务模式是以互联网和实体网络为支撑,并将分散的物流资源有效整合的一种服务模式,使得原本呈现出分散态势的物流信息资源,通过网络信息平台实现了整合,使物流企业之间突破了地域的界限,在计算机网络这个空间相互交流、协作,并且实现了优势互补;每个智慧物流服务通过网络平台实现相互衔接,最终实现物流服务全过程的整合。与此同时,为了能够使各种物流服务整体优化,网络化服务模式将服务功能建立在满足服务使用者的基础之上,做到高效益、高精确度地服务,促进智慧物流服务由智慧物流服务的规模化、综合化逐渐向自动化和信息化迈进。

(3) 虚拟化服务模式。虚拟化服务模式是以计算机网络技术进行物流运作与管理,实现企业间物流资源共享和优化配置的物流服务方式,其依靠物流及供应链信息集成平台,通过物流组织、交易、服务、管理方式的虚拟网络化,以获取物流领域的规模化效益为纽带,以先进的信息技术为基础,以达到供应链信息共享的目的,实现物流的高速、安全、可靠、低费用。虚拟化服务模式一般借助虚拟物流企业,其是由功能合理分配的、信息和运作一体化的、利益共享的,对于社会物流需求而言又是整合众多原先物流各环节承担者所组成的物流共同体。

(4) 移动化服务模式。物流信息具有很强的时效性、动态性,信息价值衰减速度快,对物流信息的管理及时性要求高,如订单处理、配送管理和运输管理对信息的实效性要求很高。因此为了进一步降低运作成本,提高工作与沟通效率,加强企业竞争力,移动信息化服务彰显出自己的优势。移动化物流服务模式充分运用信息化手段和现代化方式,以信息平台为依托,对物流市场做出快速反应,对物流资源进行全方位整合,实现了物流信息系统的移动化,提供高品质、多功能、全方位的物流服务。

二、物流行业细分

(一) 市场细分的概念

市场细分(Market Segmentation)的概念最早由美国市场学家温德尔·史密斯(Wendell R. Smith)于 1965 年提出。

市场细分是将市场进行分片或分割的活动,具体是指营销组织或者营销者通过市场调研,根据消费者对商品的不同购买欲望和需求、不同的购买行为与购买习惯,把消费者整体市场划分为具有类似性的若干不同的购买群体,即子市场,从而使企业可以轻而易举地识别和认定其目标市场的过程和策略。

市场细分的主要基础是顾客需求的差异性、顾客需求的相似性,以及企业资源的有限性三个方面。

(1) 顾客需求的差异性。顾客需求的差异性是指不同的顾客之间的需求是不一样的。在市场上,消费者总是希望根据自己的独特需求去购买产品,我们根据消费者需求的差异性可以把市场分为"同质性需求"和"异质性需求"两大类。同质性需求是指由于消费者的需求的差异性很小,甚至可以忽略不计,因此没有必要进行市场细分。而异质性需求是指由于消费者所处的地理位置、社会环境、自身的心理和购买动机不同,造成他们对产品的价格、质量款式上需求的差异性。这种需求的差异性就是我们市场细分的基础。

(2) 顾客需求的相似性。顾客需求的相似性是指在同一地理条件、社会环境和文化背景下的人们形成有相对类似的人生观、价值观的亚文化群,他们需求特点和消费习惯大致相同。正是因为消费需求在某些方面的相对同质,市场上绝对差异的消费者才能按一定标准聚合成不同的群体。所以消费者的需求的绝对差异造成了市场细分的必要性,消费需求的相对同质性则是使市场细分有了实现的可能性。

(3) 企业资源的有限性。现代企业由于受到自身实力的限制,不可能向市场提供能够满足一切需求的产品和服务。为了有效地进行竞争,企业必须进行市场细分,选择最有利可图的目标细分市场,集中企业的资源,制定有效的竞争策略,以取得和增加竞争优势。

(二) 物流市场细分的作用

(1) 有利于物流企业把握市场机会。在买方市场条件下,市场竞争尤为激烈,企业的营销策略的制定也是以有效的市场细分为始点的。企业通过物流市场的细分,物流企业可以有效发掘出哪些顾客有哪些未被满足的市场需求,企业可以及时采取措施,采取针对性的物流服务抓住市场机遇。

(2) 有利于选择目标市场。有效的市场细分可以将庞大的市场划分为具有典型不同物流需求特征的小市场,这样物流企业可以根据自身资源优势和竞争优势针对不同的物流需求进行比较,从而选择更具有竞争力的目标市场。

(3) 有利于制定有效的营销策略。通过市场细分,选定有效的目标市场的同时,便于企业制定有针对性的营销策略,而且在细分的市场上,企业可以更加容易了解和反馈物流需求的变化,从而迅速改变营销策略,制定相应对策,提高物流企业的应变能力和竞争能力。不进行市场细分,企业的营销策略是盲目的。企业营销策略组合是企业在综合考虑产品、价格、促销形式和营销渠道等各种因素后制定的营销方案。

(4) 有利于企业合理地利用资源,增加竞争优势。企业能够使用的资源是十分稀缺的,包括资金、服务等,所以企业需要充分认识自己拥有的资源种类和能够提供的服务。这样才能在这个激烈竞争的市场中立于不败之地,用自己的优势赢得更高的市场份额,在市场变化过程中不断挖掘细分市场的潜力,了解更多的物流需求,获取细分市场客户的消费需求特征、消费心理，进而集中企业拥有的核心人力、物力和财力，运用各种有效的市场营销策略赢得客户的支持和信赖，从而占有更多的市场份额。

（5）有利于更加准确地认识客户需求。企业通过对市场细分，不仅可以了解整个物流市场的状况，而且可以具体了解不同细分子市场的不同物流需求，如细分市场客户的满意程度、客户的潜在需求等。有效的市场细分使企业能够从客户的角度出发，为客户提供其所需的物流服务，从而满足顾客需要，提高顾客满意度。

有效的市场细分是市场定位的前提，只有进行科学准确的物流市场细分，广大物流企业才能在激烈的物流市场竞争中集中精力，合理利用内外部优势资源，针对目标市场的物流需求特征制定营销策略，更好地为目标市场提供优质的物流服务，以提高顾客满意度。

（三）物流市场细分的主要步骤

细分物流市场通常采取以下五个步骤：

（1）确定该区域适合物流的服务类型，物流需求规模多大，物流服务对象是谁；

（2）以细分市场的特殊需求变量作为细分标准；

（3）以突出该区域对物流的特殊需求作为细分标准；

（4）了解进入细分市场的新变量，使企业不断适应市场的发展变化；

（5）决定物流市场细分大小及物流市场群的潜力，从中选择能使企业获得有利机会的目标市场。

（四）物流市场细分的标准

物流客户需求的差异性是物流市场细分的依据，物流市场细分的标准或变量选择可以根据不同的特征加以分类，通常有以下两种分类方法。

1. 按照物流产品的属性或者该产品及服务的使用对象划分

（1）生活资料市场细分标准。这个标准会因企业不同而各具特色，一般来说主要有地理环境标准、人口状况标准、消费者心理标准和购买行为标准四个方面。地理环境包括区域、地形、气候、城镇规模、交通运输条件、人口密度等具体的变量因素；人口状况包括年龄、性别、家庭人口和组成、家庭收入、家庭背景、文化水平等内容；消费者心理包括消费者的生活方式、社交和兴趣、价值取向、自主能力和成就感等内容；购买行为包括消费者的购买动机、期望价值和利益、产品或服务的属性、使用习惯等内容。

（2）生产资料市场细分标准。生产资料市场除了使用生活资料市场的细分标准外，还要把企业类型、最终用户、企业规模和购买力、地理位置、关键客户作为细分生产资料的标准。企业类型是指企业所处的行业、所有制形式、经营产品的种类和范围等信息。最终用户的不同要求，是生产资料市场细分最通用的标准。物流企业要根据生产资料用户的要求来细分市场，把要求大体相同的用户集合成群，以便企业开展有针对性的经营，设计不同的合适的市场营销组合方案。企业规模和购买力的大小也是生产资料细分的重要标准。地理位置决定了地区工业的发展水平、发展规模和生产力布局，形成不同的工业区域，产生不同的生产资料需求特点。选择用户较为集中的地区作为自己的目标市场，这样不仅联系方便，信息反馈快，而且可以更有效地规划运输路线，节省运力与运费，同时能更加充分地利用销售力量，降低推销成本。综上所述，组织市场的细分变量可以用表1-1-1表示。

表1-1-1 组织市场的细分变量表

细分标准	细分变量
人口统计特征	行业类型、公司规模、公司地域、所有制性质
经营变量	购买或使用量、对技术的重视程度、对服务的专业性要求； 对服务的依赖性； 对品牌和知名度的重视程度
采购方法	采购确认标准(质量/价格/服务)； 采购方式(租赁/购买/合作/经销/代理)； 支付方式(现付/延付/经销/代理)； 权力结构(技术主导/财务主导)； 组织设置原则(高度集权/高度分散/居中)
情景因素	对特殊用途具有需求，短期、长期、临时服务； 一次性大宗订货还是长期少量订货
个性特征	对等风险的态度(保守/激进/尝试)、忠诚度； 对价值观的认同程度，对文化的认同程度

2. 按照物流产品的属性或者该产品及服务的使用对象划分

（1）物流用户所提供市场细分的主要变量：首先是人文变量，指物流用户所属的行业、所述地区及用户规模；其次是经营变量，包含物流用户的技术、用户以及面临的市场；再次是采购方式，包括采购决策模式、采购组织机构、客户关系状况、使用状况等；最后是采购条件，包含交货时间、订货批量等内容。

（2）物流服务供应商所提供的市场细分的主要变量：产品成本与价格，产品品牌与形象，产品用途和其他变量等。

（3）物流市场营销者细分的主要变量：市场资源状况、市场战略、规模、市场核心竞争力，市场竞争优势等。

（4）物流市场营销关系细分的主要变量：交易关系、沟通关系、物流关系、营销服务等内容。

(五) 物流市场细分的方法

1. 单一变量因素分析法

随着经济迅速发展，客户需求也呈多样化趋势，并形成一定的规模，所以要仔细找出客户某一特定需求为其提供物流服务，如仅按照客户所处产业将客户划分为农业物流、工业物流、商业物流和服务业物流。

2. 多个变量因素组合分析法

客户的需求差别往往极为复杂和具有差异性，只有从多方面进行分析才能更加准确地把他们划分为不同的需求特征群体。比如同时按照区域和物流属性进行联合划分。

3. 系列变量因素分析法

物流行业发展迅速，物流企业的经营活动也在随着市场的变化而不断调整，与此同时，影响物流企业发展方向的需求因素也不断增加，从初期的干线物流到当前的细分物流，从之前单一因素到现今多种影响因素都会让物流市场再次细分，大而全的方式已经不适市场发展。所以根据企业物流目标市场进行细致明确的划分是有意义的，从而也方便物流企业按照市场发展需要改善自身经营范围和调整适合市场客户的营销策略,利用好自身优势来最大化地满足物流企业市场需求。例如,在农业物流里面可以进一步细分为种植业、畜牧业物流等,而种植业又可以进一步细分为粮食、水果、蔬菜物流等。

(六)物流市场细分的步骤

为了确保市场细分的有效性,企业的市场营销人员应该了解和掌握细分市场的程序。美国市场学家杰罗姆·麦卡锡曾提出过一般的市场细分的步骤,其示意图如图1-1-5所示。

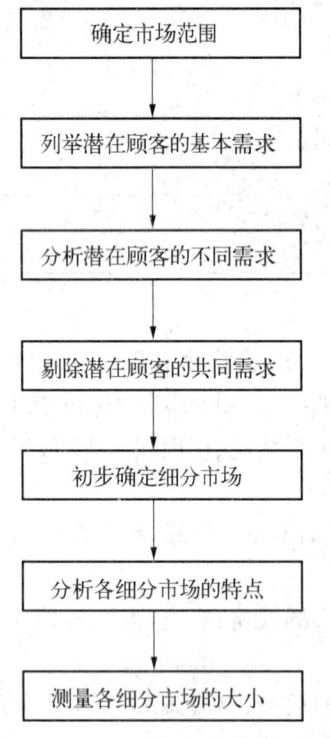

图1-1-5 市场细分的步骤示意图

1. 确定市场范围

任何一个企业都有其自身的任务和目标,并以此作为企业制定生产经营和市场开拓战略的依据。

2. 列举潜在顾客的基本需求

产品的市场范围确定后,企业的市场营销人员可以将市场范围内的潜在顾客分为若干个专题小组,了解他们的动机、态度、行为等,从而比较全面地列出影响产品市场需求和顾客购买行为的各项因素,作为以后进行深入分析研究的基本资料和依据。

3. 分析潜在顾客的不同需求

这个不同需求是细分市场的基础。

4. 剔除潜在顾客的共同需求

潜在顾客的共同需求是企业无论选择哪种细分市场作为目标市场时,都必须使之得到满足的。

5. 初步确定细分市场

对细分市场的初步确定是指为细分市场暂时命名,即在分析了潜在顾客的不同需求,进行了市场细分并剔除各细分市场上潜在顾客的共同需求后,各细分市场上剩下的需求各不相同,这时为了便于对各细分市场的特点做进一步的分析,根据各细分市场上顾客的特点暂时为各细分市场确定一个名字。

6. 分析各细分市场的特点

上述工作完成后,企业还需进一步对各细分市场顾客的需求及其行为特点做深入的分析与考察,确定已掌握了各细分市场的哪些特点,还需要对哪些特点做进一步分析研究,从而决定是否需要再分或重新合并。

7. 测量各细分市场的大小

细分出来的市场必须大到足以使企业实现它的利润目标,这时细分市场对企业来说才是有用的。

三、物流行业市场细分出现的问题及分析

(一)忽略市场细分的重要性

企业往往在没有进行市场细分前,就将企业的资源投资在单一的并且不符合企业资

源优势的市场上,这在无形中增加了企业的运营风险。忽视市场细分,容易导致企业在物流市场内无序竞争、盲目发展的情况,不能凸显企业的竞争力。根据中国物流与采购联合会的数据统计,国内的各物流市场饱和度如图1-1-6所示。

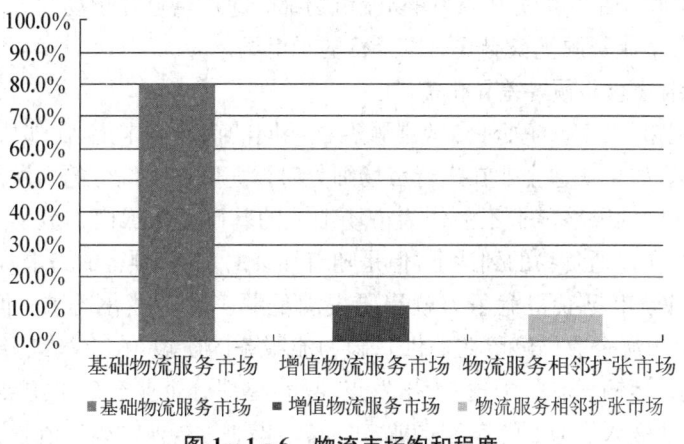

图1-1-6　物流市场饱和程度

由图1-1-6可以清晰地看出,基础物流服务市场也就是运输和仓储市场由于进入障碍低,已经开始趋向于饱和;而增值物流服务市场和物流服务相邻扩张市场由于需要一定的技术性以及很多企业没有进行市场细分从而没有了解到这两个市场的存在,市场饱和率分别只有11%和8.7%,说明这两个市场还有很大的发展空间。很多企业因为没有进行市场细分,只提供基础的物流服务,市场竞争激烈,不仅没有给企业带来竞争力,反而扰乱了市场竞争秩序,浪费了企业的资源。

(二)脱离市场细分的原则

在市场细分的过程中,物流企业不从整体市场格局考虑,而是从自身企业的能力和特长或者从其提供的物流服务和产品的类别进行划分。这种做法容易使企业忽视顾客特殊的物流需求,错过具有发展潜力的细分市场,如冷链市场。从国内物流发展格局看,国内物流企业在细分目标市场时通常都只会考虑仓储、运输、配送这类功能性物流市场(目前开始慢慢转型成为供应链一体化),而这些市场都是根据已有的物流服务类别划分的,其他的像农产品物流、制造业物流、医疗物流都亟待发展。接下来我们以冷链物流为例详细分析不根据市场分析的原则进行细分会使企业损失多少发展机会,而这些都是物流行业不遵守市场细分原则的后果。

根据2012年《亚欧物流》所提供的数据,中国冷链物流市场当时的市场占有率只有0.83%,但在当时物流企业都在争先恐后地参与到与电子商务相结合的竞争中去,而忽视了从整个格局重新划分市场去寻找有优势的子市场。冷链物流是物流行业的高端市场,对冷链的技术、标准、运营、管理以及企业的责任感要求都很高。我国目前的冷库总容量达到1 500多万立方米,1 000万吨,其中外资、中外合资和私营冷库容量约占150万吨,国有冷库容量850万吨。但是,这些冷库中多种冷藏设施通常是由其他用途建筑改建而成,由于经营商更加注重当前利益而忽视长远利益,不愿对冷库设施投资。其冷藏功能单一,而且库龄较长,企业成本高,效益差。与国外的冷运能力相比,国内的冷运无论是基础设施还是运输能力方面都存在严重不足。但是优势是目前冷链市场由于障碍多,竞争压力小,缺少龙头企业。中国物流与采购联合会会长称如果有物流企业将冷运发展起来,其年盈利增长率将达到200%。

以上对冷链物流市场的分析,说明物流市场细分应严格遵守市场细分原则,从整个物流市场考虑结合企业资源优势寻找可以经营的子市场。

(三) 市场细分忽略顾客差异化需求

企业容易把市场细分的关注点放在顾客群相同的市场需求上,比如快递行业的顾客群需要的是快速,如果快递企业在进行市场细分时以速度作为细分的出发点,那么该细分就毫无价值。共同的顾客需求不能作为市场细分的基础。在国内物流发展最早期,顾客的需求只是停留在普通货物的到达上,但是随着社会的发展,顾客的需求日趋个性化。物流企业要想在当今市场获得竞争力就需要去满足顾客的个性化需求。但是资料(见图1-1-6)却显示物流企业仍停留在提供基础物流服务的阶段,在市场细分的时候依然以顾客的共同需求(运输、仓储、配送)为出发点,只有小部分企业突破了这类共同需求。例如,部分物流企业嵌入煤炭、医疗、制造业、工业、零售业等行业的生产流程中去,为其提供一体化的物流服务,在此类竞争较弱的市场上去开发自己企业发展的新天地。

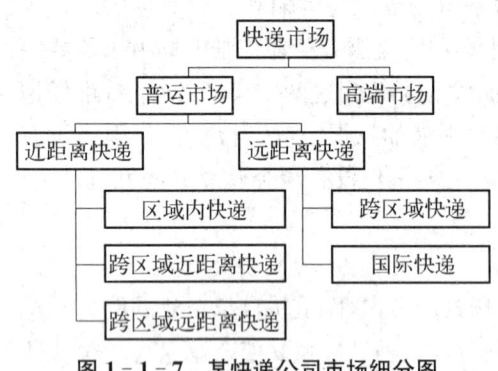

图1-1-7 某快递公司市场细分图

(四) 过度细分市场

如果物流企业对没有发展潜力的市场过度细分,就会浪费企业的资源。另外,过度的细分容易导致市场过度零碎化,市场需求低于企业的投资成本,得不偿失。

图1-1-7是国内某知名快递公司曾经的市场细分,并且对不同的子市场采取了不同的管理策略,但是之后管理混乱,客户群一度流失,究其原因就是其在近距离快递下过多地细分了市场,最终该快递企业将区域内快递市场和跨区域近距离快递市场合并。过度的市场细分会分散企业的精力,弱化市场的集中度。

四、快递行业目前的市场细分现状

目前中国快递行业可以分为三个部分:国营快递、民营快递和国际快递。其中中国邮政特快专递EMS具有高效发达的邮件处理中心,民营快递市场是门槛最低、竞争最充分的市场,民营快递企业良莠不齐,规模比较大的是顺丰、宅急送以及"四通一达"。目前,民营快递在同城快递市场中占领90%的份额,但在国际和国内快递市场仅占领市场份额10%左右。国营快递和民营快递主要按地理位置来细分市场,着重点在于区域物流和跨区域物流。国际快递主攻国际件市场。随着电子商务时代的到来,无论是国营快递,民营快递还是国际快递都展开了对电子商务的紧密合作。据国家电子商务部数据显示,全国规模以上的快递企业,50%的业务量都是来自网络销售平台。自2012年起,国内最大电子商务平台淘宝网与包括顺丰、圆通、韵达等九大快递展开战略合作。

(一) 快递行业在市场细分中存在的问题

(1) 忽视市场细分的重要性,在进入市场前不展开市场细分活动,盲目地投入市场。有些企业在市场细分的时候不遵守市场细分的原则。

(2) 以地理位置细分市场,而不是以顾客的差异化需求作为细分市场的依据。快递行业发展到今天,大部分快递企业依然在按地理因素开展业务,2010年国内快递业务量数据显示,56.5%的业务量由江苏(10.18%)、广东(25.28%)、浙江(10.65%)、上海(10.39%)四个地区承包,快递业务分布不平衡,并且在这四个地区容易产生无序竞争。

(3) 没有对细分市场进行考察,盲目进入市场。近年来一些中小规模企业进入国际件市场陆续失败,就是没有提前对该市场考察的结果。数据表明,DHL占国际件市场份额的34%,FEDEX占18%,UPS占11%,TNT占10%,EMS占20%,其他企业占7%。想要进入国际件市场,软件和硬件需要长期更新和积累,而中国大多数快递企业无论是财力还是经验都与国外快递企业相差甚大,仍需一定积累和考察才可进入该市场。

(二) 快递行业市场细分问题解决方案

针对快递行业当前的现状及问题,提出的解决方案是运用SWOT分析法(见表1-1-2),让企业清楚地认识到市场细分能够带来的发展机遇。

表1-1-2 快递行业市场细分SWOT分析表

	优 势	劣 势
快递行业市场细分	快递企业自身的资源优势如医疗、冷运水平等	快递企业自身的资源劣势,如设施老旧,经验不足等
机会 针对性的目标市场	结合企业资源优势选择恰当的目标市场	在选择目标市场的时候考虑到自身缺陷,有目的地选择市场
风险 目标市场发展能力弱	在目标市场发展趋势下降后,结合企业资源优势快速转变企业经营策略,重新选择目标市场	结合企业发展不足之处避开发展潜力弱的目标市场

如表1-1-2所示运用SWOT分析法分析快递行业细分市场,能够有效地帮助企业结合自身情况选择合适的子市场以及进入市场的时机,充分发挥企业的竞争力。与此同时,在进行市场细分时,快递行业需遵守上文所提出的物流市场细分原则。

我们已经了解到顾客的差异化需求才是影响市场细分判断的主导因素,快递行业也应根据客户的差异化需求细分市场。因此,本书对快递行业做如下市场细分:

(1) 低端快递市场。主要是日常用品,包括服装、食品的运送,以及普通信函、普通快件的运送,客户需求导向主要是时效性和价格,该市场进入门槛低,对服务的要求低,市场容量大,竞争激烈。

(2) 高端快递市场。根据中国物流与采购联合会给出的报道,国内贵重物品等高端市场呈现空白状态。但是,在北京、上海这样的一线城市,包括部分二线城市,顾客的需求是巨大的,报道称如果有公司一旦运营起来,业务量年增长率将会达到300%。高端快递市场的具体细分如下:

① 当日达市场,快速响应、限时服务,对速度敏感型的客户群提供快速配送服务;

② 高附加值的物品市场,比如医疗零配件的售后配送、其他精密仪器的售后备件递

送、金融票据递送等；

③ 前期投入高、运作流程复杂、对物流过程要求极高的领域，比如冷链市场。

快递企业在根据客户的差异化需求细分市场后，应对各子市场的市场容量、发展潜力及客户需求再做进一步的考察，即需要对子市场展开定量分析，并结合企业的竞争力判断是否还要深入细分。

(三)"顺丰冷运"的案例分析

1."顺丰速运"的成功

顺丰速运是一家主要经营国际、国内快递业务的著名快递企业。1996年，顺丰开始涉足国内快递，到目前为止顺丰的速递网络已经覆盖国内20多个省及直辖市，101个地级市。速度快是顺丰企业迅速占领市场的关键，"即日达""次晨达""次日达"是顺丰的特色业务。同时，顺丰选择高利润的"小众市场"为发展市场，企业的目标顾客主要是企业白领或金领以及国外快递客户。但是，在快递市场竞争激烈的今天，顺丰速运也在不断开发新的细分市场，比如顺丰优选、冷链物流等。2014年9月，顺丰速运推出"顺丰冷运"品牌，正式进军冷链物流市场。"顺丰冷运"是在利用顺丰现有物流、电子商务、门店等资源的基础上，为生鲜食品行业客户提供食品储存、食品运送、送货上门、零担运输、生鲜食品销售、供应链金融等一站式物流服务。

2.分析"顺丰速运"选择冷链市场的原因

(1) 分析市场需求。

冷链物流是物流行业的高端市场，对冷链的技术、标准、运营、管理以及企业的责任感要求都很高。总体来说，中国冷链物流发展落后，现代化冷库仓储能力较低。究其原因有三点：一是政府关于冷链体系制度的建立并不完善；二是物流企业的冷链管理制度落后；三是国内冷链的基础设施需要加以改进。国内外冷链物流比较如表1-1-3所示。

表1-1-3 国内外冷链物流比较

	国 外	国 内
预冷保鲜率	80%~100%	30%左右
冷藏能力	总量8 000万吨	700万吨
果蔬采摘后损失率	5%左右	20%~40%
冷藏运输能力	美国，冷藏车16万辆，保温车6万辆；日本，冷藏保温车12万辆	20%~40%
冷藏运输率	80%~90%	不到50%
冷藏运输管理	已经基本形成高效冷链	尚未形成完整冷链

(2) 明确顺丰速运的企业经营目标与经营方向。

顺丰速运的既定目标是建立一个完整的供应链，推出冷运品牌是向该目标出发的第一步，也是顺丰速运由一个标准快递向综合物流商转型的一个机会。此外，顺丰速运旗下的"顺丰优选"和"嘿客"门店都会成为"顺丰冷运"的重要环节。顺丰冷运会采用"一段式全程冷链"模式对顺丰优选进行生鲜产品配送。此外，顺丰之前布局的"嘿客"门店也与"顺丰冷运"环环相扣。在企业方案布局中，由于生鲜食品需要保鲜，当顾客无法及时收取货物时,货物可以暂存于顺丰冷运的仓库中,此外,因为生鲜食品物料运输包装材料复杂,"嘿客"也可以为顺丰冷运提供回收物料服务。因此,可以说顺丰冷运是符合顺丰速运的企业发展战略的。

(3) 冷链物流市场的竞争情况。

目前中国几家的冷链物流都是生产物流,全国网点的覆盖率很低,这也是造成整个冷链市场服务质量低的原因。顺丰可以更有效地利用其当前的资源去拓展中国冷链物流市场,满足经济发展需要。此外,冷链物流的损耗率较高,但是据顺丰优选的发展经验看,顺丰优选的货损率不到2%,顺丰冷运有较大优势和经验能在冷链市场占据较大的份额。从结构上来见,目前顺丰冷运已经从传统的物流行业架构成功转型,真正实现了行业的全程物流服务,包括生鲜食品的流通服务、基础冷链物流服务体系和食品供应链三大层级,已经初步形成食品行业流通支持平台。

3. "顺丰冷运"给顺丰带来的发展机会

(1) 随着生鲜电商及各类连锁企业的高速发展,客户不再满足仓到仓的物流服务,期望提供温控干线、温控仓储、温控分拣包装、温控服务一体化配送等综合冷链物流服务,可以使他们的业务向终端延伸。顺丰在这个时候推出顺丰冷运,能够在市场上占领先机,为成功转型为综合物流服务供应商做准备。而且顺丰作为第一个由快递公司涉足冷链物流市场的企业,更容易在消费者心目中树立企业的品牌形象。

(2) 有效地配置了社会资源。随着市场细分的不断深入,顾客对于物流的要求越来越高,企业要想在市场上立足,就需要去满足客户对冷藏运输的高要求。即企业在自身获得价值与利润最大化的同时,消费者的需求也得到了满足,从而使得资源得到有效的配置。

【实训任务实施】

实训项目　区域物流市场的细分

一、实训目标

掌握物流市场细分的实施过程,包括选择细分方法、确定细分标准、评估细分市场、选择细分市场,以及市场定位等内容。

二、实训要求

根据本节任务内容,开展市场细分和定位分析。

三、实训准备

将学生进行适当分组,以小组为单位进行实训练习。

四、实训任务

假设我们是某第三方物流企业,想进入河南的物流市场,请按下面步骤开展操作。

1. 找出影响当前河南物流市场细分的因素;
2. 依据市场细分的步骤,对目标市场进行细分,并指出物流企业的市场定位;
3. 根据以上步骤,形成河南物流市场细分情况,细分市场选择和定位建议书。

五、实训操作

1. 以小组为单位制订一份市场选择和定位建议书；
2. 每组选派一名同学上台，就本组设计的市场选择和定位建议书进行讲解；
3. 其他小组同学可以进行点评。

六、技能训练评价

表 1-1-4 技能训练评价表

专业：			班级：		被考评学员：	
考评时间			考评地点			
考评内容			实训项目1:区域物流市场的细分			
考评标准	内容	分值	自评（20%）	小组互评（30%）	教师评议（50%）	考评得分
	找出影响物流市场细分的因素	30				
	掌握目标市场的细分方法,及物流企业的市场定位	30				
	能够独立完成市场选择和企业定位建议书	20				
	团队意识强,表达能力突出	20				
综合得分						
指导教师评语：						

【任务小结】

本任务通过物流行业下的一个子市场快递市场论证了对物流行业市场细分的重要性以及如何利用SWOT分析法解决在市场细分过程中产生的问题。同时以"顺丰冷运"的成功为例，说明市场细分对于物流行业的重要性。

任务二　物流市场调研（调研流程、方法）

任务目标

通过本任务的学习，熟悉物流市场调研的流程；了解调研计划的内容并能制订市场调研计划;掌握市场信息收集与整理的方法和工具。

重难点分析

依据调研内容,合理制订物流市场调研计划。

教学建议

建议教学过程中充分调动学生的学习积极性,运用案例教学法、讨论法等教学方法。

【引导案例】

如何合理巧妙地制订调研计划?

有个调研内容是想知道哪些国家的国民最倾向于撒谎,哪些国家的国民很诚实。如果直接去问被调查的人员:"您是否撒过谎?"十之八九,是问不到真实答案的。如果被调查人员以前撒过谎,也不在乎多撒这个谎了。被调查人员可能出于不同的动机,不会给出真实答案。

调查人员先从每一个国家找 1 000 人参与测试,15 个国家一共找了 15 000 人,找这么多不同国家的人来面对面调查,这是非常困难的,所以调查人员通过互联网找到了这 15 个国家共计 15 000 人。两组实验都是在互联网上进行的。

在第一组中,他们先做了一个测试,请受调查者在家里抛硬币,硬币有正反两面,调查者事先规定,受调查者抛硬币之后要告诉调查者结果,如果硬币正面朝上,调查者就奖励他十块钱;如果反面朝上,调查者就不给他奖励。这个调查不需要提供受调查者抛硬币的证据,只是由他告诉调查者,抛硬币的结果。这也就是说,受调查者有没有撒谎,只有他自己知道。正常情况下,1 000 次抛硬币的结果,应该是 500 次左右正面朝上。某个国家参与实验的 1 000 个人之中,如果有 900 个人声称自己抛出来的硬币正面朝上,甚至 1 000 人声称抛出来硬币正面朝上,那么,很大概率就是其中有人撒谎了。

第二组实验中,是要求受调查者回答五个问题。这五个问题在回答之前,需要受调查者承诺,他不能为了答题去查阅任何资料,不能去寻求任何帮助,也就是说,看了这五个问题之后,受调查者需要立即给出答案。调查者承诺,如果五个问题中。回答对了四个以上,就奖励给受访者十块钱;如果答对三个或者三个以下,就没有奖励。

而这五个问题中,其中有三个问题特别简单,类似于像"1+1等于几"这种问题。另外两个问题则非常生僻。如果受调查者不去查阅资料或咨询他人的话,基本是不太可能回答出来的。因此,如果有受调查者答对了这两道难题,十有八九就说明他违反了自己事先承诺的"不去查阅资料寻求帮助",由此可以推论他在这件事情上不诚实。

思考题:
1. 案例中展示的完整的调研流程是什么?
2. 案例中的调查者设计调研计划的依据有哪些?

【任务知识储备】

一、市场调研和物流市场调研的概念

市场调研（Market Research）是一种把消费者及公共部门和市场联系起来的特定活动。这些信息用以识别和界定市场营销机会和问题，产生、改进和评价营销活动，监控营销绩效，增进对营销过程的理解。市场调研实际上是一项寻求市场与企业之间"共谐"的过程。市场调研一般包含调查准备、制订调查计划、调查组织与实施和市场资料分析四个部分内容，如图1-2-1所示。

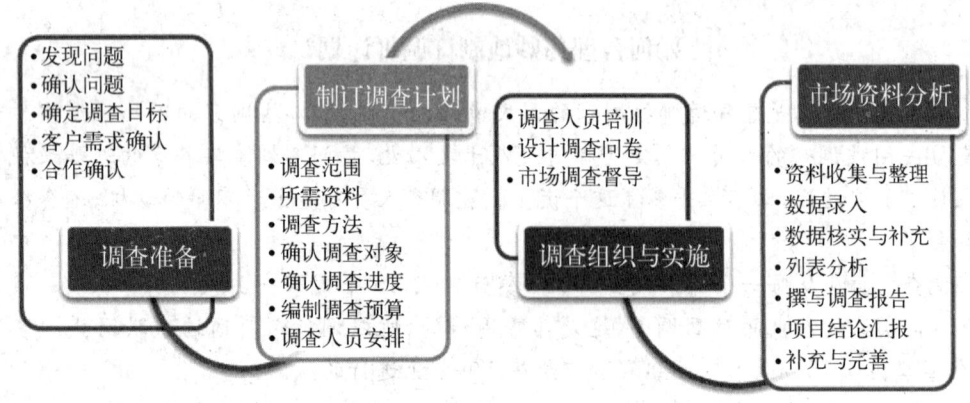

图1-2-1 市场调研的常见构成

二、物流市场调研的一般流程

物流市场调研的一般流程如图1-2-2所示。

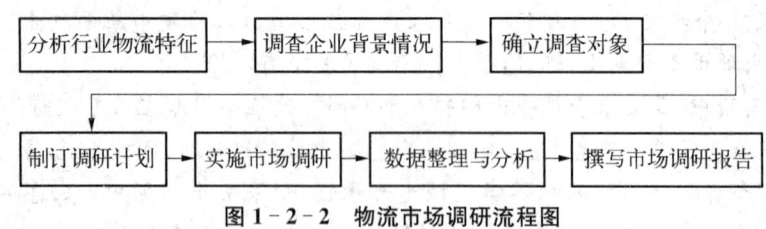

图1-2-2 物流市场调研流程图

三、分析行业物流特征

在行业背景调查的基础上，深入了解快速消费品行业的物流共性特征，主要分析行业物流服务模式、物流服务现状、物流服务问题和不足等内容。

（一）物流服务模式分析

由于物流客户的销售模式不同，所需的物流服务模式也有差异，故需要针对客户所在行业的物流特征开展分析，以便于细化物流市场。

（二）物流服务现状分析

了解该行业物流成本的高低，主要有哪些物流服务供应商，进而分析物流服务的优势和不足之处。

（三）物流服务问题和不足发现

了解行业物流服务存在的主要共性问题和不足，并思考解决问题的对策和建议，以作为提升高质量物流服务的目标和方向。

四、调查对象的确定

（一）明确调查对象

调查对象亦称"调查总体"。确定调查对象，要明确总体的界限，划清调查的范围，以防在调查工作中产生重复或遗漏。调查对象由性质相同的各个调查单位组成。例如，要调查研究全国运输企业的运输周转量、成本、燃料消耗、劳动生产率情况，则全国所有运输企业就是调查对象。确定调查对象的关键在于科学地确定调查对象的定义，明确地规定接受调查的总体的范围与界限。只有这样，才能避免因界限不清而导致调查登记的重复或遗漏，保证调查资料的准确性。

（二）确定样本容量

样本容量是指一个样本中所包含的单位数，一般用 n 表示，它是抽样推断中非常重要的概念。样本容量的大小与推断估计的准确性有着直接的联系，即在总体既定的情况下，样本容量越大其统计估计量的代表性误差就越小；反之，样本容量越小其估计误差也就越大。

在确定抽样方法和样本量的时候，既要考虑调查的目的、调查性质和精度要求（抽样误差）等，又要考虑实际操作的可实施性，非抽样误差的控制、经费预算等。专业调查公司在这方面会根据客户情况及调查性质，进行综合权衡，达到一个最优的样本容量的选择。

（三）确定抽样方法

抽样包括随机抽样和非随机抽样两种方法。随机抽样也叫概率抽样，如电话号码中含有数字"7"的样本就是随机抽样。常见的方式有系统抽样（等距抽样）、分层抽样、整群抽样、多段抽样等。非随机抽样也叫非概率抽样，就是调查人员在抽样过程中加入自身的主观判断，或者将调查问卷刊登在特定的报纸和杂志上等方式。非随机抽样主要有偶遇抽样、判断抽样、配额抽样和雪球抽样四种常见的方式。

【相关链接】

（1）偶遇抽样技术。偶遇抽样又称便利抽样，是根据调研者的方便与否来抽取样本的一种抽样方法。"街头拦人法"和"空间抽样法"是偶遇抽样的两种最常见的方法。

"街头拦人法"是在街上或路口任意找某个行人，将其作为被调研者，进行调研。例如，在街头向行人询问其对市场物价的看法，请行人填写某种问卷等。"空间抽样法"是对某一聚集的人群，从空间的不同方向和方位对他们进行抽样调研，如在商场内向顾客询问对商场服务质量的意见；在劳务市场调研外来劳工打工情况等。任意抽样简便易行，能及时取得所需的信息资料，省时、省力、节约经费，但抽样偏差较大，只有在调研总体各单位之间的差异不大时，抽取的样本才具有较高的代表性，因而该法一般用于非正式的探测性调研。

(2) 判断抽样技术。判断抽样又称目的抽样,是凭调研人员的主观意愿、经验和知识,从总体中选择具有代表性的样本作为调研对象的一种抽样方法。

(3) 配额抽样技术。配额抽样是非随机抽样中最流行的一种。配额抽样是首先将总体中的所有单位按一定的标志分为若干类(组),然后在每一类(组)中用便利抽样或判断抽样方法选取样本单位。所不同的是,配额抽样不遵循随机原则,而是主观地确定对象分配比例。

(4) 雪球抽样技术。滚雪球抽样以若干个具有所需特征的人为最初的调查对象,然后依靠他们提供认识的合格的调查对象,再由这些人提供第三批调查对象,依次类推,样本如同滚雪球般由小变大。滚雪球抽样多用于总体单位的信息不足或观察性研究的情况。这种抽样中有些分子最后仍无法找到,有些分子被提供者漏而不提,两者都可能造成误差。第一批被访者是采用概率抽样得来的,之后的被访者都属于非概率抽样,此类被访者彼此之间较为相似。

五、制订调研计划

调研计划的内容主要包括调研内容、调研流程、调研方式等。

(一) 确定调研内容

与物流市场调研的目的相适应,物流市场调研的内容一般包括以下几个方面:

(1) 企业内部可控因素的调查。这具体包括企业的人力资源状况,财务及资金状况,物流设施和设备状况,企业现有产品和服务状况,企业的服务模式和策略,企业综合资源及优势资源分析等内容。

(2) 企业外部不可控因素的调查。这主要包括以下方面:

① 企业外部一般环境调研。包括国家有关的方针政策、法律法规和物流行业政策等。

② 供应商调研。包括供应商的生产能力和规模,产品或服务的项目和类型,业务流程等内容。

③ 市场机会识别。主要是物流客户群体的情况,对物流服务的主要价值期望和重点考虑的因素,以及客户投诉和意见、建议与期望等。

④ 行业分析。行业分析的内容包括物流行业的发展和现状,市场规模和竞争情况,国内外市场的发展潜力和分析预测,行业中主要企业的经营状况和赢利水平等内容。

⑤ 竞争对手分析。主要包括竞争对手的目标及战略,营销策略、资源和投入情况,市场地位和发展潜力的内容。

(二) 设计调研流程

市场调研应有计划、有步骤地进行,避免市场调研的盲目性。一般来说,市场调研的流程会执行六个步骤:确定问题与假设;确定所需资料及收集方式;抽样设计;收集数据;分析数据;结论应用。

(三) 选择调研方式

市场调研主要分为定性调研和定量调研两种方式。定性调研是指收集、分析和解释那些不能被数量化的数据或不能用数字概括的数据。通常采用非结构询问或观察技术,并且只研究相对较少的受访者或单位,主要用于研究某个问题的最初洞察观点、意见或理解，而不是建议最终的行动路线。定量调研的特点则为更具有结构性、大规模和更具有代表性的受访者样本。相比定性调研,定量调研是需要更特定数据、能提供最终行动路线的情景服务,定量调研的主要作用是测试预感或假说。市场调研项目大多是通过定性和定量调研相结合的方式进行。很多市场调研需要的信息不易从数字数据分析中获取,那么这些信息便只能通过定性调研的方式获取。

1. 定性调研的常见形式

(1) 小组座谈会或焦点小组。定性调研最重要的方法是小组座谈会。自从1941年罗伯特·蒙顿和保罗·拉扎斯菲尔德在美国召开了全球第一次小组座谈会,这种方法就一直受到企业的重视。

定性调研可以以焦点小组为主,辅以个别深度访谈、三人组访谈、成对组访谈、一小时迷你型座谈会等。这些都属于定性调研的方法。一个主题一般可以组织3~4次小组座谈,每次座谈的人数不要超过10人,而且内容应具有很强的针对性,紧扣调研目的和主题。

(2) 现场观察调查法。它是由调查人员观察或用仪器观察被调查者的行为、态度和反应的调查方法。由于被调查者事先不知情,收集到的材料相对客观、准确。

(3) 深度访谈法。深度访谈是一种无结构的、直接的、一对一的访问,通常访问时间较长,通过访谈可以找到被调查对象的潜在动机、态度和情感好恶等。

2. 定量调研的常见形式

(1) 入户访问方式。入户访问是指访问员按照研究项目规定的抽样原则,到被调查对象的所在环境中,找到符合条件的被访者,然后进行面访的调查方式。入户访问是目前国内最为常见的一种调查方法。

(2) 拦截式访问。拦截式访问指的是在特定场所拦截特定对象,对符合条件者进行面对面访问的调查方法。根据拦截地点不同,拦截式访问可分为街头拦截访问和中心街区定点访问两种。街头拦截访问是在街区选择恰当地点(一般为商业街、娱乐场所、生活小区等),由访问员对拦截的合格访问对象进行访问。中心街区定点访问,则是在商业街区选择一个相对固定的地点(一般选择具有足够多的座位、环境较好、能够让被访者感到安全的地点),由调查公司暂时租用,访问员在选定点附近拦截合格被访者,引导被访者到此固定点进行访问。

(3) 电话访问法。传统的电话访问就是选取一个被调查者的样本,然后拨通电话,向被调查者询问问卷上所列的一系列问题,并在访问过程中用笔记下答案。在这种方式下,访问员被集中在固定场所,并在固定的时间内开始数据收集工作,现场由督导人员进行管理。电话访问的优点是反馈速度快、问卷长度短、花费较低,缺点是不能进行有形产品测试、访问时间不宜过长,以及不能询问复杂内容等。

(4) 实验调查法。实验调查法是从影响调查对象的因素中选出一两个关键的因素,改变变量后,观察被调查对象的行为和反应的调查方法。例如,改变物流方案的报价或交货方式,看被访客户是否增加或减少物流服务的购买等。

六、实施市场调研

依据前期制订的调研计划,就可以实施物流调研。对物流客户进行实地走访,了解企业的基本经营状况、人员结构、管理政策等方面的信息,收集企业在物流方面的实际需求,广泛收集企业对行业发展的建议及对物流工作的意见和建议,填写"客户走访记录表"或"调研基本情况记录表",做好调研记录工作。

【实训任务实施】

实训项目　高校快递市场调研计划的制订

一、实训目标

熟悉物流市场调研的流程,熟悉调研计划的内容并掌握物流市场调研计划的制订。

二、实训要求

根据调研计划内容制订出一份市场调研计划书。

三、实训准备

将学生进行适当分组,以小组为单位进行实训练习。

四、实训任务

随着快递业的发展速度,为了占取更大的消费者市场,很多快递企业走低端服务。因此为了了解客户对快递公司的服务水平态度,是否满意现在的快递价格,是否满意现在的快递速度,是什么因素影响了他们选择快递公司,从而初步了解目前快递服务的状况。请根据以上调研内容,选择高校学生为调查对象,制订高校快递市场调研计划。

五、实训操作

1. 以小组为单位,完成高校快递市场调研计划;
2. 每组派一位同学上台讲述自己小组的计划;
3. 其他小组同学可以进行点评。

六、技能训练评价

表1-2-1　技能训练评价表

专业:		班级:		被考评学员:		
考评时间		考评地点				
考评内容		实训项目2:高校快递市场调研计划的制订				
考评标准	内容	分值	自评(20%)	小组互评(30%)	教师评议(50%)	考评得分
	合理确定调查对象(包含调查对象、样本容量和调查方法)	30				
	制订合理的调研计划	30				
	设计调查问卷,开展调研工作	20				
	团队意识强,表达能力突出	20				

续　表

综合得分	
指导教师评语：	

【任务小结】

本任务详细讲解了物流市场调研的一般流程，同时对常见的定性调研、定量调研方式进行介绍，通过完成实际的调研任务，培养制订物流市场调研计划的能力，以及准确把握物流市场调研的一般过程。

任务三　调研数据处理与统计

任务目标

通过本任务的学习，了解数据处理的相关知识，能够对调查问卷的结果进行汇总；掌握常用市场数据统计的分析方法，并能够运用统计软件编制数据图表。

重难点分析

掌握常用市场数据统计的分析方法，并能够运用统计软件编制数据图表。

教学建议

本次任务的理论性较强，建议教学过程中辅以实例完成理论知识的讲解。

【引导案例】

市场调研数据到底有没有用？

实地调研工作结束后，我们会收回多份填满客户真实信息的问卷，那这些问卷汇总后能得出什么样的数据呢？这些数据的背后又传达出什么样的信息呢？这就需要我们能够通过科学的方法把调查问卷所反映的真实市场信息通过数字、图表、文字等形式有效地表达出来。

有一种观点认为，市场调研没有用，因为消费者不知道自己想要什么。这个说法有两个很经典的支持案例。一个是苹果创始人乔布斯说过的话，大意是，"只有当你把产品给消费者看了,他才会告诉你他的想法,他才知道这个产品是不是自己想要的,没有用户可以非常清楚地告诉你他需要什么"。另一个是流传很广的福特汽车创始人亨利·福特的说法,"如果我问人们需要什么,他们只会说想要一匹更快的马"。

不过大多数情况下,并不是市场调研没用,而是方法错了。市场调研的目的,不是找一堆数据支持自己的决策,而是找问题,找启发,"通过调研来判断消费者遇到了什么问题或者需求还没有被满足"。

市场调研有两个陷阱。第一个陷阱是问题问错了。比如,一个做手机的人可能会问,怎么设计一个更好的手机,这样就陷入了"自我视角陷阱",但如果他问,"如何提高人与人之间沟通交流的效率和方式",就不会被"手机"限制住,最后解决这个问题的可能是"微信"这样的App,或者是其他的方式,而不仅仅是一部更好用的手机。

第二个陷阱是缺少洞察力的报告。市场调研肯定离不开数据,比如,某个报告中写道:"用户群体:年龄段25~35岁,月收入4 000~8 000元,办公白领群体,有买房需求"。这种数据处理方式,有数值,有顺序,有大小,在统计学里面被称为"定量调查"。然而,类似的报告没办法给企业提供有意义的洞察。原因是,它掩盖了一个真实需求或者观念的形成过程。就拿上面这个数据来说,买房子的群体,每个人对房子的需求是不一样的,有的人是为了自住,有的人可能是为了投资。干巴巴的数据是没有洞察的。

那怎样做市场调研才有洞察呢?首先是了解消费者故事。让人们回忆曾经发生过的场景和故事,能帮你弄清楚他们的购买决策。通常使用的方式是现场观察和消费者焦点座谈会。史玉柱在创办脑白金之初,亲自到大街上和老人聊天,发现人越老越有养生的需求,但是自己又舍不得花钱买保健品,所以脑白金提出了"送礼"的定位。

其次是洞察消费者的独特行为。独特行为指的是,某个群体里面,他们的某种行为和普通人是不一样的。比如,你是卖茶叶的,就要去观察喝茶的人有什么独特行为。喜欢喝茶的人,可能更注重养生,起床第一件事就是喝茶,他们可能不会一饮而尽,而是慢慢品味。通过这样的观察,你可以从每个群体的独特行为中找到他们内心的诉求。

思考题: 如何合理应用市场调研所搜集到的客观的数据信息?

【任务知识储备】

一、调研数据的处理

对收集上来的调查数据要进行加工和处理,目的是使得数据系统化、条理化。通过处理分散的、只反映个体特征的数据,初步观察出总体数量的特征与规律。数据的处理是数据收集的继续,也是统计分析的前提,在整个统计工作中处于承前启后的重要位置。

调查资料的处理是数据处理的第一步,是对调查数据进行分类或分组的前提和必不可少的步骤。其内容主要包括资料的审核、筛选和排序。

(一)调查资料的审核

对调查资料进行审核的目的,是保证数据的质量,审核工作贯穿于数据收集与数据处理的全过程。从不同渠道得到的调查资料,在审核的内容和方法上有所不同,而针对不同类型的数据,在审核的内容和方法上也有差异。通常情况下要进行完整性审核和准确性审核。

(1) 完整性审核。主要是检查调研项目的内容是否齐全,被调研对象是否有遗漏。

(2) 准确性审核。一是计算检查,这是从定量角度对数据进行审核,检查调研结果和调研方法有无错误。二是逻辑检查,这是从定性角度审核调研资料是否符合逻辑。

(3) 适用性审核。即审核调研问卷上的信息资料有无造假、虚报行为,是否存在前后不一致等情况,或者问卷是否符合配额要求。

(4) 时效性审核。即审核各资料是否符合调查的时效性要求,如查看网络资料的发布日期、图书馆文献的记录日期、问卷资料填写日期等,避免将失效、过时的信息资料用作决策的依据。

(二) 数据的筛选

数据筛选包括两方面的内容,一是将某些不符合要求的数据或有明显错误的数据予以删除;二是将符合某种特定条件的数据筛选出来,对不符合特定条件的数据予以剔除。

(三) 数据的排序

数据排序是按一定顺序将数据排列,以便于研究者通过浏览数据发现一些明显的特征,在获取时找到解决问题的线索。此外,排序还有助于对数据检查纠错,以及为重新归类或分组提供方便。

二、调研数据的统计汇总

调研数据的统计汇总,就是将数据逐个分配到已分出来的各个组中。统计汇总具体体现为计数、求和等计算,一般情况下有手工汇总与计算机汇总两种方法。

(一) 手工汇总方法

划记法是手工汇总的一种简便易行的方法,就是在分组表上,通过划线等符号来计算各组单位数的一种手工处理数据的方法。常用的符号是"正"字。划记法在数据不多时候可以采用,但处理过程中需要细心、准确,一旦出现差错,就无法纠正,必须返工重来。这种方法只能汇总和计算出每个组内分配到的数据的个数,即各组单位数,而不能汇总、计算出每个组内的所有数值之和,即只能计数,不能计值。

(二) 计算机汇总的方法

使用计算机进行数据汇总大大提高了数据汇总和加工的速度和质量。计算机汇总的步骤主要有以下两个:

(1) 编码转换。编码是将调查问卷中的信息数字化,转换成统计软件或程序能够识别的数字,这项工作的实质是一种信息代换的过程。通过建立编码手册,将每一个数字所表示的实际意义记录下来。

(2) 数据录入。将编码转换过的数据录入计算机的存储设备中,这样便于计算机进行统计分析。数据的录入形式可以分为两种,一种是单独数据文件的形式录入,一种是直接录入专门的统计分析软件中,常用的软件有 Excel、SPSS 等。

【相关链接】

SPSS 是世界上最早的统计分析软件,由美国斯坦福大学的三位研究生 Norman

H. Nie、C. Hadlai（Tex）Hull 和 Dale H. Bent 于 1968 年研究开发成功，同时成立了 SPSS 公司，于 1975 年成立法人组织并在芝加哥组建了 SPSS 总部。

SPSS 是世界上最早采用图形菜单驱动界面的统计软件，它最突出的特点就是操作界面极为友好，输出结果美观漂亮。它将几乎所有的功能都以统一、规范的界面展现出来，使用 Windows 的窗口方式展示各种管理和分析数据方法的功能，对话框展示出各种功能选择项。用户只要掌握一定的 Windows 操作技能，精通统计分析原理，就可以使用该软件为特定的科研工作服务。SPSS 采用类似 Excel 表格的方式输入与管理数据，数据接口较为通用，能方便地从其他数据库中读入数据。其统计过程包括了常用的、较为成熟的统计过程，完全可以满足非统计专业人士的工作需要。输出结果十分美观，存储时则是专用的 SPO 格式，可以转存为 HTML 格式和文本格式。对于熟悉老版本编程运行方式的用户，SPSS 还特别设计了语法生成窗口，用户只需在菜单中选好各个选项，然后按"粘贴"按钮就可以自动生成标准的 SPSS 程序，极大地方便了中、高级用户。

SPSS for Windows 的分析结果清晰、直观、易学易用，而且可以直接读取 Excel 及 DBF 数据文件，现已推广到各种操作系统的计算机上，它和 SAS、BMDP 并称为国际上最有影响的三大统计软件。在国际学术界有条不成文的规定，即在国际学术交流中，凡是用 SPSS 软件完成的计算和统计分析，可以不必说明算法，由此可见其影响之大和信誉之高。

SPSS 已经在我国的社会科学、自然科学的各个领域发挥了巨大作用。该软件还可以应用于经济学、数学、统计学、物流管理、生物学、地理学和商业等各个领域。

三、调研数据的描述与分析

（一）对调查数据的集中趋势的描述与分析

平均数是最典型也是最常用的统计量，适用于定距变量和定比变量。平均数也是最有"意义"的统计量，它可以看作是数据的"平衡点"或"重心"位置所在。因为平均数在计算时使用到了所有的数据，所以与众数和中位数相比，所包含的信息量最大。但是平均数受极端值的影响很大，个别的极端值会直接影响平均数的数值的变化，不如中位数和众数稳定。因此，当调查的数据分布比较规则，不存在什么极端值，或数据对中心的偏离不是很大的情况下，平均数是很好的描述统计量；如果存在极端值或分布偏离比较大时，还必须使用众数和中位数来补充描述。

众数、中位数、平均数都是对变量分布中心的描述，其中均值最为常用。

1. 平均数

平均数是总体中各单位数值的和除以变量值项数得到的数值。调查资料不同，平均数的计算方法也不同。

对于未分组资料的计算，采用将各个变量值求和，然后除以变量值的个数的方式。对于分组资料，计算平均数时，采用各组观察值与各组频数的乘积总和除以总频数的方式。

算数平均数（均值）表明一组数据的一般水平。优点是一组数据只有一个均值，比较不同组数据时非常有用，并且能考虑到每一个数值的影响，缺点是它会受到极端值的影响导致偏差。平均数（Mean）也叫均值，等于样本的所有 n 个观测值之和除以样本量。假设 n 个观测值用 $x_1, x_2, \cdots, x_n$ 表示，均值用 $\bar{x}$ 表示，均值的公式为：

$$\overline{X} = \sum X/n \tag{1}$$

或

$$\overline{X} = \sum Xf/n \tag{2}$$

这里公式(2)是针对分组的数据而言,其中 X 表示某变量的取值,f 表示变量落在某一组中的频数,$\sum$ 表示对所有的值求和(或者对所有的组求和)。

2. 众数

众数是指一组数据中最普遍出现的数值,或是数据中出现次数最多的那个变量值,它能鲜明地反映数据分布的几种趋势。在实际工作中,常用众数代替平均数来说明现象的一般水平。众数的优点是不受极端值的影响,计算方便。缺点是当一组数据没有重复值出现、几种趋势不明显时,众数不存在;而当有些数据重复出现的次数相同时,就会有多个众数。

在市场调研的数据中,众数代表了典型的个案,或者是分布的高峰所对应的变量取值。变量的所有取值中频数最大的取值,如在消费者的教育程度问题里,初中学历程度选项最多,所以初中相对应的变量编码,就是众数。众数适于描述定序和定类变量,对于定距变量,可先将数据分组,分组后频数最大的那一组的组中值,被近似地认为是该变量的众数。

3. 中位数

中位数是指一组数据按照从大到小的顺序排列后,位于数列中点位置的数值。中位数不受极端值的影响,对于一些不能用数量表示,只能用等级、名次表示的现象,可采用中位数来代表一般水平。缺点是中位数没有考虑到所有的数据价值,仅是一种大致的几种趋势指标,不够精确。通俗地讲,样本的所有观测值中有一半数比中位数大,有一半数比中位数小。

计算中位数时会面临两种情况:当样本数(n)是奇数时,将样本的所有观测值按由小到大(或由大到小)的顺序排列,排在中间位置上的数值即为中位数;当样本数为偶数时,排在中间两个位置上的数值的平均值即为中位数。中位数适用于定序变量,对于定距变量,还是首先对观测值进行分组,简单的方法就是用中间那一组的组中值作为变量的中位数。

4. 方差

对变量的分布形状的描述,最常用的统计量是方差(Variance)或标准差(Standard Variance),即表示分布对平均数的偏离程度或伸展程度的度量。计算公式是:

$$S^2 = \sum(X-\overline{X})^2/n-1 \tag{1}$$

或者对分组数据

$$S^2 = \sum(X-\overline{X})^2 f/n-1 \tag{2}$$

标准差 $S = \sqrt{S^2}$,标准差的大小反映了数据对均值的离散程度,标准差越小,表明数据越集中于均值附近;反之,则越分散。任何统计分析软件都有标准差的计算,标准差是描述分布的分散(伸展)程度经常使用的统计量。

(二) 对调查数据的离中趋势的描述与分析

1. 全距

全距又称极差,它是总体各单位变量中最大值与最小值之差,通常用 R 表示,说明标志值变动的最大范围。极差越大,说明数据分布中各数据变动范围越大,均值的代表性越差;反之则各数值变动范围越小,均值代表性较好。

2. 平均差

平均差是总体各单位标志值与其算数平均数离差绝对值的算术平均数,通常以 A.D. 表示。平均差数值的意义在于,平均差越大,表示用平均数、众数、中位数等测算的数值的代表性越小;平均差越小,平均数等的代表性越大。

3. 标准差

标准差是总体各单位标志值与其算数平均数的离差平方的算数平均数的平方根。标准差主要用来说明数据分布中各数据值变动的情况。标准差越大,说明数据分布中各数据值变动范围越大,均值的代表性较差;标准差越小,说明数据分布中各数据值变动范围越小,均值的代表性较好。

(三) 对调查数据的关联性的描述与分析

卡方分析是用来研究两个定类变量间是否独立(即是否存在某种关联性)最常用的方法。简单地说,卡方分析的方法是这样的:假设两个变量是相互独立、互不关联的。这在统计上称为原假设。对于调查中得到的两个变量的数据,用一个表格的形式来表示它们的分布(频数和百分数),这里的频数叫观测频数,这种表格叫列联表。如果原假设成立,在这个前提下,可以计算出列联表中每个格子里的频数应该是多少,这叫期望频数。比较观测频数与期望频数的差,如果两者的差越大,表明实际情况与原假设相去甚远;差越小,表明实际情况与原假设越相近。这种差值用一个卡方(x^2)统计量来表示,对卡方值进行检验,如果卡方检验的结果不显著,则不能拒绝原假设,即两变量是相互独立、互不关联的;如果卡方检验的结果显著,则拒绝原假设,即两变量间存在某种关联,至于是如何关联的,这要看列联表中数据的分布形态。

要注意的是,卡方检验受样本量的影响很大,同样两个变量,不同的样本量,可能得出不同的结论。解决这个问题的办法是对卡方值进行修正,最常用的是列联系数。对较大样本,当卡方检验的结果显著,并且列联系数也显著时(列联系数至少超过 0.16),才可拒绝原假设;当卡方检验的结果显著,列联系数不显著时,不能轻易下结论。

另外,对变量取值的不同分类会引起卡方值的改变,有可能得到不同的结论。所以在分类时不能随意,要有理论或统计上的依据。特别是对定距或定序变量,要先将变量的取值分组归类,才能使用卡方分析,而且分组的方法不同也会得出不同的结论;同时,对于定距或定序变量,用卡方分析,没有充分利用它们的数量信息。这都是在使用卡方分析时要注意的问题。

四、调研数据的动态分析

(一) 编制时间数列

要进行时间数列分析,首先需要编制时间数列。时间数列是指某一现象在不同时间上的数值排列而成的统计数列,又称时间序列或动态列。

时间数列根据数据表现形式不同,分为绝对数时间数列、相对数时间数列、平均数时间数列三种类型。绝对数时间数列是指由一系列绝对数按时间顺序摆列而成的数列,用于反映现象在不同时间上达到的绝对水平。同理,相对数时间数列、平均数时间数列是由相对数、平均数按时间顺序排列而成的数列。

(二)对时间数列进行水平分析

1. 发展水平

发展水平是事物在不同时间上所达到的规模或水平的数量反映,也就是时间数列中的每项具体指标数值。发展水平是计算其他时间数列分析指标的基础。通常将被研究时期的发展水平称为报告期水平,而将比较时期的发展水平称为基期水平。

2. 平均发展水平

平均发展水平是不同时间上发展水平的平均数,反映事物在一段时间内达到的一般水平。

3. 增长量

增长量是报告期水平与基期水平之差,说明事物在一定时期内增减的绝对数量。计算公式为:

$$增长量=报告期水平-基期水平$$

4. 平均增长量

平均增长量是各逐期增长量的平均数,说明事物在一段时期内平均的绝对增长数量。

(三)对时间数列进行速度分析

1. 发展速度

发展速度是报告期水平与基期水平之比,用于描述事物在一定时期内相对的发展变化程度。根据基期选择的不同,发展速度又有环比发展速度和定基发展速度之分。环比发展速度的基期为报告期的前一期,反映报告期水平与前一期水平相比发展变化的程度。定基发展速度是将某一固定时期水平定为基期水平,说明报告期水平与固定时期水平相比发展变化的程度。

2. 增长速度

增长速度是增长量与基期水平之比,用于说明事物在一定时期内相对的发展增长速度。

3. 平均发展速度

平均发展速度是各个时期环比发展速度的平均数,用于描述事物在一定时期内平均发展变化程度。

4. 平均增长速度

平均增长速度是表述事物在一定时期内平均增长变化的程度。

五、常用的统计分析方法

(一)认知常用的统计分析方法

拟定统计分析计划时,首先要熟悉各种统计方法,了解各种统计方法运用的要求,然后才能进行具体的操作。下面我们先对 SPSS 软件中的一些基本统计方法做简要的介绍。

1. 频率分析

频率分析用于统计一个变量的不同值的出现频率,统计结果是次数和百分数。频率分析主要用于命名量表和次序量表的统计处理。例如,可用频率分析来计算调查对象中通过各种渠道获知某一品牌的实际比率。等距量表和比率量表也可以在转化为命名量表之后进行频率分析。

2. 交叉频率分析

用于统计两个或两个以上变量交叉分组的频率及百分数。例如,要了解随机抽取的样本中,各年龄段的男性和女性各占多少,就要采用交叉频率分析。

3. 描述统计

描述统计主要用于计算变量的平均数、标准差,如计算所有调查对象的平均收入;此外还可以用于计算一个变量按另一个变量分组的平均数、标准差,如求各种文化程度的消费者的月平均支出。

4. 平均数差异检验或 t 检验

平均数的差异检验分为独立样本 t 检验和配对样本 t 检验。独立样本 t 检验用于两组不相关样本的平均数的差异检验。配对样本 t 检验用于两个相关样本的平均数差异检验,两个变量可以是同一样本的前后两次观测值,也可以是不同样本的观测值,但必须存在相关关系。例如,想了解消费者在促销前后购买某品牌的数量有无差别,就采用配对样本 t 检验;而如果想知道两个不同消费者小组每月购买某种日用品的消费支出是否有差别,则采用独立样本 t 检验。

5. 方差分析

方差分析,也叫变异数分析,包括一元方差分析、单因变量方差分析、多变量方差分析和重复测量方差分析等。

(1) 一元方差分析也称单因素方差分析或单因素变异数分析,用于两组以上独立样本的平均数差异检验,如高、中、低收入者对某品牌评价的差异检验。它适用于单因素的设计。

(2) 单因变量方差分析用于单一因变量的多因素设计的方差分析。它可以检验各因素的效果以及因素之间的交互作用(最高级别的交互作用)。

(3) 多变量方差分析是对两个或两个以上相关因变量的方差分析和协方差分析。它用于检验一系列相关因变量与变量之间的关系。

(4) 重复测量方差分析是用同一指标对同一被试进行多次测量的平均数差异检验。

6. 相关分析

相关分析用于分析两个变量之间的线性关系。相关分析的方法有很多,包括皮尔逊相关、斯皮尔曼相关、肯德尔和谐系数、净相关等。皮尔逊相关适用于两个变量均为等距量表的情况。当等距资料出现极端数据或变量分布为非正态时,一般采用斯皮尔曼或肯德尔和谐系数。净相关用于在控制其他变量的影响下求两个变量之间的相关系数。

7. 回归分析

回归分析的方法有许多种,较常用的是线性回归。线性回归方法主要用于检验一个因变量与若干自变量之间的关系。该方法要求所有变量均为等距变量,如果自变量是命名变量,则必须是二分变量。如果因变量为二分变量,则采用逻辑回归方法。

8. 主成分分析和因子分析

这两种统计方法都是用少数几个因子去描述多个相关的变量。主成分分析的目的是生成少量几个新的变量。因子分析旨在获得因子的同时,进一步揭示各因子与观测变量的关系。例如,购买量与未来的购买意向具有相关关系,可以采用主成分分析方法将它们合并成为一个新的变量。也可以进一步采用因子分析方法探讨两个原始变量跟新变量的关系,或两变量分别对新变量的贡献。

9. 聚类分析

聚类分析的目的是依据某些特征,将事物或人分成几个较为同质的类别。例如,可以根据观众对各种电视节目的偏好程度和收视频度,采用聚类分析方法将他们分成不同的观众群。

10. 多维量表分析

标定客体在多维空间中的位置,如可以根据口感、味道、价格等指标来确定各品牌啤酒的相对位置。

11. χ^2 检验

χ^2 检验是非参数检验的方法之一,用于检验变量的实际观测值跟期望值是否存在差异。如检验实际调查对象的年龄分布与抽样设计的年龄配额是否一致。

(二) 统计方法的选择

要准确、客观地描述资料的特征,采用适当的统计方法十分重要。在选择统计方法时,要考虑下列两个因素,即调研问题的性质和数据资料的性质。

1. 调研问题的性质

市场调研的问题基本上要么是描述性问题,要么是关系性问题。在描述性问题研究中,研究者一般只想了解单一或若干事物(或现象)的状况,如消费者对某一电视广告的接触状况和反应;消费者对某品牌产品各方面特性的评价;不同阶层消费者对某一品牌的偏好差异等。对于这类研究,在对资料统计处理时,常常采用频率分析和描述统计方法。

关系型问题所探讨的是两个变量之间(或一个变量与一组变量)有无关系及其关系的程度。关系性问题分为相关关系问题和因果关系问题,前者用于探讨变量之间的共变关系,后者则用于探讨变量之间谁因谁果及其关系的密切程度。关系性问题的统计分析可采用各种相关分析、方差分析和回归分析等。

2. 数据资料的性质

不论什么样的调研资料,都可以把它们归为质变资料和量变资料。质变资料是指变量本身并不具有可以测量的数值单位,而是仅可根据一项或数项所描述的特质加以区分的数据资料,如性别、职业等。通常由命名量表(或分类量表)所得的资料均属于这一类。次序量表资料严格地说也属这一类。

质变资料在统计方法的运用上比较受到限制,一般只能采用频率分析、非参数检验进行处理。量变资料则指变量本身具有可以测量的数值单位,可以根据某些变量的特征作量的连续排列的资料,如年龄、收入、销售量、知名度等。一般来说,等距量表资料、比率量表资料均属于量变资料。

次序量表资料也可通过数据转换变成量变资料。对于量变资料,几乎所有的统计方法包括描述统计、相关分析、回归分析、因子分析、方差分析等都可以加以运用。

量变资料与质变资料虽然有很大的差别,但量变资料可以转变为质变资料。例如,可以把个人月总收入这一量变资料转变成 400 元以下、400~600 元、600~1 000 元和 1 000 元以上等四个类别,然后采用质变资料的统计方法进行处理。质变资料也可转化为量变资料,但很困难、很复杂,只有在极少数情况下才能进行。

【实训任务实施】

实训项目 高校快递市场快递满意度调查分析

一、实训目标
掌握常用市场数据统计的分析方法,并能够运用统计软件编制数据图表。

二、实训要求
根据调研计划内容,做出相应的图表,并开展快递满意度调查总结。

三、实训准备
将学生适当分组,以小组为单位进行实训练习。

四、实训任务
本次调研项目的抽样总体是某大学城全体人员,包含教师、自由职业者、高校学生,调查方法采用的是问卷调查,现获得了 60 个有效样本,请针对这些样本,开展分析,做出相应的图表,并开展快递满意度调查总结。

表 1-3-1 各类型人员选择快递价格分布表

	5 元以下	5~10 元	10~15 元	15 元以上
学生	0	18	11	0
教师	0	0	9	6
自由职业	0	0	3	6
其他	0	0	0	2
合计	0	18	28	14

表 1-3-2 运费价格总体满意度统计表

	60 分以下	60 分~70 分	70 分~80 分	80 分~90 分	90 分以上
学生	0	3	5	20	1
教师	0	0	0	10	5
自由职业	0	0	0	7	2
其他	0	0	2	2	3
合计	0	3	7	39	11

表 1-3-3 何种渠道使用物流服务分组统计表

	网络购物	邮寄物品	货品运输	其他
男	17	6	1	0
女	34	2	0	0
合计	51	8	1	0

表 1-3-4 每月寄收快递次数统计分组统计表

	5次以下	5~10次	10~15次	15次以上
男	22	2	0	0
女	14	20	2	0
合计	36	22	2	0

表 1-3-5 最常用快递公司分组统计表

	圆通	中通	申通	天天	顺丰	韵达	EMS	其他
男	10	6	16	0	9	9	3	0
女	26	16	29	9	3	21	0	0
合计	36	22	45	9	12	30	3	0

表 1-3-6 最满意快递公司分组统计表

	圆通	中通	申通	天天	顺丰	韵达	EMS
男	8	2	2	1	8	2	1
女	19	4	7	0	4	2	0
合计	27	6	9	1	12	4	1

表 1-3-7 影响选择快递的因素分组统计表

	价格优惠	态度好	公司声誉	物品完整	快递及时	其他
男	7	9	8	5	12	0
女	17	13	10	7	20	0
合计	24	22	18	12	32	0

表 1-3-8 快递需亟待解决的问题分组统计表

	提高送货速度	改进服务态度	快件的完好程度	快递纠纷问题
男	15	2	10	2
女	11	8	7	5
合计	26	10	17	7

五、实训操作

以小组为单位,开展讨论,并将讨论结果形成高校快递满意度调查报告。

六、技能训练评价

表 1-3-9 技能训练评价表

专业:		班级:		被考评学员:		
考评时间		考评地点				
考评内容		实训项目 3:高校快递市场快递满意度调查分析				
考评标准	内容	分值	自评(20%)	小组互评(30%)	教师评议(50%)	考评得分
	调研数据处理科学,参数选择合理	30				
	能够根据实际情况,做出直观的图表	20				
	调查报告分析合理、言之有据	30				
	团队意识强,文字表达能力良好	20				
	综合得分					
指导教师评语:						

附:

高校快递满意度调查问卷

亲爱的朋友您好!本次的问卷调查旨在了解您对物流服务的满意度情况。首先感谢您支持并参与本项调查活动,本次调查采用不记名方式,问卷数据的统计结果仅用于研究,请不必有任何顾虑,请您如实填写。

1. 您的性别?
   A. 男   B. 女
2. 您的身份?
   A. 学生   B. 教师   C. 自由职业   D. 其他
3. 您平均每月的消费情况?
   A. 1 000 元以下   B. 1 000~2 000 元
   C. 2 000~3 000 元   D. 3 000 元以上
4. 您认为用物流寄东西方便吗?
   A. 非常方便   B. 方便   C. 一般   D. 不方便

5. 您平时大多是通过何种渠道使用物流服务？
   A. 网络购物　　　　B. 邮寄物品　　　　C. 货品运输　　　　D. 其他
6. 您每月需寄收快递多少次？
   A. 5次以下　　　　B. 5~10次　　　　C. 10~15次　　　　D. 15次以上
7. 您平均每次发快递花费多少？
   A. 5元以下　　　　B. 5~10元　　　　C. 10~15元　　　　D. 15元以上
8. 您对当前运费价格的满意程度为？
   A. 60分以下　　　B. 60~70分　　　C. 70~80分　　　D. 80~90分
   E. 90分以上
9. 您最常用的快递公司？（可多选）
   A. 圆通　　　　　B. 中通　　　　　C. 申通　　　　　D. 天天快递
   E. 顺丰　　　　　F. 韵达　　　　　G. EMS　　　　　H. 其他
10. 收到产品时，出现货物包装破损率大小？
    A. 5%以下　　　B. 5%~10%　　　C. 10%~15%　　　D. 15%以上
11. 如果让您推荐一个您最满意的快递公司，您会选择？
    A. 圆通　　　　B. 中通　　　　C. 申通　　　　D. 天天快递
    E. 顺丰　　　　F. 韵达　　　　G. EMS
12. 您选择快递时，主要是哪方面的因素吸引了您？（可多选）
    A. 价格优惠　　　B. 态度好　　　　C. 快递公司的声誉
    D. 物品完整率高　E. 快递投放及时　F. 其他
13. 您觉得物流速度能令您满意吗？
    A. 非常满意　　　B. 满意　　　　　C. 一般满意　　　D. 不满意
14. 您认为快递公司亟待解决的问题？
    A. 提高送货速度　　　　　　　　　B. 改进服务态度
    C. 加强快件的完好程度　　　　　　D. 解决快递纠纷问题
15. 就您而言，您还希望快递公司有什么需要改进的地方？

调查地点：×××

【任务小结】

本任务对数据处理的相关知识进行讲解，对调查问卷的结果进行汇总分析，并介绍常用市场数据统计的分析方法，同时运用统计软件编制了数据图表，将收集上来的调查数据进行加工和处理，使得数据系统化、条理化。同时通过处理分散的、只反映个体特征的数据，初步观察出总体数量的特征与规律，进而认识到数据的处理是数据收集的继续，也是统计分析的前提，在整个统计工作中处于承前启后的重要位置。

任务四　物流市场调研报告的撰写

 任务目标

通过本任务的学习,认识物流市场调研报告的意义和特点;掌握物流市场调研报告的基本结构;掌握撰写物流市场调研报告的技巧与注意事项。

 重难点分析

掌握物流市场调研报告的基本结构;掌握撰写物流市场调研报告的技巧与注意事项。

 教学建议

建议在教学过程中结合实例开展讲解,便于学生理解和掌握。

 【引导案例】

武汉大道物流公司市场调研报告

一、调研目的

本次市场调研的目的是了解武汉市物流企业现状,熟悉现代物流的基本流程,运用所学知识对企业物流现状进行合理分析,并对其存在的问题提出自己的意见。

二、调研内容

（一）企业背景

武汉市大道物流有限责任公司成立于1999年5月,是一家专业物流企业,系武汉市道路运输协会会员单位,武汉市一类道路运输服务企业经营资质单位,多次被省、市运管部门评为先进单位。主营湖北省内仓储、运输及武汉市至国内大中城市的零担、整车运输。总部设在武汉市汉口常码头,有8个营业部,下设20余家分公司,经营场地30 000余平方米,员工近600名,拥有各类型货车近60台,可调配车辆100多台,库房8 000多平方米。

（二）企业服务范围

企业的主要经营范围在湖北、湖南、广东等地区。

（三）客户服务项目管理

该公司主营零担物流,公路零担物流,除此之外还有很多,如仓储、包装等。

公司具体服务项目有以下几个方面:

（1）业务范围:公司现在主要采用公路运输,能提供湖北省内二级城市、广东、湖南全境运输服务。

（2）代收货款。当以销售方式发运货物时,提供收取销售货款服务。

(3) 保价运输。客户发货时申明货物价值,缴纳一定比例的保价费,当发现货物损坏或丢失时,可按申明价值获得赔偿。

(4) 门到门服务。上门取货与送货上门服务。

三、业务流程

公司的零担物流业务流程如下所示。

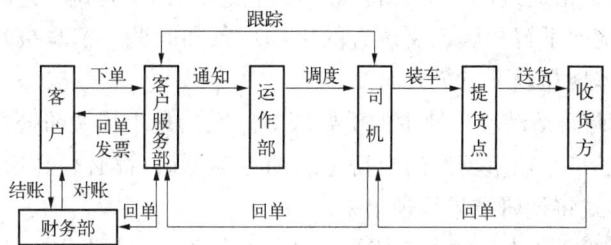

(1) 接单。客户提前一个工作日将发货计划传真至我司客户服务部,由客户服务部进行登记,了解清楚客户货物规格、体积重量及车型的特殊要求等情况,并及时派单通知运作管理部。

(2) 调度运输。运作部根据客户的要求安排调度车辆,并检查车辆是否干净,有无污染、异味,并交代发货人员带车发货;装货时做好数量的清点和残损品的检查,与客户的仓管人员做好货物的交接及协议的签订,并办理放行。

(3) 货物跟踪。由客户服务部根据发货记录,跟踪货物在途情况,因意外情况而影响准时到货的,须第一时间告知第一、第二客户;到货后,司机和第二客户做好交接,如有货损货失等情况要求客户在回单中注明,比较强烈的意见,司机会在第一时间将情况反馈给公司,客户服务部会及时做出处理。

(4) 处理结算。客户服务部收到客户的送货回单后进行登记,如有货损货失情况会传真给客户,确定损失的价值;根据合同规定属保险责任的或不属保险责任,经查确属我司责任的,我司将在一周内给予明确答复,赔款在运费中扣减。正常的回单,我司根据合同进行次结、周结、月结。结算时我司会先传真对账单,确认无误后,再将回单、发票送至客户处,客户开具支票或转账。

四、企业竞争情况

目前,与其相竞争的企业包括金昌物流、阳光物流、捷利物流、中远汽车运输。与其他物流公司比较而言,该公司采取差异化战略,主攻公路零担物流,广告较少,主要通过口口相传的业绩争取到不少客户带客户的订单。

针对调研企业物流漏洞提出改进意见,如信息是否断层,资源规划利用是否合理,自动化程度等硬件设施、技术是否充分。

五、存在问题

大道物流企业虽然管理上较为严格,但在企业内部运输上有些凌乱,货车和搬运工人交杂搬运,尘土四起,仓库的方向大小分区规划似乎也有问题,有不少交通瓶颈区,容易堵塞也容易出事故。而且自动化程度不高,信息似乎有点断层,如客服和市场人力资源联系不是很紧密。这些都需要更大的管理网络和更好的资源规划。

思考题:以上物流企业的调研报告在结构上有哪些欠缺的地方,可以如何去整理完善?

**【任务知识储备】**

一、物流市场调研报告的意义

市场调研报告是指通过用文字、图表等书面表达的方式,将调查过程和调查结果表现出来,以便全面系统地了解和认识所调查的市场现象和问题。撰写报告有非常重要的意义,归纳起来主要体现在以下三个方面:

(1) 它是市场调研活动不可缺少的重要环节。无论是市场调研公司接受客户委托进行某项专门调查,还是企业市场部门自行组织的专项调研,都必须经历市场调研过程,并最终以书面报告形式将调研结果呈现出来。

(2) 它是经营管理者决策的参考依据。经过组织整理、统计分析、提炼加工形成的市场调查报告,非常便于经营管理者阅读和理解,因为报告全面记载了市场调查项目的目的、方法和实施情况,深入分析了经过调查后所得的主要结论,并站在中立的立场上提出相关建议。因此,一份好的市场调研报告对于社会和企业管理者、决策者了解整个市场调查过程,并依据调查形成的基本结论来判断经济或市场发展现状与趋势,做出相应的经营决策是非常有意义的。

(3) 它是评价调查活动质量的重要标志。与市场调查活动的其他环节相比,市场调研报告是整个市场调查项目最具全面性、代表性的有形产品,也是市场调查机构呈现给社会或企业的主要成果。

二、物流市场调研报告的特点

一份优秀的市场调研报告应符合针对性、新颖性、时效性和科学性的特点。

(一) 针对性

针对性是指选题上的针对性和阅读对象的明确性两个方面。首先,调查报告在选题上必须强调针对性,做到目的明确、有的放矢,围绕主题展开论述,这样才能发挥市场调查应有的作用;其次调查报告还必须明确阅读对象,并针对不同的阅读对象有侧重地编写调查报告。

(二) 新颖性

市场调研报告的新颖性是指能从新的视角去发现问题,用新的观点去看待问题,能够抓住市场活动的新动向、新问题来提出新观点。只有新颖的报告观点和视角,才能给企业带来价值。

(三) 时效性

市场信息瞬息万变,企业机遇稍纵即逝,如果市场调研存在滞后性,那就失去了调查存在的意义。调研报告应把调查研究中获得的有价值的数据和内容迅速、及时地以调查报告的形式发布出去,以供企业抓住机会,在竞争中取胜。

(四) 科学性

市场调研报告不是单纯地报告市场客观情况,简单罗列调查结果和数据,还应对事实做分析研究,对调查数据进行深层挖掘并找出本质和规律性的东西,寻找市场发展变化的规律。因此,调研报告就需要有科学的分析方法,如总结归纳法、推理演绎法、历史对比法、数据分析法等,以得出科学的结论。

三、物流市场调研报告的结构

一篇规范的市场调研报告,一般应包含前言部分、正文部分和附录部分这三项内容。下面逐个论述各个部分的撰写方法。

(一) 前言部分

前言部分通常包括标题页、目录、委托信、摘要等内容。标题页即封面,包括调研报告的题目或标题,还包括执行调查项目的研究机构(或人员)、提交报告的机构(或人员),以及报告的提交日期等。报告的标题一般应将调查内容概括出来。也可以采用正、副标题的形式,正标题说明调查的主题,副标题则具体表明调查的范围以及调查内容。委托信是调查客户在调研项目正式开始之前给调研组织提出的调研要求。

摘要是概括说明调研活动所取得的主要成果和结论。因此,摘要应该尽可能地精确、简练地表述调研对象、调研范围、采用的调研方法,以及调研的结论与建议。摘要是调研报告的最重要的内容,是整个报告的核心。

(二) 正文部分

正文部分是调研报告的主体部分,具体构成会因研究项目不同而有所区别,但基本上包含引言、调查方法、调查结果、调查结论及建议等四个部分的内容。

1. 引言的概念及撰写引言的方法

引言通常包括调查背景、调查目的等内容。通过调研报告的引言,可以使阅读者对报告的整体情况有所了解。在对调查背景的叙述中,对调查的由来或受委托进行调查的原因做出说明,对调研项目的必要性做简要的解释。对调查背景的介绍不仅可以作为调查目的提出的铺垫,还可以作为调查结论和建议的佐证,与研究结果相互呼应来说明问题。引言中的调查目的通常是针对研究背景分析所存在的问题提出,一般是为了获得相关资料或对某些调查建设做检验。

撰写引言主要有以下几种常见的方法:

(1) 开门见山,提示主题。文章开始就先交代调查的目的或动机,提示主题。

(2) 结论先行,逐步论证。即先将调查的结论写出来,然后逐步论证。许多大型的调查报告均采用这种形式,特点是观点明确,一目了然。

(3) 交代情况,逐步分析。先交代背景情况、调查数据,然后逐步分析,得出结论。

(4) 提出问题,引入正题。提出调研报告阅读者所关注的问题,然后引导进入正题。

引言部分的写作方式灵活多样,可根据调查报告的种类、目的、搜集资料情况,报告篇幅要求等情况灵活选择,围绕调查起因、调查开展和调查结论进行论述。

2. 调查方法的选择

需要描述调查地区和对象的筛选,调查开展情况(包含访问完成情况、样本结构情况),以及对调查资料进行汇总、整理和统计分析的方法。调查方法提供的信息使阅读者了解调查数据的搜集,以及调查结论的得出方法。这部分内容一般可以包括以下几个方面：

（1）调查地区。说明调查活动开展的区域，以及选择这些区域的原因。

（2）调查对象。说明从哪种类型的调查对象中抽取样本进行调查。通常是指产品的销售推广对象或潜在的目标市场。

（3）访问完成情况。即叙述原定调查数量是多少，实际收回的有效调查结果是多少，有效率是多少，失效的原因是什么，是否采取一定的补救措施等内容。

（4）样本的结构。即根据哪种抽样方法抽取样本，样本的结构是否合理，是否具有代表性，与起初拟定的调研计划是否一致。

（5）资料的采集。是入户访问还是电话访问，是观察法还是实验法等。如果是实验法，还必须对实验设计做出说明。

（6）资料处理方法及工具。指出采用何种工具、哪种方法来对搜集的调查资料进行处理和统计分析。

3. 调查结果

调查结果是调研报告的主要内容，调研报告应以陈述形式进行表述，并配以表格、图形、图表来进一步支持和加强对结果的佐证，同时还要对图表中的数据资料所隐含的趋势、关系或规律加以客观的描述。为了客观陈述事实和恰当表述结论，一般将调查结果分为基本情况和结果分析两个部分。

（1）基本情况部分。需要反映出客观事实，而不是对调查结果的简单罗列。通常采用三种方法来归纳总结：一是先对调查数据资料及背景资料做客观的介绍，然后在分析部分中阐述对当前现状的看法、观点或分析；二是提出问题，并给出解决问题的具体途径；三是首先肯定事物的一面，由此引申出分析部分，并最终引出结论，采用循序渐进的方式。

（2）分析部分。这是调查报告的主要组成部分，在这个阶段，需要对调查搜集的资料进行质与量的分析，通过分析，了解情况、说明问题和解决问题。本部分主要有以下三类情况：一是原因分析，即指出出现问题的基本成因；二是利弊分析，对事物在社会经济活动中所处的地位、所起到的作用进行分析；三是预测分析，对事物的发展趋势和发展规律做出分析和预测。有时还需要研究者就调查数据来说明总体情况。总之，本部分涉及内容很多，可以用概括性或提示性的小标题突出报告的中心思想，结构也要安排恰当。

4. 调查结论和建议

结论和建议是撰写调研报告的主要目的，其中包括对引言和正文部分所提出的主要内容的总结。仅仅将统计结果总结出来是不够的，必须按照定义的问题来解释统计结果，并从中提炼出结论性的内容。通常可以用以下方式得出结论：

（1）概括全文。经过层层剖析之后，综合说明本调研报告的主要观点，从而深化了报告的主题。

（2）形成结论。在对真实资料进行深入细致的科学分析的基础上，得出本调研报告的结论。

（3）提出看法和建议。通过对调研结果的分析，形成报告撰写者对事物的看法，在此基础上提出建议和可行性方案。

结论不见得单独列出，这与调查项目大小和篇幅有关。在结论的基础上，可以向报告阅读者提出如何利用已被证明为有效的措施，以及解决某一具体问题可供选择的方案、措施或具体行动步骤。

（三）附录部分

附录是指调研报告正文中无法包含，或没有提及的内容，但由于和正文内容息息相关，必须附加说明。附录是对报告正文的补充或更详尽的说明，以备阅读者进一步参考使用。附录的资料可用来论证、说明或进一步阐述已经包括在报告正文之内的资料。附录部分通常包括调查方案、调查问卷、数据汇总表、原始资料材料、参考文献等内容。

【实训任务实施】

实训项目　高校快递市场调研报告的撰写

一、实训目标

熟练开展市场调研活动，掌握物流市场调研报告的撰写工作。

二、实训要求

根据调研计划内容，撰写出一份物流市场调研报告。

三、实训准备

将学生进行适当分组，以小组为单位进行实训练习。

四、实训任务

随着快递业的迅速发展，为了占取更大的消费者市场，很多快递企业走低端服务路线。因此，为了了解客户对快递公司的服务水平态度，是否满意现在的快递价格，是否满意现在的快递速度，是什么因素影响他们选择快递公司，从而初步了解目前快递服务的状况。请根据以上调研内容，选择高校学生为调查对象，开展市场调研，汇总调研数据，并撰写市场调研报告。

五、实训操作

1. 以小组为单位完成高校快递市场调研报告；
2. 每组派一位同学上台讲述自己小组的报告；
3. 其他小组同学可以进行点评。

六、技能训练评价

表 1-4-1　技能训练评价表

专业：		班级：		被考评学员：
考评时间		考评地点		
考评内容		实训项目 4：高校快递市场调研报告的撰写		

续　表

	内容	分值	自评 （20%）	小组互评 （30%）	教师评议 （50%）	考评得分
考评标准	合理确定调查对象（包含调查对象、样本容量和调查方法）	20				
	设计调查问卷，开展调研工作	20				
	撰写完整、合理的物流市场调研报告	40				
	团队意识强，表达能力突出	20				
综合得分						

指导教师评语：

【任务小结】

物流市场调研是企业为了提高决策质量、发现问题和机遇而系统、客观地识别、收集、分析和传播信息的工作，是物流项目研究活动的起点，贯穿于整个物流项目研究的始终。通过市场调研，物流企业可以掌握市场的现状和发展变化趋势，为市场预测、项目定位和规划方案的制定提供科学依据。

当数据分析工作全部结束之后，就进入调研报告撰写的环节。调研报告是一个物流市场调查项目最终成功的主要表现形式。调查数据经过统计分析之后，只是为我们得出相关结论提供了基本依据，只有将研究结果用文字、图表的形式表现出来，才能使得调研服务于社会。对于物流企业来说，开展物流市场调研的目的就是为了获得包含决策信息和依据的调查报告。能否撰写出一份高质量的调查报告，是决定调查本身成败与否的重要环节。如何根据之前预定的调研主题以及统计分析出的调查数据撰写出一份科学的物流市场调研报告是本次任务学习的重点。

项目二

物流客户开发

1. 了解物流客户的定义和内涵。
2. 掌握物流客户的分类和价值。
3. 熟悉物流客户开发流程。

1. 具备分析物流客户的能力。
2. 具备物流客户开发的能力。

1. 智慧化物流时代，秉持工匠精神。
2. 物流客户开发是一项持续性工作。

注：本项目知识目标、能力目标与《物流管理职业技能等级标准（中级）》中对应的知识点、技能点有机融合，实现课证融通，为物流管理职业等级技能证书的考取打下基础。

	工作领域	工作任务	实操考点	理论考点
《物流管理职业技能等级标准（中级）》	物流项目开发与范围管理	物流客户开发计划与实施	1. 能执行客户拜访、谈判、日常关系维护；2. 能编写客户拜访计划和撰写纪要	1. 理解常见的客户拜访方法与拜访前准备工作；2. 了解客户开发的基本流程；3. 掌握客户跟进的工作内容和策略；4. 理解客户谈判的注意事项
	基本管理技能应用	自我管理与沟通合作	无	了解物流行业客户沟通的定义、分类、提升途径、技巧
		物流职业礼仪	无	1. 了解物流行业仪表礼仪；2. 了解物流行业客户服务礼仪

任务一　物流客户开发一般知识

任务目标

通过本任务的学习,熟悉物流客户开发的一般知识;掌握物流客户开发的步骤和流程;清晰了解物流服务水平是构建物流系统的前提条件并具备对物流客户的分析能力。

重难点分析

如何进行物流客户细分是难点,学习中容易出现概念混淆,根据老师对该部分的拆解讲解进行理解。

教学建议

建议教学过程中充分调动学生的学习积极性,运用讲授法、讨论法等教学方法。

【引导案例】

某物流公司中秋节致客户感谢信

尊敬的新老客户朋友:

您好!

时逢中秋,又近国庆,佳节双临,普天同贺。在这家与国情意两浓的节日氛围里,感谢您一直以来对××速递的支持与厚爱。我谨代表××全体员工向您表示最衷心的感谢和最诚挚的节日祝福!

回首2012年的发展历程,是您——我们尊敬的客户,给予了我们良好的工作配合与业务支持,使我们充满力量与信心稳步前行,在广东省这块热土上奉献我们的青春,实现我们的人生价值。××速递因为珍惜每一段与客户从相识、相助,到相知、相惜的友好过程,公司日渐壮大,在代收货款业务上努力朝向"创速递银行,塑行业标榜"的企业愿景奔跑。我们希望通过我们的勤劳和智慧,通过我们坚持不懈的努力与投入,能够得到越来越多客户的认可,有越来越多的客户帮我们传递"诚信兴业,天道酬勤"的良好口碑,为我们创造良好品牌声誉打下坚实基础,在同行中做出自己的特色,做出自己的品牌,继而取得持之以恒的良好成绩,为客户打造一个更好更信得过的货款服务体系。

饮水思源,我们深知,××所取得的每一点进步和成功,都离不开您的关注、信任、支持和参与。您的理解和信任是我们进步的强大动力,您的关心和支持是我们成长的不竭源泉。您的每一次参与、每一个建议,都让我们激动不已,促使我们不断奋进。有了您,我们前进的征途才有源源不绝的信心和力量;有了您,我们的事业才能长盛不衰地兴旺和发展。

在今后的岁月里,我们将一如既往地给您提供优质的服务,加强和提高收、派件服务体系,确保为您提供优质、高效、安全的服务,真正实现双方互利互惠的双赢目的。我们非常珍惜与您建立起来的长期友好的合作关系,再次感谢您对我们工作的大力支持,并期望继续得到您的大力支持!在此,向您和您的家人恭祝

佳节愉快,阖家欢乐,身体健康,万事如意!

董事长:××
2013 年 9 月 10 日

案例思考:

一家物流企业发展前景如何,关键看它以什么样的理念、用什么样的心态去看待客户。你能够清晰地识别你身边的客户吗?对你所熟悉的物流企业进行调研,并对企业内部客户进行分类。

【任务知识储备】

一、客户的内涵

(一) 客户的定义

一般来说,客户的概念有外延和内涵之分。外延的客户是指市场中广泛存在的、企业的产品或服务有不同需求的个体或消费群体;内涵的客户是指企业的所有的服务对象(公司股东、雇员、顾客、合作者、政府官员、社区的居民)。总之,客户是相对于产品或服务提供者而言的,无论是个体的客户还是组织的客都是接受企业产品或服务的对象,个体的客户和组织的客户统称为客户。

(二) 客户需求的特性

1. 客户需求具有无限扩展性

应该说,客户的需求是无止境的,永远不会停留在一个水平上。随着经济、技术的发展,客户的需求也不断地向前发展。

2. 客户需求具有多层次性

尽管客户有多种多样的需求,但不可能同时得到满足,需要我们按照个体的经济实力、支付能力和客观条件,根据轻重缓急,有序地逐步实现。

3. 客户需求具有可诱导性

客户需求的产生有些是必需的、最基本的,有些与外界的刺激诱导有关。例如,经济政策的变动、各类营销活动的影响、社会交际的启示、广告宣传的诱导等,都会使客户的需求发生变化或转移,潜在的需求也可以变为现实的需求。

4. 客户需求具有分散性

我国加入世贸组织以来,由于竞争的不断加剧,民营企业的飞速发展,各类企业的市场占有率不断下降,因此客户需求有其分散的特性。

二、物流客户分析

(一) 物流客户的定义

物流客户就是物流企业的服务对象,包括与物流企业有关的股东、雇员、顾客、合作者、政府官员、社区居民等。物流客户有以下两个显著特性。

1. 物流客户是物流企业最重要的战略资源

物流客户是物流企业交易的对象,消费物流企业提供的物流产品或服务,是给企业"送钱"的人,是企业唯一的利润中心,是企业生存、发展的"衣食父母",是企业蕴含价值极高的资产,是企业不可忽视的最重要的战略资源。根据一般企业的经验,客户每年流失1/3左右,据此推算,企业倘若不去开发新客户,不出五年,老客户必将消失殆尽,而企业利润的源泉也将严重枯竭。

2. 物流客户不同于顾客

顾客是企业服务对象的泛指,代表着一个被服务的群体,是一张没有名字、没有具体特征的面孔;物流客户是指物流企业拥有具体名称、地址、经营特性等详细资料的服务对象。客户与企业之间的联系比一般意义上的顾客更加亲近密切。物流客户是针对物流市场某一特定人群或细分市场而言的。顾客可以由任何人或机构来提供服务,而物流客户则主要由专门的人员或机构来提供服务。

(二)物流客户的内涵

在现代营销观念日益普及、客户意识日趋增强的今天,人们对物流客户的理解已经不是传统意义上的客户概念了,不仅仅局限于物流企业的服务对象,其内涵已扩大化,还包括物流企业内部下流程对上流程等环节。

1. 物流客户一般是物流产品或服务的最终接受者,体现为供应链客户关系

从现代物流的角度分析,产品从供应商、生产商到批发商、零售商,再到最终消费者手中,这个加工流转过程就是一条供应链,它将供应商、生产商和经销商的生产经营活动紧密联系起来,而物流则是连接它们的桥梁。处于供应链上的上下游企业等均是物流企业的服务对象,因此,物流企业的客户可能是供应商、生产商,可能是一级批发商、二级批发商、零售商,也可能是物流企业的同行——其他物流商,还可能是消费物流产品或服务的个人或其他组织。供应链是围绕核心企业,通过对信息流、物流、资金流的控制,从采购原材料开始,制成中间产品以及最终产品,最后由销售网络把产品送到消费者手中的将供应商、制造商、分销商、零售商直到最终用户连成一个整体的网络结构和模式。

2. 物流客户不一定局限于企业之外,还体现为企业内部客户关系

物流企业内部下流程是上流程的客户。但在过去人们习惯于把物流产品或服务的接受者称为物流企业的客户,而把企业内部上、下流程人员看作是同事或合作伙伴,从而淡化了服务意识,造成服务的内外脱节,影响物流运营效率。物流企业内部客户,即企业内部的从业人员、基层员工、主管,甚至股东都包含在内。这部分客户符合物流客户定义,他们满足一般性客户的特性。对企业来说,他们是具有多重身份的群体,更是需要首先满足的群体。

企业内部客户关系类型,按工作关系的不同可细分为三种:一是水平支援型。彼此独立工作,如遇到困难则相互帮助,这种组织常见于一般的服务业,物流企业也不例外。二是上下流程型。物流企业许多承前启后或前后需要衔接的工作,如流通加工、分拣、包装、配送等。三是小组合作型。它是以上两种形式的综合,一般按主从位置划分。

在现代客户管理观念的指导下,个体的客户和组织的客户统称为客户。因为无论是个体或组织都是接受物流企业产品或服务的对象,而且从最终的结果来看,"物流客户"的下游还是客户。因此,物流客户是相对于物流产品或服务提供等而言的,他们是所有接受

物流产品或服务的组织和个人的统称。

三、物流客户分类及其意义

(一)物流客户分类的方式

1. 按照服务对象的性质分类

按照服务对象的性质可将物流客户分为个体型客户和组织型客户。

(1) 个体型客户是指由于个人或家庭的需要而购买物流产品或服务的最终消费者,它主要是由个人或家庭购买者组成。

(2) 组织型客户是指一定的正式组织机构,以组织的名义,因组织的运作需要而购买某种物流产品或服务的对象,它一般由一系列组织单位或团体机构等构成。

2. 按照业务关系分类

按照业务关系可将物流客户分为交易型客户、合同型客户和联盟型客户。不同类型的客户对物流服务有不同的需求,因此,对他们的管理方式也应有所区别。

(1) 交易型客户,是指物流企业与客户的关系是建立在一次交易或一系列独立交易的基础上,这种关系的客户数量较多且需求具有随机性,需求的数量和水平难以准确预测。在管理这类客户时第三方物流企业应强调客户服务能力的柔性化,在顾客满意和物流成本之间寻找良好的平衡。

(2) 合同型客户,是指物流企业与客户的关系是根据一种具体的情况确立的合同关系,并在合同的指导下满足客户的要求。由于这种关系是在合同的具体指导下,因此,客户需要的服务水平和数量可以比较准确地预测。因此,为这类客户服务时,第三方物流企业只要确保服务过程的稳定性和可靠性,就可以使客户满意。

(3) 联盟型客户,是指物流企业与客户的关系是一种为实现共同的利益、目标和战略有计划的持久性合作关系。在管理这种客户关系时,第三方物流企业应该加强与客户的互动沟通,充分认识和发掘客户深层次的需求,为客户提供个性化的服务,帮助客户达到预定的战略目标。

3. 按照客户成熟度分类

按照客户成熟度可将物流客户分为现实客户和潜在客户。

(1) 现实客户,又称为显性客户,是指有购买能力和购买动机的客户,能为企业创造现实利益的个人或群体。这类客户一般具备四个条件:有购买动机或需求;有足够的消费能力;了解物流产品或服务的购买途径;能为物流企业带来即时收入。

(2) 潜在客户,又称准客户或隐性客户,由于各种原因暂时不能接受物流产品或服务,但是能为物流企业创造潜在收益的个人或群体。这类客户一般有以下四个特征:目前预算不足,暂时不具备消费能力;可能具有消费能力,但暂时还没有购买某种物流产品或服务的需求或动机;可能具有消费能力,也可能具有消费需求,但缺乏商品信息或购买渠道;此类客户会随着环境或需求的变化,成为个体型客户或组织型客户。

4. 按照重要程度分类

按照重要程度可将物流客户可分为A类客户、B类客户和C类客户,如表2-1-1所示。

表 2-1-1　客户分级

客户层次	客户数比重	服务档次	创造利润比重	达到目标
A类客户（关键客户）	5%	高	80%	财务利益
B类客户（合适客户）	15%	中	15%	客户价值
C类客户（一般客户）	80%	低	5%	客户满意度

　　(1) A类客户，又称重点客户或关键客户。这类客户的数量一般仅占企业客户总数的5%左右，为企业创造的业绩（销售额、利润额）占企业总数的80%左右。

　　(2) B类客户，又称合适客户。这类客户的数量一般仅占企业客户总数的15%左右，为企业创造的业绩（销售额、利润额）占企业总数的15%左右。

　　(3) C类客户，又称一般客户。这类客户的数量一般占企业客户总数的80%左右，而为企业创造的业绩（销售额、利润额）则占企业总数的5%左右。

　　（二）物流客户分类的意义

　　1. 有利于物流客户价值与物流企业价值的平衡

　　任何一家物流企业的资源都是有限的，因此不可能为所有的物流客户提供同等满意度的物流产品或服务。物流企业应以有限的资源主要满足关键客户和合适客户的需要，以求得物流客户价值最大化与物流企业价值最大化的平衡，从而实现买卖双方共赢。

　　2. 有利于物流客户整体价值的提高

　　一家企业的有限资源若能为客户提供满意的物流产品或服务，或能满足一小部分客户的物流服务需求，从而扩大合适客户和关键客户的范围，也能使一般客户得到物流企业力所能及的更广泛的服务，从而促进物流客户整体价值的提高。

　　3. 有利于为物流关键客户提供量身定做的服务和"一对一"的营销

　　物流企业根据关键客户和合适客户的需要进行客户化设计、制造和服务，使物流客户的个性化需求得到满足，使客户价值最大化，从而培养客户的满意度，提高客户的忠诚度。

四、物流客户价值

　　物流服务的客户，几乎遍布国民经济的各个领域。以客户为核心的物流服务，首先应当认识和了解客户的物流需求，不同类别的客户有不同的物流需求。一个非常满意的客户其购买意愿比一个满意客户高出6倍；一个不满意的客户，他平均会向5个人诉说他对产品的不好感受。向现有客户销售的概率是50%，而向一个新客户销售产品的概率仅有15%。保持一个消费者的营销费用仅仅是吸引一个新客户的营销费用的1/5。如果将每年的客户关系保持率增加5%，可能使企业利润增长85%。客户忠诚度下降5%，企业利润则下降25%；把客户的满意度提高5%，其结果是企业的利润增加1倍。企业60%的新客户来自现有客户的推荐。

　　因此，客户忠诚度是企业利润的来源，企业营销人员必须了解到：企业的主要利润仅仅掌握在一部分消费者手中，如果牢牢地抓住这部分消费者，对于企业的利润增长和营销战略都具有非同寻常的意义。因此，系统性地、计划性地让顾客忠诚已成为对企业具有战略意义的营销规划之一。

(一) 客户价值的实现

20世纪90年代以来,"客户导向"的竞争观念已在全球企业中得到了广泛普及。根据研究表明:客户导向型企业的确比较赚钱。只要每年的客户流失率能降低5%～10%,公司的利润便可以增加25%～75%,比例多少视行业而定。在这种情况下,越来越多的企业开始重视以客户价值的创造为核心的战略导向。目前,客户价值的理解仍存在分歧,体现在对客户价值的流向、方向性和所有者认定等方面存在差异。归纳起来有两种:

一是客户价值方向是从"企业"到"客户",即企业为客户创造价值,其受益者和所有者是客户,称为客户价值。

一是客户价值方向是从"客户"到"企业",即客户为企业创造了价值,其受益者和所有者是企业,称为客户终身价值。

从现代关系营销理论来看,其强调的是企业与客户之间的互动关系。显然,对客户价值的方向性界定,应表现为双向性。即客户价值既体现了"企业"到"客户",又体现了从"客户"到"企业"。这种双向性的确定,既是为了对客户价值概念的明确,也是为了体现在关系营销中客户与企业的双向性,共同创造价值并获得双赢。

基于以上分析,客户价值的内涵应表现为:一方面,企业在充分考虑了客户的期望价值之后,通过所提供的产品和服务,使客户获得符合自己期望的让渡价值,并产生满意感,形成重复购买意向和行为,并且相信只有该企业能够为他们提供最高让渡价值,而不受竞争者的诱惑,从而对该企业提供的价值产生忠诚。另一方面,企业不仅从客户那里获得一次性交易的利润,而且在与客户保持的长期关系中获得更多的利润,如忠诚客户向他人推荐的口碑利润、因转移成本降低而带来的利润以及客户终身价值等。

因此,可以这样来理解客户价值的内涵,即从客户角度出发,客户价值即客户让渡价值,是指客户期望从某一个特定的产品或服务中获得的一组利益及其在评估、获得和使用该产品和服务时引起的预计费用之差。该组价值是由企业创造并交付给客户的,价值的感受主体是客户,受益者也是客户。从企业的角度出发,客户价值是客户在时间上带给企业利润最大化,是企业在发展、培养和维持与特定客户的特定关系时期内,由客户带给企业的一组利益,即关系价值。该组价值是由客户提供给企业,并且是在一定时间过程中产生的,其感受主体和受益者是企业。客户价值与关系价值是一个价值创造过程的两种活动结果,它指发生在购买活动或相关行为之后的总收益与所发生的总成本之间的差别。这一思想的另一种表述方法为:

$$客户价值 = \frac{总收益}{所有权总成本}$$

如果考虑物流管理对其影响,则该公式可扩展为:

$$客户价值 = \frac{质量 \times 服务}{成本 \times 时间}$$

(1) 质量——产品的功用、性能及技术规格。
(2) 服务——可得性,客户支持及对客户的承诺。
(3) 成本——包含价格与生命周期各成本在内的客户交易总成本。

(4)时间——对客户需求做出反应的时间,比如配送的前置时间。
(二)客户对所获得服务的感知
客户对所获得服务的感知是指客户对公司所提供的所有产出物,包括产品、服务和其他无形资产的感知。这种感知反映在五个方面。

1. 与需求一致

需求可以预测的产品:传统的大批量、精益生产方式比较适合。变化速度很快的产品:强调提前期短、柔性高和速度快。此外,还需要关注提供顾客通道。

2. 产品选择

产品选择的多样化,使得很难预测顾客对某种具体规格产品的需求量,从而迫使零售商和分销商必须保持大量的多样化库存。面对产品多样化,有三种选择:专门提供一种产品,比如星巴克;可以"一站式"购买各种产品的超级市场,如沃尔玛;专门提供某一类产品的超市,比如办公用品超市。如果选择多样化经营,我们也有相关的运作模式:戴尔首创的按订单生产模式;对于生产提前期长的商品,可以采用在大的配送中心保留较多库存。实际上是一种"风险分担"模式;只提供几种固定的、能够囊括大部分顾客要求的选择方案。

3. 价格和品牌

尽管价格并不一定是顾客考虑的唯一因素,但任何产品可被接受的价格范围都很有限。品牌,在顾客脑海里是质量和声誉。如果有了很高的品牌声誉,就可以开出比别的品牌更高的产品价格。

4. 增值服务

增值服务暂时没有统一的定义,但其核心内容是指根据客户需要,为客户提供的超出常规服务范围的服务,或者采用超出常规的服务方法提供的服务。由于产品同质性,使得仅仅通过产品本身来获利和获得竞争优势的可能性降低了,另外,不断增加的顾客期望以及信息技术的发展也提供了实现增值服务的可能。

5. 关系和经历

通过开发关系,在顾客和公司之间建立更加紧密的联系。客户交互式沟通、客户数据库、交互式体验方式(主题社区)等都是有效的客户经历。

(三)客户价值的驱动因素
客户价值是满足客户想要的,并超越客户期望价值。要提高客户价值,关键是让客户"感受"到价值提高了,超过其期望,依靠物质所得和服务质量来确保客户完全满意。这需要我们每个成员都为内部和外部服务质量以及保持客户负起责任来。增大客户价值的方法:

1. 强化顾客的感知

顾客价值只是顾客的一种感受和体验,是不可准确计算的。强化顾客感知关键是要强化有形证据在顾客服务中的作用。要求的一致性、产品的适宜性、价格的合理性、品牌的优异性、服务的完美性是决定顾客感受强弱的主要因素。企业通常可以采用高品质、优质服务的策略来达到这个目的。

2. 独特的服务

在激烈的竞争中,唯有尽力在不同方面为顾客提供独特服务才能避免陷入恶性的价格战中。提供特殊服务的关键方法之一是关注细节。只有细节才能显示企业服务到位，才能让顾客感动。只要是顾客关心的，就是有价值的。

3. 协助顾客解决问题

企业在提供产品或服务后，要协助顾客达到使用产品或服务的目的，这种基于双赢的伙伴型关系策略会使企业在激烈的竞争中脱颖而出，与顾客建立起良好稳定的客户关系。

4. 价值创新

价值创新是现代企业竞争的一个新理念，被认为是提高顾客忠诚度、保持企业持久竞争优势的重要源泉。它不是单纯地提高产品的技术竞争力，而是通过为顾客创造更多的价值来争取顾客，赢得企业的成功。顾客价值创新的战略焦点不在于竞争而在于顾客，不是为了击败竞争对手，也不是要比竞争对手做得更好，而是通过顾客价值创新，为顾客提供更具价值的产品或服务，以满足不断变化的顾客需求与偏好。以优异的产品质量和服务赢得用户的忠诚，已成为企业增强竞争力的一个有效策略。

五、物流客户开发流程

物流客户管理的工作重心是开发物流客户。物流客户具有一定的特殊性，开发物流客户一定要根据物流客户的特征，结合企业本身特点，运用市场营销原理，通过建立良好的物流服务体系，进行精准的物流市场定位，推进忠诚的物流市场营销及开展多样的物流促销活动。

（一）寻找物流客户

寻找物流客户是物流客户开发的第一步，也是物流营销人员取得良好业绩的重要基础工作。

获得客户信息主要有以下十种途径：

（1）同事介绍。该类方法可行性和可靠性较高。

（2）网上寻找。寻找潜在客户，建立诚信。适时联络，主动出击。

（3）参加展会。直接面对客户，了解客户的相关情况，认识潜在客户并及时跟进。

（4）黄页、报纸、广告。

（5）登门拜访。登门拜访是客户开发的必然方式，是与客户充分交流意见和看法的重要渠道，也是客户开发成功与否的关键步骤。

（6）电话、传真。

（7）邮件。通过发邮件的方式与客户进行联络。

（8）通过老客户介绍新客户。

（9）广告开发。该种方法兼有视听效果并运用了声音、文字、形象、动作、表演等综合手段进行信息传播，面向大众，覆盖面广，普及率高。

（10）网络推广。网络是时下最流行的媒体，同时也是一个很好的销售渠道，可在各大网站加大宣传力度。

（二）开发物流客户

1. 客户开发基本流程

客户开发主要包括以下四个步骤：

(1) 发现客户。在众多企业中,如何去发现客户,是客户开发的第一个步骤,也是必不可少的基本环节,企业的业务人员通过上门拜访、朋友介绍、参加展会、广告业务等方式方法,寻找可能合作的客户。在这个环节中,业务人员敬业的态度及沟通的方法将是成功的关键。

(2) 认知客户。在发现目标客户后,要对客户进行进一步的了解和认识。首先,要了解目标客户的企业性质,如是国有企业,还是民营企业;其次,要了解客户对服务有什么样的要求,比照企业自身的特点,测算出利益最大化的方式。最后,要了解目标客户可能存在的潜力,并寻找预期建立合作关系的可能性,做好准备。对客户的认知程度越高,越有利于有效开发客户。

(3) 开发客户。在充分认知客户后,就要尽快开展企业的营销工作,包括开始的接近客户和之后的接触客户。据统计,很多客户开发往往因为无法接触客户而终止。企业的知名度越高,越容易接触到客户;中小型企业接触客户的难度往往较大,所以需要找准客户的需求,摸准客户的"脉门",选择正确的接触方式。接触客户后,开发客户的成败将取决于企业所提供的服务和报价,以及业务人员的营销水平。

(4) 开展合作。在经过开发客户的过程之后,初始的合作随之而来。如果成功,企业与企业之间会以协议、合同等方式确定合作事项的细节,企业必须通过全方位的、优质的、贴心的服务,培养客户的忠诚度,实质转化成为优质的、稳定的客户。如果失败,企业必须寻找原因,积累经验,下次面对同类型客户时不犯同样的错误。

2. 建立物流服务体系

要做好客户开发,需要建立良好的物流服务体系,培养高素质物流客服人员,进行精准物流市场定位,并不断地为客户提供满意的服务。做好自身物流服务包括以下四个方面:

(1) 建立良好的物流服务体系。良好的物流服务体系是开拓物流客户的基本途径,也是开展一切物流活动的基础。物流服务体系包括物流服务设施和物流服务作业体系。

(2) 培养高素质的物流客户服务人员。物流企业是以服务客户为导向的企业,在为客户提供服务的过程中,物流客服人员的素质至关重要。

(3) 进行精准的物流市场定位。即实行物流市场细分,找准物流客户,做到有的放矢,从而有效地开拓物流客户。与其说物流市场定位是一个策略与结果,还不如说是一个过程,即一个探索、寻找、定位、结果的过程。物流市场定位主要包括"找位""定位"和"到位"三个步骤。目前,由于服务同质化产生的价格大战是导致物流市场无序竞争、盲目发展的重要因素。

(4) 为物流客户提供满意的服务。不断地为物流客户提供满意的服务,这是物流企业开发物流客户资源的关键。

3. 拜访物流客户

识别物流客户工作完成后就进入了接近物流客户的阶段。拜访是指企业为了收集信息、确认需求、加强联络、改善沟通而采取的活动。拜访客户是建立客户关系的第一步,是突破客户关系、提升销售业绩的重要砝码。只有在拜访客户前、拜访客户中以及拜访客户后做好充足的准备,才能够实现获得新客户、维持客户关系、解决客户问题等目标。物流营销人员应该知道初次与物流客户交往应制订怎样的拜访计划,弄清楚使用什么样的销售工具,熟练掌握推销的产品或服务,以及知晓怎样会见和向客户问候才能使双方的关系有一个良好的开端等。

(1) 确定拜访方式。

拜访客户是业务员的日常工作。不但在市场调查阶段需要拜访客户,在新品推广、销售促进、客情维护等阶段都需要拜访客户。然而,由于一些业务员拜访客户的方式不当、消费者对业务员的拜访不配合,致使很多业务员拜访客户存在困难。

其实,业务员只要找准切入点,用对方法,客户拜访工作就没那么棘手,以下两种方式是企业拜访客户常用的方式:开门见山,直述来访目的,突出自我,赢得注目;察言观色,投其所好。

(2) 做好拜访前的准备工作。

① 提前与客户确定拜访时间。拜访客户前,一定要提前与客户约好拜访时间;如果没有与客户约好拜访时间,就直接登门拜访,那是对客户的不尊重,容易导致商业合作中断。

② 提前了解客户相关信息。拜访者必须提前了解客户的姓名、性别、职位、年龄、地址、联络方式、兴趣爱好、专业背景等相关信息。

③ 提前准备好拜访资料。拜访者必须提前准备好相关的拜访资料,包括公司宣传资料、个人名片、笔记本电脑、笔记本等。如果有必要,还需要带上产品报价单、合同文本等。

④ 提前收集竞争对手信息。拜访者必须提前准备好击败主要竞争对手的措辞,包括本公司与主要竞争对手的区别、本公司的优势、竞争对手的优势和弱势等问题。提前搜集竞争对手信息,有助于拜访者在拜访过程中直接"攻克"客户的内心,确保在拜访客户时,不会因为竞争对手而处于"被动"的局面。

⑤ 提前确定拜访人数。针对不同的客户,在不同的时间段内,根据客户需求的不同,拜访者的人数也应当相应调整。如果是一般性质的拜访,拜访者的人数为1人即可。如果是正式的、重要的拜访,尤其是对谈判技术要求较高的拜访,拜访者的人数应至少为2至3人。

(3) 总结拜访效果。

拜访客户后要及时进行总结和反思,以便提高日后拜访的成功率。总结会谈中应当对营销技能存在的问题、收获的经验、目标达成度、意向重要信息和客户个人情况等方面信息进行总结。同时第一时间将洽谈信息等相关内容反馈至公司领导寻求指导,拟定二次拜访方案及策略。

(4) 撰写客户拜访纪要。

撰写客户拜访纪要,记录拜访客户的过程及结果,为防止遗漏细节,拜访纪要中应写明拜访时间、地点,受访人姓名、职务、具体需求,以及谈话过程中所遇问题及相应解决方案,并为下一次拜访工作制订计划。客户拜访纪要如表2-1-2所示。

表2-1-2 客户拜访纪要

编号:

时间	
地点	

续　表

与会者：
纪要整理：
拜访纪要
公司介绍：
拜访人职务：
拜访目的：
项目需求：
竞争对手情况：
项目预算
参与人分工明细：
上次拜访总结：
时间推进计划：
本次拜访纪要：
下一步工作计划：

4. 与客户进行谈判

与客户谈判应注意"高度""角度""态度"三个方面。

(1) 谈判要有"高度"。

谈判的目的是明确的，公司为大客户提供的是"一揽子"解决方案，而非简单的仓储运输。公司致力于为中高端客户提供服务，提供的是高品质的物流服务。

(2) 谈判要有"角度"。

在谈判中不断转变思路，采取灵活的谈判方式，引导谈判局势向对己方有利的方向转变。这样才能在谈判中保持主动，从而体现出本公司谈判的能力。谈判时，一方面要善于用证据说话，事实善于雄辩，问答问题要切中要害、准确到位，解决问题的方案必须有理有据，让对方信服。另一方面可以采用横向的谈判方式。当谈判陷入僵局时，可以适当转移话题重点，洽谈其他方面的问题，为谈判争取时间。此外，还应了解客户的企业文化，求同存异，寻找共同话题以取得突破。

(3) 谈判要有"态度"。

营销人员一定要有维护自身利益的决心，要明白双赢不是双方平均得利，而是各取所需。谈判中，为了各自的利益，双方人员很可能产生争执，这时，营销人员应该牢记底线，时刻保持头脑清醒。哪怕在谈判中有所交锋，最终也需赢得客户的信任和尊重。另外，也要适当协调双方的利益，要具备同理心，立足自身，换位思考，在共赢的基础上提出自己的看法，不要过多地在自身立场上讨价还价、争执不休，这样只会降低谈判的效率，不能体现谈判的水平。

商务活动中最重要的莫过于谈判。谈判不是口若悬河、滔滔不绝、与对方辩论,而是围绕自己的目的循循善诱,引导对方达成共识。营销人员在客户开发工作中,要学会运用和把控谈判的"高度""角度"和"态度",机智灵活,步步为营,争取在更多谈判中获得成功。

5. 达成初步合作协议

在完成了以上步骤后,物流营销人员与客户成交是物流客户开发最关键的一步。要顺利完成这一步,必须明确与物流客户成交存在的主要障碍,并能从客户那里发现可能成交的信号,包括客户的言辞、举止、表情等,同时要通晓与客户讨价还价的步骤和技巧,把握提出成交的时机,重点掌握引导物流客户成交的方法。

物流公司与客户的合作不像简单的买卖关系那么简单,要针对服务内容和服务质量进行反复详细的探讨才能确定合作,同时还需要经过招标投标的过程才能获得客户。

【实训任务实施】

一、实训目标

通过实训练习,加深对理论知识的理解,能够独立地将理论知识转化为实践能力,能够加深对客户开发流程的理解,能够掌握物流客户拜访方式以及与客户谈判的要点。

二、实训要求

掌握客户开发基本流程,熟知物流客户拜访方式并会撰写拜访纪要,掌握与客户谈判的重点要点。

三、实训准备

进行适当分组,以小组为单位进行实训练习。

四、实训任务

1. 每一组自行选择一个目标客户对其进行调研,分析该客户的开发流程;

2. 对该客户实行拜访,撰写拜访纪要,整理谈判要点,并以PPT形式在班级内进行讲解;

3. 老师邀请其他同学一起对该组学生的分析报告提出意见和建议。

4. 根据意见和建议,再次总结本次任务。

五、技能训练评价

表 2-1-3 技能训练评价表

专业:		班级:		被考评学员:	
考评时间		考评地点			
考评内容					

续表

	内容	分值	自评 (20%)	小组互评 (30%)	教师评议 (50%)	考评得分
考评标准	能够正确描述物流客户开发流程	20				
	掌握物流客户拜访方式	20				
	能够独立完成拜访纪要的撰写	40				
	能够准确描述与客户进行谈判的要点	20				
	综合得分					
指导教师评语：						

【任务小结】

物流客户是物流企业最重要的战略资源，本任务先从两个方面介绍了物流客户的内涵，包括物流客户的含义以及物流客户的需求。物流客户的需求相较于一般客户具有独特性，即无限扩展性、多层次性、可诱导性和分散性。在此基础上对物流客户的分类及其意义等进行了介绍，研究物流客户的分类有利于物流客户价值与物流企业价值的平衡、有利于物流客户整体价值的提高、有利于为物流关键客户提供量身定做的服务和"一对一"的营销。通过阐述物流客户的价值及价值的驱动因素，要求物流客户开发人员掌握物流客户开发的流程，分别从物流客户开发步骤、建立服务体系、拜访物流客户、与客户进行谈判、达成初步合作协议五方面进行阐述。

任务二　寻找与识别物流客户

 任务目标

通过本任务学习寻找与识别物流客户的一般知识，了解物流客户的消费特征；掌握开发物流客户的原则、方法和流程。

重难点分析

了解潜在客户的含义及寻找潜在客户的方法是本章的重点，如何将理论知识灵活运用于实践是难点。

教学建议

建议教学过程中充分调动学生的学习积极性,运用讲授法、讨论法等教学方法。

【引导案例】

李南是一家物流公司老板,一次出席朋友的宴会,当服务员来征询大家喝什么酒时,素不相识的同坐中有一位提议"喝啤酒",结果大家没有异议,一致同意喝啤酒。这一偶然事件让李南受到启发,他开始在客户中物色中心人物,有意识地拉拢那些交际广、知识阅历丰富、爱讲话的人,给他们各种优惠和周到的服务,让他们对自己的物流公司产生好感。很快,这些人就成了李南公司的义务宣传员,逢人就讲李南物流公司的价钱公道、态度好,于是带动了一大批顾客来公司购买物流服务。李南用这种方法使周围的很多居民成了自己的客户。

案例思考:
1. 李南使用了哪些方法寻找顾客?
2. 还可以用什么方法帮助李南的物流公司招徕更多的客户?

【任务知识储备】

作为物流企业的市场开发人员,在企业制定具体的营销策略之后,就要有针对性地进行物流客户的开发了。在寻找客户之前,必须先弄清物流企业客户开发的流程及原则,充分了解自己的产品和客户,做好一系列的前期准备工作,方能有效寻找并识别潜在客户,取得销售工作的成功。

一、寻找物流客户前的准备工作

(一)了解物流客户开发的原则

1. 需求第一

开发物流客户,不是仅仅向物流客户销售物流产品或服务,而是强调产品或服务各种各样的特点与性能所能够给使用者带来的利益,目的是为了满足客户的某种需求和欲望。因此,开发客户的首要原则必须是满足使用者的某种基本需求,从需求出发,以需求为中心,唤起客户的某种需求,刺激和发展某种需要,直至满足客户的某种需要。市场开发人员不能向客户销售不能满足其需要的商品和劳务。

2. 互惠互利

互惠互利不仅仅在于企业能获得多少利益,同时还要使购买者获得所需要的利益,这是顾客不断购买的基础和条件。精明的市场开发人员把企业的利益放在长远上,从长远、整体、综合的角度加以全面考察,而不是过于计较眼前的细小利益。受欢迎、受期待的市场开发人员,必然是为客户提供利益的销售员。

3. 诚信为本

信守承诺是人的美德,不能为了引诱客户订货而向客户许下不能履行的诺言。市场开发人员时刻要记住,你能得到客户订单的重要因素就是客户对你的信任,而不是你的销售技巧。如果为了一次的订单而随意许诺,那么下次就别再想得到客户的订单了。尽量少许诺,多做实际工作。

4. 说服劝导

由于种种原因,客户可能一时还不能认识到其潜在的需求或还在因为某一原因而犹豫,这时市场开发人员可以根据客户的实际情况进行适度的说服和劝导,但要注意的是,不能让客户认为你是在强迫他下订单。

(二)掌握物流客户开发的方法

1. 建立良好的服务体系

良好的服务体系是开发物流客户的基本途径。没有良好的服务体系做基础,其他的开发途径不可能有效展开。良好的物流服务体系包括物流服务设施和物流服务作业体系,它们是开展一切物流活动的基础。具体来说,良好的物流服务体系主要有以下内容:

(1)房屋建筑,主要包括办公场所、仓库、站、场、码头建筑物及建筑附属物等。

(2)机械设备,主要包括包装机械、装卸搬运设备、运输机械、储存保管设备、加工设备等。

(3)通信设备,电子计算机设备等。

(4)无形的设施,如物流信息系统和网络。

2. 进行准确的物流市场定位

随着经济的发展,物流服务市场上的竞争日趋激烈,客户的需求内容和需求差别日益扩大,试图以一种服务去占领所有市场,显然是不现实的,也是不可能的。因此,企业要把自己的资源集中到一个部分上,进行精确的物流市场细分和定位,找准物流客户,做到有的放矢,才能有效地开发物流客户。

企业可以从五个方面考虑企业的市场定位策略:物流服务的属性、特色、价值;物流服务的价格和质量;要求服务的目的和服务范围;服务类别及接受服务者的类别;考察竞争对手的市场定位。

3. 用优质的产品或服务吸引客户

优质的产品或服务是吸引客户的最大亮点,在客户开发中起着重要的作用,这是因为:优质的产品或服务以创新为主要特征,代表着功能的进步和服务的完善,对客户有吸引力;优质的产品或服务是打败竞争对手的利器;优质的产品或服务有助于树立企业的品牌形象,提高客户的信任程度和获得的价值;优质的产品或服务有利于企业建立合适的客户群。

4. 推进忠诚的、多样的物流市场营销

在以客户为导向的物流市场客户开发中,取得市场占有率不如提高客户占有率。即推进忠诚的物流市场营销,令客户满意并使之成为企业的长期客户,这是开发物流客户的一种具有生命力的方法与途径,它能保证企业的市场份额稳中有升和长期盈利。应当在了解客户与产品之间的相互影响和客户价值的主要影响因素的前提下进行,并辅之以具体的折扣、赠送礼品、奖品等多种方法,进而拓展市场份额,开拓物流客户。

(三)熟悉物流客户开发的流程

物流客户开发的流程主要包括访前准备、寻找与识别顾客、接近顾客、洽谈沟通、达成交易、售后服务以及业务款回收。

1. 访前准备

访前准备主要包括了解自己的公司、了解自己的产品,分析目标客户的消费特征及消费群,掌握竞争者的动态,准备好与销售工作相关的工具等。访前准备主要为寻找顾客及销售洽谈做准备。

2. 寻找与识别顾客

寻找顾客是客户开发的关键一步,能否有效寻找到顾客并进行准确识别,直接关系到客户开发的成败。识别物流客户主要从客户的需求度、购买力、决策权和信用度等方面进行。

3. 接近顾客

物流市场开发人员要根据拟接近的客户性质及类型,制订自己的拜访计划,确定采用什么样的接近方式,如何会见等,使双方的初次会见有一个良好的开端。

4. 洽谈沟通

初步接近客户后,将很快转入洽谈沟通阶段。物流市场开发人员采用恰当的方式和技巧,着重向客户描述产品带给他们的利益,而客户也会在此阶段提出他们对产品或服务的各种异议或疑问,双方会就此展开深入的洽谈和沟通。

此阶段对销售工作起着至关重要的作用。如果市场开发人员对客户的异议处理恰当,让客户满意,则很容易达成交易;否则,交易很难成功。

5. 达成交易

市场开发人员在与客户打交道的过程中,要密切注意客户可能出现的成交信号,包括客户的言辞、举止、表情、事态等,及时把握机会,提出成交。

6. 售后服务

若想保证物流客户感到满意并成为公司的"回头客",有利于培养成公司的忠诚客户,售后服务是必不可少的。交易达成后,物流企业及物流客户服务人员包括物流市场开发人员要及时向客户提供相关的售后服务,如货物跟踪、订单查询、送货上门等,因为这对合同的履行、下次交易等诸多方面都会产生直接的影响。

7. 业务款回收

与客户签订订单,只表示把客户带给了企业,把产品或服务交给了客户,并不代表有100%的把握拿到业务款。作为一名市场开发人员,只有把业务款顺利收回才表示销售工作告一段落。

(四)了解自己和竞争对手

1. 了解自己的企业

了解自己的企业主要包括了解企业的发展历史、目前的经营状况、组织机构和人员情况等,如表2-2-1所示。充分了解自己的企业有利于市场开发人员在客户当中树立企业形象,传播企业文化,增强销售的信心。

表 2-2-1　企业发展状况及经营状况主要内容

要　素	主要内容
企业发展状况	1. 企业创立的时间、地点和创办人。企业创办人的精神和人格魅力往往对企业日后的发展有着重要的影响 2. 早期的生产规模、产品种类和销售状况 3. 产品的发明时间和过程 4. 企业里有代表性的人物的经历和影响力 5. 企业名称和商标的来历及相关的小故事 6. 企业发展过程中历史性事件
企业经营状况	竞争能力、市场占有率、行业地位、企业发展战略、定价策略、销售区域及销售额、生产能力、供应能力、销售政策等

2. 了解自己的产品

(1) 产品自身,包括品种、品名、规格、型号、供应量、产地、生产日期、知名度、价格及价格政策等。

(2) 产品质量,包括产品内在的功能、技术标准、规范性能、成熟性、保持期、安全性、外观、包装式样、新用途等。

(3) 产品的售后服务,包括门到门服务、免费送货、免费更换期、免费保修期、保修期、服务反应时间、服务程度、收费标准、投诉处理等。

(4) 产品的发展前景,包括产品的生命周期、市场占有率以及公司对产品的发展规划等。

3. 了解竞争对手

了解竞争对手主要从以下 3 个方面进行:

(1) 了解竞争对手的生产技术、生产方式、生产能力、生产成本、价格水平和广告策略等方面的信息。

(2) 了解竞争产品有什么特性,哪些性能优于自己的产品,哪些性能不如自己的产品等。

(3) 了解对方销售人员的个人品性、能力、常用的销售手段和方法等。

(五) 了解物流客户的消费特征

1. 客户的心理需求

心理需求指人们感受到的贫乏状态,即没有得到某些基本满足时的感受。美国社会心理学家,人格理论家和比较心理学家亚伯拉罕·马斯洛(Abraham Harold Maslow. 1908—1970)把人的需求分成生理需求、安全需求、归属和爱的需求、尊重需求和自我实现需求五类,依次由较低层次到较高层次,如图 2-2-1 所示。

(1) 生理上的需求。这是人类维持自身生存的最基本要求,包括食、衣、住、行等方面的要求。如果这些需要得不到满足,人类的生存就成了问题。生理需要是推动人们行动的最强大的动力。马斯洛认为,只有这些最基本的需要得到满足后,其他的需要才能成为新的激励因素,而到了此时,这些已相对满足的需要也就不再成为激励因素了。

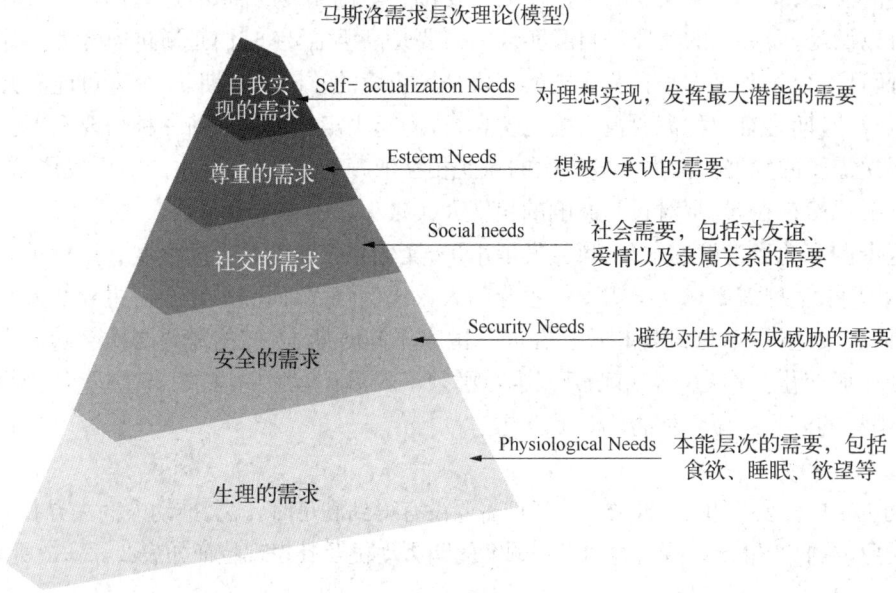

图 2-2-1 马斯洛需求层次理论

(2) 安全上的需求。这是人类要求保障自身安全、摆脱事业和丧失财产威胁、避免职业病的侵袭,接触严酷的监督等方面的需要。

(3) 归属和爱的需求。这一层次的需求包括两个方面的内容。一是友爱的需要,即人人都需要伙伴之间、同事之间的关系融洽或保持友谊和忠诚;人人都希望得到爱情,希望爱别人,也渴望接受别人的爱。二是归属的需要,即人都有一种归属于一个群体的感情,希望成为群体中的一员,并相互关心和照顾。感情上的需要比生理上的需要来得细致,它和一个人的生理特性、经历、教育、宗教信仰都有关系。

(4) 尊重的需求。人人都希望自己有稳定的社会地位,要求个人的能力和成就得到社会的承认。尊重的需要又可分为内部尊重的需要和外部尊重的需要。内部尊重是指一个人希望在各种不同情境中有实力、能胜任、充满信心、能独立自主。总之,内部尊重就是人的自尊。外部尊重是指一个人希望有地位、有威信,受到别人的尊重、信赖和高度评价。马斯洛认为,尊重需要得到满足,能使人对自己充满信心,对社会满腔热情,体验到自己活着的用处和价值。

(5) 自我实现的需求。这是最高层次的需要,它是指实现个人理想、抱负,发挥个人的能力到最大限度,完成与自己的能力相称的一切事情的需要。也就是说,人必须做称职的工作,这样才会使他们感到最大的快乐。马斯洛指出,为满足自我实现需要所采取的途径是因人而异的。自我实现的需要是在努力实现自己的潜力,使自己越来越成为自己所期望的人物。

马斯洛的需求层次理论基本观点中,五种需求像阶梯一样从低到高,按层次逐级递升,但这种次序不是完全固定的,可以变化,也有种种例外情况。一般来说,某一层次的需要相对满足了,就会向高一层次发展,追求更高一层次的需要就成为驱使行为的动力。相应地,获得基本满足的需要就不再是一股激励力量。五种需要可以分为高、低两级,其中生理上的需要、安全上的需要和情感上的需要都属于低一级的需要,这些需要通过外部条件就可以满足;而尊重的需要和自我实现的需要是高级需要,它们是通过内部因素才能满足的,而且一个人对尊重和自我实现的需要是无止境的。同一时期,一个人可能有几种需要,但每一时期总有一种需要占支配地位,对行为起决定作用。任何一种需要都不会因为更高层次需要的发展而消失。各层次的需要相互依赖和重叠,高层次的需要发展后,低层次的需要仍然存在,只是对行为影响的程度大大减小。一个国家多数人的需要层次结构,是同这个国家的经济发展水平、科技发展水平、文化和人民受教育的程度直接相关的。在不发达国家,生理需要和安全需要占主导的人数比例较大,而高级需要占主导的人数比例较小;而在发达国家,则刚好相反。在同一国家不同时期,人们的需要层次会随着生产水平的变化而变化。作为一名市场开发人员必须了解潜在客户的需求心理究竟处于哪一层次,其销售的产品或服务能否满足其需求。

2. 顾客的购买动机

动机是以需要为基础的,当人的某种需要没有得到满足时,就会推动人们去寻找满足需要的对象,从而产生行为活动的动机。顾客的购买动机及其表现特征如表2-2-2所示。

表2-2-2 顾客的购买动机及其特征

购买动机	表现形式	购买特征
生理性购买动机	生理性购买动机的表现形式为:为了维持和延续生命,由饥渴、冷暖、行止、作息等生理本能引起的动机	这类购买动机具有经常性、重复性和习惯性的购买特点。所购买的商品大都是供求弹性较小的日用必需品,如消费者为了解除饥渴而购买食品和饮料,是在维持生命动机驱使下进行的;为抵御寒冷而购买服装鞋帽,是在保护生命动机驱使下进行的
心理性购买动机	情绪动机:由人的喜、怒、哀、欲、爱、恶、惧等情绪引起的动机	情绪动机常常是被外界刺激信息所感染,所购商品并不是生活必需或急需,事先也没有计划或考虑。情绪动机推动下的购买行为具有冲动性、即景性的特点,如为了增加家庭欢乐气氛而购买的音响产品,以及为了生日而购买的蛋糕和蜡烛等
	情感动机:由道德感、群体感、美感等人类高级情感引起的动机	这类动机推动下的购买行为,一般具有稳定性和深刻性的特点,如爱美而购化妆品,为交际而购馈赠品等
	理智动机:建立在人们对商品的客观认识之上,经过比较分析而产生的动机	对预购商品有计划性,经过深思熟虑,购前做过一些调查研究,具有客观性、计划性和控制性的特点,如经过对质量、价格、保修期的比较分析,有的消费者在众多品牌洗衣机中,决定购买海尔牌洗衣机
	信任动机:基于情感与理智的经验,对特定的商店、品牌或商品,产生特殊的信任和偏好,使消费者重复地、习惯地前往购买的动机	这类动机推动下的购买行为,具有经验性和重复性的特点。如有的消费者几十年一贯地使用某种牌子的牙膏;有的消费者总是到某几个商店去购物等
社会性购买动机	受社会文化、社会风俗、社会阶层和社会群体等因素的影响引起的行为动机	此类购买动机主要由社交、归属、自主、成就、威望、荣誉等意念而引起,具有一定的从众心理

3. 顾客的消费心态

了解客户的购买动机还远远不够,作为一名市场开发人员,还必须了解客户常见的几种消费心态,心态不同,其关注的要点也不同。市场开发人员要根据客户的消费心态采取不同的销售方法和技巧。

顾客在购买活动中最关注的两个具体目标:① 尽力买到称心如意的产品,完成采购任务;② 希望得到销售人员热情周到的服务,与销售人员建立良好的人际关系。根据这两个具体目标,可以将顾客消费心态分为漠不关心型、软心肠型、防卫型、干练型和寻求答案型5种,如表2-2-3所示。

表2-2-3 五种顾客消费心态

消费心态	特 点	实施要点
漠不关心型	既不关心销售人员,也不关心购买行为及其结果。这类顾客一般只是受命于人,自己没有购买决策权	此类客户购买的一般不是自己需要的产品,对购买持消极态度,尽量回避销售人员以推脱购买责任。销售人员应积极找准决策人
软心肠型	极为关心销售人员,对于购买行为及其结果不太关心。极易被销售人员说服,一般不会拒绝	此类客户比较注意销售人员的言谈举止,重视建立感情,对于销售气氛十分敏感。销售人员要善于处理人际关系,给客户留下良好的印象,让顾客信任自己从而信任所销售的产品或服务
防卫型	对购买行为及结果十分关心,对销售人员极具戒心,表现为对销售人员极为冷淡,采取防卫态度	销售人员要以实际行动说服和感化客户,使客户对销售人员产生信任,打消客户的偏见,而不是急于销售产品或服务
干练型	既关心购买行为,也关心与销售人员的关系,表现为在购买过程中比较冷静,既重感情也重理智,自信	销售人员应摆事实、讲道理,比较竞争产品与销售产品的优缺点,帮助客户分析如何购买才能获得最大的实惠,让客户自己做出购买决策
寻求答案型	高度关心自己的购买行为,又高度关心与销售人员的人际关系,表现为十分清楚自己需要的东西,又很了解市场行情,非常欢迎能解决问题的销售人员	销售人员要认真分析客户需要解决的问题,向他们推荐最适合的产品或服务。否则,不管销售人员采取何种销售手段和技巧,这类顾客也不会购买他们不需要或不满意的产品或服务。此类客户是最成熟的购买者

4. 顾客的购买模式

顾客的购买模式决定产品的介绍方法。顾客的购买模式主要有表2-2-4所示的几种。

表2-2-4 顾客购买模式

购买模式	特 点	对 策
自我判定型（理智型）	这类客户有主见,知道自己需要什么样的产品或服务,强调产品或服务带来的好处与利益。这类顾客比较固执,当下定决心买什么东西后就不太容易改变他的决心,说服他买其他的或没有考虑过的产品是不太可能的	这种顾客不喜欢强迫推销。销售人员要用商量的口气,客观地介绍产品,强调产品或服务的优点以及购买产品会得到的利益和好处

续 表

购买模式	特 点	对 策
外界判定型（感性型）	这类客户话语较多,容易受别人意见的影响,在乎别人的看法。犹豫不决,不容易下决定	这类客户比较在意彼此之间的感觉,也比较在意购买别人是否满意。销售人员要多提供客户的见证、媒体报道、专家的意见。服务态度要好
一般型	这种思维模式的人善于专注于大方向、大原则、大构架,比较不注意细节	销售人员对产品或服务做整体的说明,着重于大方向、大原则,介绍时不能太啰唆
特定型	这类客户在做决定时,主要将注意力放在掌握细节问题上,他们比较细心,观察力是敏锐的,能看到别人看不到的东西。当他们在购买产品时,必须头脑里有这类产品足够的信息或资讯才能下决定。在买东西时,会考虑到几乎所有购买过程中的小细节,做决定时比较小心谨慎,甚至比较挑剔	注重细节,比较挑剔。销售人员提供给客户资料越详细、数据越多越好,甚至提供一些说服型的数据
求同型	这类客户看事情时倾向于看相同点,喜欢他所熟悉的、相类似的、相关联的事情,不喜欢差异性。这类客户配合性较好	销售人员要强调产品与客户所熟悉事物之间的相同点
求异型	这类客户喜欢跟别人不一样,逆反心理比较强。观察力、创造性比较好	销售人员不要用绝对、肯定、一定、保证、百分百之类的词汇,这些词语会造成此类顾客的抗拒
追求型	比较在意产品所能够带来的好处和利益。比如这部车省油(追求型)	销售人员要言之有理,谈话时一定要精简,不要啰唆,不断强调产品的利益、好处、优点
逃避型	这类客户的精力不是放在产品的优点和好处上,而是放在我购买了这种产品会给我避免哪些麻烦,减少哪些痛苦。这种客户的特点:当你问他要什么的时候,他反而告诉你他不要什么。比如这部车不费油(逃避型)	销售从员要强调不买产品给他所带来的麻烦,买了产品能够给他避免的麻烦
成本型	这类客户非常在意成本,在意我买这个产品是不是最有价值的选择。在他们的价值体系中非常相信货比三家不吃亏,非常喜欢与人杀价,不管你的东西多便宜,他都会说太贵了	销售从员要告诉他物超所值及其他竞争者的价格
品质型	这类客户不在意价钱,在乎产品或服务的品质。这种客户在头脑中相信"便宜没好货",愿意花更多的钱,选择更好的质量和服务	销售从员要多强调产品的质量,有效性。不要过多地强调价钱便宜

二、寻找潜在物流客户

在竞争激烈的现代市场环境中,谁拥有的客户越多,谁就能生存、发展、壮大。根据一般企业的经验,客户每年流失 1/3 左右,据此推算,企业倘若不去开发新客户,不出五年,老客户将消失殆尽,而企业利润的源泉也将枯竭。物流客户是物流企业最重要的战略资源,是企业的利润之源,是企业发展的动力。但客户又不是轻易能获得和保持的。

(一) 何谓潜在客户

所谓潜在客户,是指对某类产品或服务存在需求且具备购买能力的待开发客户,这类客户与企业存在着销售合作机会。经过企业及销售人员的努力,可以把潜在客户转变为现实客户。潜在客户也称目标顾客,是指销售人员认为有接近价值和接近可能,可以作为接近目标的个人或组织。

目标客户应具有3个条件:有购买某种产品或服务的需要;有购买能力;有购买决策权。

(二) 寻找潜在客户的方法

对于企业而言,制定客户开发战略的前提是要确定客户需要什么样的服务以及哪些服务是客户最关注的;既要分析现实客户需求也要分析潜在客户需求。然后根据企业可以提供的服务水平和客户对于价格、运输方式等的接受程度来寻找潜在客户。

1. 寻找潜在客户的原则

(1) 量身定制的原则。

也就是选择或定制一个满足你自己公司具体需要的寻找潜在客户的原则。不同的公司,对寻找潜在客户的要求不同。因此,物流客服人员必须结合自己公司的具体需要,灵活应对,任何拘泥于形式或条款的原则都可能有悖公司的发展方向。

(2) 重点关注的原则。

该原则指导我们事先确定寻找客户的轻重缓急,首要的是把重点放在具有高潜力的客户身上,把潜力低的潜在客户放在后边。

(3) 循序渐进的原则。

即对具有潜力的潜在客户进行访问,最初的访问可能只是交换一下名片,随着访问次数的增加,可以增加访问的深度。

2. 寻找潜在客户的方法

随时随地寻找潜在客户。物流客服人员只有千方百计地想尽办法寻找客户,才能创造出良好的业绩,所以必须养成随时随地寻找潜在客户的习惯。例如,酒会、舞会、音乐会、喜宴、讲座场合以及每天坐公交车上班或看比赛场合,身旁的陌生人可能就是潜在客户。

(1) 利用缘故法。

每一个人都有基本的人际关系,借助这样一张网络妥善利用所有人际关系网络,有利于寻找客户工作的顺利进行。

① 亲戚:花时间记录下你所有的亲戚关系,实际数目绝对多于你的想象。

② 工作关系:目前与以前的上司、同事以及其他工作往来的人。

③ 同学关系:小学、中学、大学时的同学,包括老师、学长、学弟等在内。

④ 朋友关系。

⑤ 住宅关系:目前与以前的邻居、房东或房客,住在附近的商贩等。

⑥ 社团关系:同乡会、宗亲会、俱乐部等社团组织。

⑦ 其他关系。

一个人的关系再多,他的人际网还是有限的。因此,需要发挥化学方程式的连锁反应:一个分子分裂为二,二分裂为四,四分裂为八,如此不断分裂下去。在寻找潜在客户上加以运用,就是一个介绍两个,两个介绍四个,四个介绍八个……如此连下去,形成一个源源不断的潜在客户源。记录每日新增的潜在客户。随身准备一台笔记本电脑,只要听到或看到一个可能的潜在客户,立刻记录下来。例如,结婚典礼、生日舞会、庆祝晚会、餐会等场合,都是发掘潜在客户的良好时机。乔·吉拉德就是运用这种连锁形式。他有"250法则"。他发现每个人的亲戚、朋友、同学大概都有 250 人,得罪一个客户就等于得罪了 250 名客户,如果能把产品卖给一位客户,就意味着可以把产品卖给 250 个人,关键是要让买我的产品的人把他同学、朋友介绍给我。另外,乔·吉拉德还有一个猎犬计划——就是把自己的客户变成猎犬。他要求客户把同学、朋友有需要汽车的人介绍给他,生意谈成了,给提成 25 美元,有很多客户给他介绍,就这样他拥有 25 000 个客户。

(2) 借助专业人士的帮助。

多数企业将新手与富有经验的老手组成一组,共同工作,让老手培训新手一段时期。这种企业导师制度在全世界运作良好。通过这种制度,企业老手的知识和经验获得承认,同时有助于培训新手。

(3) 利用报刊、名册、网站。

从报纸与杂志、名册、黄页或工商年鉴、电话簿、工商名录、工厂名录、企业名人社团会员录、各同业公会名册、同学会名册、各公司员工名册、同行客户名单等中挑出有可能的业务对象;关注相应的网站,如阿里巴巴、网罗网等,上面可以查阅到大量的商贸企业详细资料。

(4) 举办展示会。

公司通过举办各种形式的展示会吸引或多或少的潜在客户来观赏。一般来说,花时间来参观展示的人都属有心人,也就是说,对你的服务有高度兴趣的人。

(5) 设立代理店。

如果能够找到适当的人选,去劝说他与公司正式签订合约,挂出招牌,成为公司的代理店或特约店,并对其支付应得报酬,这样就可以达到获得源源不断的潜在物流客户的目的。

(6) 重复销售。

只有平时加强与旧客户之间的紧密联系,才能够不断地取得各项情报,并对其新的购买动机予以关注,如此又可能趁机做一笔交易。既然是旧客户,当然对业务员很有信心。因此,很可能推销成功。

(7) E-mail/电话法。

向完全陌生的人直接邮寄书信、打电话或发 E-mail,与对方取得联系,在得到对方许可后再去进行访问。

(8) 区域性突击法。

进入完全陌生的住房去从事推销。先计划好一天的访问区域,挨家挨户地进行访问,这是最适合于推销家庭日用品的方法;但不适用于物流客户的开发。

(9) 集体性突击法。

这是把区域性再扩大为全面性,在某一个地区进行地毯式的推销活动,这种推销方法适合于对地区的全面开拓。

(10) 行业突击法。

经常对经济动态、资金动向予以注意,并以资金充裕的行业(如我国目前的房地产业、金融业和电脑业)或容易触动购买欲望的行业为对象去进行访问的方法。如果所选择的对象行业正确的话,会收到相当大的效果。

(11) 分工合作法。

以两位以上的物流客服人员成立一个小组,老物流客服人员经验丰富,专门担任客户直接提供仓储业务的推广工作,新物流客服人员则专心于市场的开拓。一旦发现了有希望的潜在顾客,便去向老物流客服人员报告,请求他协助去进行开发的方法。这种分工合作方式如果步骤一致的话,也会收到相当好的效果。另外,如果前任物流销售人员离职,能够从前任物流销售人员的销售记录中获得某些可能的客户也是很好的办法。

(12) 团体介绍法。

要先争取团体的同意,介绍所属成员或有关方面的潜在物流客户去进行推销的方法。一般情况下,团体所介绍的效果比个人介绍的更好,依赖度较高。如果按照销售金额支付佣金给该团体为福利的话,相信可获得的效果会更大。以团体为对象,其所属员工实行整批销售的方法,虽然具体操作工作复杂,有着较多的竞争对手,可是一次就可做一笔销售货款可观的生意。政府机构也是推销的重要团体对象。

(三) 识别物流客户

物流销售人员通过各种方法寻找到潜在客户,但并不是所有的潜在客户都能成为企业的真正客户,有效识别物流客户,找准最有可能成为企业真正客户的人去拜访、销售,才能有效减少客户开发的盲目性,提高物流客户开发的效率。

1. 识别谁才是你真正的客户

为了避免出现盲目推销的情形,销售人员需要对可能成为客户的某个具体对象进行详尽的评估和识别,以确定该具体对象成为准客户的可能性大小。一般而言,只有那些对产品有真实需求,有货币支付能力和有购买决策权的客户,才能成为现实意义上的客户,才是合格的客户。

对物流客户的识别主要从客户购买需求、客户购买力、客户决策权、客户信用度4个方面进行审查。

(1) 审查物流客户购买需求。

客户购买需求审查是指销售人员审查确定未来的销售对象是否真正需要其所推销的产品或服务,审查的主要内容如表2-2-5所示。

表2-2-5 物流客户购买需求审查的主要内容

需求审查要素	审查内容描述
现实需求审查	现实需求是已经发现的没有被满足的需求,这时顾客已经认识推销产品,同时认为通过购买行为可以寻求满足的平衡与和谐。审查内容包括客户需要什么样的产品或服务,涉及客户购买产品或服务的用途、使用要求、将在什么条件下使用等问题。这些问题决定了准客户对产品或服务的选择标准,并为销售人员提供了推销说服的基点

续 表

需求审查要素	审查内容描述
潜在需求审查	有的客户虽然没有现实需求,但是存在着未来的需求,这些需求是可以被挖掘出来的,或者作为下一步销售的对象
需求量审查	物流客户需要购买物流产品或服务的数量。购买数量涉及销售人员确定报价和议价策略及其他交易条件,销售人员在考察准客户需要多少的问题时,既要考察当前的交易量,也要考察潜在的购买量。若一个物流潜在客户的购买量不大,而且购买又是一次性的,我们就必须权衡客户开发的时间和销售费用,看是否有利可图,若分析的结果表明得不偿失,则需谨慎考虑,不应将其视为物流准客户
特定需求审查	在客户需求审查中,如果发现具有特殊需要的准客户,应该继续进行审查,确切了解特定客户的需求特点及其需求的意义,以便在以后的销售活动中给予满足。例如,有些服装经销商运输服装的时候需要特别的集装箱——挂衣箱,需要特殊的悬挂装置来运输不能折叠的衣物
需求时间审查	即准客户做购买决策、签约及履行合约的时间。时间问题可通过准客户的购买计划和采购计划日程做出相应的判断

(2) 审查物流客户的购买能力。

客户购买能力审查是指对物流客户实际购买能力进行分析和判断,其审查的具体内容和途径如表2-2-6所示。客户购买能力是指客户能够以货币形式支付货物款项的能力,实质就是指客户具有的现实购买能力。客户购买能力审查的目的,在于选择有推销价值的目标客户,防止出现被动局面。

一般而言,客户决策程序中各决策环节上的职能部门的主要行政负责人或项目负责人就是相应的决策权力人,他们分段决策,各负其责。但实际情况往往要复杂并微妙得多。例如,一个管理上高度集权的客户,上述决策权力人会变成名义决策权力人和事实上的执行人;而一个严格实行分权管理的客户,则情况相反。此外,由于历史的原因,有时这些决策权力人之间会产生一种十分微妙的权力制约关系。

表2-2-6 客户购买能力审查的内容及途径

审查客体	审查的内容	审查的途径
个体型物流客户	主要是从收支状况来分析,如从实际收入、购买支出、消费储蓄与信贷等几个方面进行审查	通过个人顾客的职业、受教育程度、住房情况、生活质量、子女求学工作、直系亲属的情况等,了解其购买能力
组织型物流客户	涉及组织购买者的生产状况、经营状况如销售状况、利润的稳定性、重大投资决策、企业员工的流动性等;资金状况、财务状况、财务报表中的重要财务指标,如资产负债率、销售利润增长率等	通过主管部门、注册会计师事务所、销售对象内部及其他同行了解,通过银行了解,通过大众传播媒体及销售人员自我观察等途径审查

(3) 审查物流客户决策权。

物流客户决策者是指实际控制物流产品或服务采购权的人。物流客户决策权审查的内容如表2-2-7所示。

表2-2-7 物流客户决策权审查的内容

审查客体	审查的内容
个体型购买人	(1)审查家庭购买决策的类型,即是属丈夫支配型、妻子支配型还是共同支配型。 (2)审查购买角色。即购买的发起者、影响者、决策者、购买者和使用者分别属于谁
组织型物流客户	组织型物流客户的购买多以集体决策的形式进行,销售人员往往要接近和说服客户决策集体中涉及不同职能部门、不同职位的若干对象。这些对象由于在整个采购活动中的角色和分工不同,自然形成了一定的决策程度和决策权力结构。 (1)决策程序。即客户采购活动在不同职能部门及相应人员之间的作业流程,如在客户单位中往往由常设的供应部负责收集供应信息,接待销售人员;由产品使用单位和使用者提出对产品的使用要求;由总工程师负责拟定产品的技术和选型标准;由行政领导负责最终的购买决策。 (2)决策权力结构。即客户内部决策流程中有关人员之间的决策权力制约关系。这通常是一个极其复杂而又微妙的问题,往往在无形中就决定了销售的成败。销售人员必须极其慎重而准确地做出判断

对客户决策权力结构的审查不能仅以年龄长幼、职务高低、部门职责等表象来做主观判断,以免成为特殊的客户决策权力结构的牺牲品。

(4)审查物流客户的信用度。

客户信用度指潜在客户在履行诺言、遵守交易合同方面的诚信程度,主要包括潜在客户在同行中的口碑效应,当地政府、工商、税务、银行及媒体的评价等。信用度越低的客户,交易风险越大。为尽量避免交易风险,销售人员要尽可能对客户信用度做出自己独立而准确的判断,并通过谈判来实现自我保护。

2.客户资格审查应注意的问题

(1)注意客户的潜在购买能力。

(2)注意实施资信调查的时机:

① 当物流客户出现谣传时;

② 当客户有大量进货,超过信用限度时。

(四)建立潜在物流客户档案

为了增加拜访的有效性,缩减销售周期和销售成本,销售人员需要对进行过资格审查的客户建立潜在客户档案,反映客户本身及与客户关系有关的商业流程的所有信息。包括客户的基本情况、市场潜力、经营发展方向、财务信用能力等。

1.建立物流客户档案

(1)收集客户档案资料。

客户档案资料内容如表2-2-8所示。

表 2-2-8 客户档案资料内容

客户资料类别	收集内容
基本原始资料	包括客户的名称、地址、电话以及他们的个人性格、兴趣、爱好、家庭、学历、年龄、经历背景等
客户特征资料	主要包括所处地区的文化、习俗、发展潜力等
交易现状资料	主要包括客户的销售活动现状、存在的问题、未来的发展潜力、财务状况、信用状况等

(2) 客户档案的分类整理。

客户信息是不断变化的,客户档案资料会不断地补充、增加,所以客户档案的整理必须具有管理的动态性,需要经常整理、更新。

2. 对物流客户进行分类

为了有效地进行推销,提高寻找潜在客户的命中率,还必须对合格的潜在客户进行分类。客户分类标准有以下两种:

(1) 以购买概率分。

以购买概率作为标准进行分类时,最有希望购买者为 A 类客户;可能购买者为 B 类客户;购买希望不大者为 C 类客户。

(2) 以购买数量分。

以购买数量为标准进行分类时,购买量较大者为 A 类客户;购买量一般者为 B 类客户;购买量较小者为 C 类客户。

A 类客户应为销售人员的重点客户目标和公关对象,成功率高,成交量大;B 类客户次之;C 类则再次之。

【实训任务实施】

实训项目 1:区域物流企业寻找潜在物流客户方法研讨

一、实训目标

根据所学内容将理论知识与实践相结合,掌握寻找潜在物流客户的具体方法,能对某区域内的某一物流企业的物流产品或服务设计其寻找潜在客户的具体方法。

二、实训要求

1. 准确分析目标企业的产品或服务;
2. 掌握寻找潜在物流客户的具体方法。

三、实训操作

1. 每一项目小组选择一个具体的物流企业并对其物流产品进行分析,列出潜在物流客户的特征,并制定寻找潜在物流客户的具体方法;
2. 各小组派出一名代表讲解寻找潜在物流客户的方法及理由;
3. 各小组分别对其他组的讲解进行评价,提出意见和建议;
4. 各小组根据意见和建议做总结。

四、技能训练评价

表 2-2-9 技能训练评价表

专业：		班级：		被考评学员：		
考评时间		考评地点				
考评内容						
考评标准	内容	分值	自评（20%）	小组互评（30%）	教师评议（50%）	考评得分
	能够对目标企业的产品或服务进行准确评价	20				
	正确罗列出潜在客户的特征并制定寻找潜在客户的具体方法	20				
	能够清晰描述寻找潜在物流客户的方法及理由	40				
	能够完整做出总结	20				
	综合得分					
指导教师评语：						

【任务小结】

本任务主要介绍的是寻找与识别物流客户。首先介绍了寻找物流客户前的准备工作，包括了解物流客户的开发原则，本着需求第一、互惠互利、诚信为本、说服劝导的原则掌握物流客户开发的方法，其中，良好的服务体系是开发物流客户的基本途径，进行准确的物流市场定位才能有效地开发物流客户。在物流客户开发的流程方面，针对访前准备、寻找与识别顾客、接近顾客、洽谈沟通、达成交易、售后服务以及业务款回收 7 个方面做详细阐述。在此基础上了解物流客户的消费特征、熟知物流客户的消费特征对于开发物流客户有着重要意义、了解物流客户的心理需求和购买动机是了解物流客户消费特征的基础，在此基础上介绍了物流客户常见的几种消费心态并对潜在的物流客户进行了分析。

任务三 接近物流客户

任务目标

通过本任务的学习，了解接近物流客户前的准备工作；掌握约见物流客户的具体方法以及与客户谈判的沟通技巧。除此之外,掌握拜访物流客户的基本礼仪以及对如何接近电子商务客户有清晰的了解。

重难点分析

掌握拜访物流客户的基本礼仪与沟通技巧是本章学习的重点。

教学建议

建议教学过程中充分调动学生的学习积极性,运用讲授法、讨论法等教学方法。

【引导案例】

对话一

销售人员A:您好!我是大林物流公司的销售人员陈勇。在百忙中打扰您,想要向您请教有关贵公司物流方面的事情。

客户:哦,我们公司的物流有什么问题吗?

销售人员A:并不是有什么问题,我是想是否已经到了需要更换供应商的时候。

客户:没有这回事,我们现在的物流供应商很好,现在不想考虑更换供应商。

销售人员A:并不是这样哟!对面××电器公司已更换了新的供应商呢。

客户:不好意思,将来再说吧!

对话二

销售人员B:郑总在吗?我是大华物流公司销售人员王维正,在百忙中打扰您。我是本地区的销售人员,经常经过贵公司。看到贵公司一直生意都是那么好,实在不简单。

客户:您过奖了,生意并不是那么好。

销售人员B:贵公司对客户的态度非常亲切,郑总对贵公司员工的教育训练,一定非常用心,我也常常到别家公司,但像贵公司服务态度这么好的实在是少数;对面的张总,对您的经营管理也相当钦佩。

客户:张总是这样说的吗?张总经营的公司也是非常好,事实上他也一直是我的学习对象。

销售人员B:郑总果然不同凡响,张总也是以您为模仿的对象。不瞒您说,张总昨天刚和我公司续签了物流服务的合同,非常高兴,才提及郑总的事情。因此,今天我才来打扰您!

客户:哦!他在使用你们的物流服务?

销售人员B:是的。郑总是否也考虑使用我公司的服务呢?目前贵公司的物流状况虽然也不错,但是如果能够使用更能降低成本、提高效率的物流供应商,您的客户一定会更满意贵公司的售后服务,贵公司的生意就一定会更好。请郑总一定要考虑这样的物流供应商……

案例思考：

比较对话一跟对话二物流销售人员A和B接近客户的方法,很容易发现,销售人员A在初次接近客户时,单刀直入地询问对方物流的事情,让人有突兀的感觉,从而遭到客户的反问和拒绝。反观物流销售人员B,和客户以共同对话的方式,在打开客户的"心防"后,才自然地进入销售物流的主题。销售人员B能立刻称呼郑总,知道郑总公司的经营状况、清楚对面张总以他为学习目标等,那销售人员B成功的要件是什么？他约见客户前做了哪些准备工作？

接近物流客户的目的是为了取得客户好感,了解客户需求,增加销售信心。因此,接近物流客户前准备的基本内容包括物流客服人员心理的准备、物流客户资料的准备、企业及产品知识的准备、销售辅助工具的准备、确定拜访计划等。

【任务知识储备】

一、接近物流客户前的准备

(一) 物流客服人员心理的准备

访问客户之前,心理的准备是物流客服人员最重要的事情。物流客服人员在访问之前,有心理准备的话,心情会比较轻松,态度也会从容不迫,特别在遭遇蛮不讲理的客户时,也较能逆来顺受。物流客服人员在访问之前,应该具有的心理准备如下。

1. 物流客服人员对客户开发应有正确的认识

先肯定开发客户是自己、公司与客户三者均得其利的一件好事,才会产生自信心,也才能以不亢不卑的态度与客户应对,客户也才会尊重你。有一项重要的原则是,一定要既迅速又明确地把"我能够给您带来好处"或"我能够替您解决难题"的信息传达给客户。

2. 物流客服人员的拜访可能受到冷遇

虽然物流客服人员是为了客户的利益才前去推销,但有时多少会妨碍到客户当前的工作,客户心里会不太舒服。甚至,当客户情绪不佳时,物流客服人员前去拜访则刚好成为他的出气筒,物流客服人员莫名其妙被客户"凶"了一顿,这是常有的事情。物流客服人员要有这个准备,既然客户是你的衣食父母,既然你的访问会妨碍客户的工作,客户偶尔会情绪不佳,那么,受到一点冷遇又算得了什么！

3. 物流客服人员的拜访可能失败

如果访问之前,毫无承受失败的心理准备,万一访问失败时,可能会经不起打击而悲伤自责,丧失信心,进而失去该客户。所以,访问之前不但要做最好的准备,而且要做最坏的打算。如此一来,万一访问失败,会认定是成功必经的途径,把此种打击当成对自己的磨炼,更加发奋努力。同时,可以巧妙地把一次失败的拜访转化成为下一次访问的约见,保住客户,增进感情。

(二) 物流客户资料的准备

物流客户资料是反映客户基本情况的信息资料,关系到物流客服人员设计和确定约见客户的计划与策略,是进一步接近客户、进行洽谈的重要依据。因此,对目标客户资料进行收集、整理和分析是接近客户前的基础性准备工作。

1. 个体准客户的资料准备

(1) 客户的姓名。

姓名是一个人的称呼,是不容忽视的。物流客服人员接近个体准客户时,必须首先弄清楚对方的姓名。熟悉客户姓名,见面后直呼其名,会缩短物流客服人员与客户的距离,给对方一见如故的亲切感。在称呼或书写客户姓名时,物流客服人员应该准确读音或书写,不能马虎或有丝毫错误。否则,不仅贻笑大方,而且会招致客户反感,还可能会影响接近客户的顺利进行。

(2) 客户的年龄。

不同年龄的客户会有不同消费心理和购买偏好。掌握准确的客户年龄,便于分析、研究、把握客户的消费习惯,有利于销售约见。

(3) 客户的籍贯。

籍贯是客户的家乡所在地。一般来说,人们对乡土都具有浓厚的情感,家乡观念比较重。在销售工作中,若能利用同乡关系与客户攀情交友,发展人际关系,对接近客户非常有利。

(4) 客户的性格。

不同的客户性格不一样。有的是热情开朗、喜欢交际型的;有的是冷静沉着、反应缓慢型的;有的是脾气暴躁、古怪任性型的;有的是孤僻迟缓、羞怯型的。了解客户的性格有助于物流客服人员运用不同的战术接近客户,使销售成功。

(5) 客户的学历和经历。

学历往往代表客户受教育程度及其文化水平的高低。不同文化水平和经历的客户具有不同的言谈举止与内心世界。了解目标客户的文化水平和有关经历,有利于企业配备相应的物流客服人员,选择合适的谈话主题,创造有利的接近氛围。

(6) 客户的兴趣爱好。

了解客户的兴趣爱好,不仅有利于针对性地向客户销售物流服务产品,以投其所好;而且有利于寻找更多的共同话题接近客户,融洽谈话气氛,使客户感觉遇到了知音。

(7) 客户的需求状况。

了解客户的需求状况是接近客户前准备工作的重要方面。物流客服人员应尽量了解客户需求的具体情况,如购买需求特点、动机、购买决策权限以及购买行为的规律性和消费者需求的发展趋势及消费者行为的特点等,要尽可能深入地理解客户特定需求的本质和内涵,以便于有针对性地做好客户开发工作。必须牢记只有满足客户需求才是销售的目的。

(8) 客户的家庭状况。

主要了解客户的家庭背景、家庭成员、收入状况及购买偏好等方面的资料,为接近客户做好准备。

(9) 其他。

物流客服人员除了解上述情况外,还应了解客户的职业、民族、居住地、宗教信仰、通信联络方法、最佳访问时间等方面的内容。

有了这些资料既可以发现客户需求,找到销售方向,也可以容易地找到与客户从外观到内在的一致性,从而赢得客户好感与信任,取得销售的成功。

2. 团体准客户的资料准备

团体准客户是指那些可能购买物流服务的企事业单位及其他社会团体组织。由于团体客户的购买参与者很多,团体客户的购买行为要比个体客户复杂得多。因此,接近团体客户之前要做如下准备:

(1) 团体准客户的基本情况。

包括企事业单位的名称、法人、所有制性质、注册资本、职工人数、交通条件及联络方法等。

(2) 团体准客户的生产经营情况。

团体客户的生产经营情况对其购买行为有着较为直接的影响。因此,在接近团体客户之前,物流客服人员应尽可能全面地了解其生产经营情况,包括生产经营的种类和范围;企业的规模和产品结构;企业的生产能力;产品质量、数量、价格;设备技术水平及技术改造方向以及企业经济效益和社会效益状况等方面的内容。

(3) 采购惯例方面的情况。

不同的团体客户有各自传统的采购惯例,包括采购的对象、时间方法的选择及购买途径、购买周期、购买批量、采购单位与供货商的关系和满意程度等方面的内容。

(4) 团体中重要人物的情况。

销售工作终究是人与人交往的工作,团体中重要人物的资料尤为重要,包括决策者以及影响者的个人资料、工作风格、职权范围等。

3. 重复购买客户的资料准备

重复购买客户又称熟客、常客、老客户,是客户人员熟悉的、比较固定的买主。保持与老客户的密切联系,是物流客服人员保证客户队伍的稳定,取得良好推销业绩的重要条件。对重复购买客户的接近准备工作不同于对新寻找的目标客户,因为物流客服人员对原有客户已经掌握了一些,现在的工作主要是除温习以前的资料外,还必须弄清重复购买客户近期的情况,对原有资料进行补充和修订,追踪和分析重复购买客户的购买和需求的变动情况。

(三) 物流企业及物流服务知识的准备

物流企业及物流服务知识准备的好坏直接关系到与客户面谈的胜败。同时它也是接近客户准备的核心内容。因为从某种角度说就是告诉客户我的企业和服务能怎样满足你的需求,所以要求物流客服人员对自己要告诉客户的内容必须十分清楚。要做到这一点,物流企业及物流服务知识的准备就显得格外重要。首先,要全面地了解所推销物流服务,包括特点、方法、售后等。其次,还要了解企业的历史、技术力量、生产能力、经营宗旨、企业文化等。一般来说,客户在选择物流服务时,通常更注意考察提供服务的企业,也更愿意倾听对企业的介绍,相信自己根据企业状况所做的判断。物流客服人员必须满足客户在购买过程中的这种信息需求。

(四) 辅助工具的准备

优秀的物流客服人员一靠开发技巧,二靠各种辅助工具。这说明了物流客服人员在接近客户之前对各种辅助工具准备的必要性和重要性。物流客服人员在开发时除了要带上自己精心准备好的物流服务介绍材料和各种资料，如照片、鉴定书、录像带等，还要带上介绍自我的材料，如介绍信、名片、工作证、法人委托书、项目委托证明等，带上证明企业合法性的证件或其复印件也是非常必要的。当然还应带上一些达成交易所需的材料，如订单、合同文本、预收定金凭证等。如果公司为客户准备了纪念品也不要忘记带。

（五）确定拜访计划

物流客服人员为了顺利达到访问目的，需要制订周密的访问计划。访问计划的内容必须具体，拟订时主要应做到如下几点。

1. 选择好当天或最近要走访的具体客户

视工作时间与推销经验来确定人数，可以根据交通和客户地点来选择几个走访方便的客户作为一个客户群。这样有利于节省时间，提高效率。

2. 确定已联系好的客户的访问时间与地点

如果已与某些客户取得了联系，那么不妨根据对方的意愿来确定访问时间与地点。一般来说，访问时间能够预约安排下来将有助于成功，而访问地点与环境应该具有不易受外界干扰的特点。

3. 拟订现场作业计划

这一部分是要针对一些具体细节、问题和要求来设计一些行动的提要，拟订介绍的要点。在对物流服务有了深入了解的情况下不妨将物流服务产品的功能、特点、交易条款以及售后服务等综合归纳为少而精的要点，作为开发客户时把握的中心。设想对方可能提出的问题，并设计回答，对于经验不丰富的物流客服人员一定要多花一些时间在这上面，做到有备无患。例如，物流客服人员在访问之前，必须依访问目的准备谈话的内容。物流客服人员在访问之前确定了目的，才能做到井然有序，增加访问的信心，而且与客户谈话时，才能够抓住重点，在短短的面谈时间里，达成访问的目的。为了完成开发客户的使命，最好是在访问之前，先做预演，把访问时可能发生的情况假想若干遍，并把客户可能提出的问题，自己在心中作答。

（六）个人素质的准备

销售实际上是一种社交活动，注重个人素质以及懂得基本的社交礼仪是销售人员应具备的基本素质。销售人员的个人素质准备的具体内容如表 2-3-1 所示。

表 2-3-1　销售人员个人素质准备的内容

准备要素	具体内容
仪表	男士以"洁"为原则，女士以"雅"为原则。 **男士：** 西装：深色，如果有经济能力最好选择高档的西装。 衬衣：一色、白色、浅色，注重衣领、袖口的清洁，并要熨烫平整，最好每天更换。 领带：以素色为主，不要太暗或太花，注意与衬衣和西装的搭配。 长裤：选用与上衣色彩质地相衬的布料，裤长以盖住鞋面为准。 皮鞋：黑色或深色，注意和衣服的搭配，要把鞋面擦亮，底边要清理干净。 短袜：黑色或深色，不要露出里裤。

续 表

准备要素	具体内容
	身体：无异味，可适当选用男士香水，但切忌香水味过于浓烈。 头发：梳理整齐，不要有头皮屑。 眼睛：保持眼部的清洁。 嘴：不要有烟味、异味和口臭。 胡子：最好不要留胡子，把胡须清理干净。 手：不留长指甲，指甲无污泥，手心清爽干净。 **女士：** 头发：干净整洁，不留怪异发型，无头皮屑。 眼睛：不要有渗出的眼线、睫毛液。 服装：西装套裙或套装，色泽以素色为宜。不可穿过于男性化或过于女性化的服装，款式简洁大方。 鞋子：黑色有跟鞋，保持鞋面的光洁和鞋面的干净。 袜子：高筒或连裤丝袜，色泽以肉色为最好。 首饰：不可太过于醒目，最好不要佩戴三件以上的首饰。 身体：不可有异味，选择高品位的香水。 化妆：一定要化妆，否则会被认为是对客户的不尊重。不可浓妆艳抹，以淡妆为好
言谈	语言是销售人员说服顾客的主要手段，无论是介绍产品还是解答顾客的疑问，都需要有很好的语言技巧。 (1) 发音准确，注意语音、语调、语速及停顿等语言基本功。 (2) 条理清楚、逻辑性强，不能自相矛盾，谈话有理有据，不能强词夺理。 (3) 交谈富有热情、充满活力，使人感觉到亲切并愿意与之交流。 (4) 注意语言的规范化，尽量避免使用俚语或其他不规范的语言。 (5) 尊重对方，不随意讽刺、挖苦人，不与顾客争辩，也不要与顾客开粗俗的玩笑。 **注意：**话并非是越多越好，顾客对那些油腔滑调的销售人员其实是很反感的，销售人员只要能够清楚地表达自己的意思就足够了，重要的是言谈的技巧而不是数量
举止	举止指非语言符号，包括面部表情、手势、站姿、坐姿和走姿等。 (1) 微笑。微笑应真诚、自然和亲切。 (2) 手势。谈话过程中可以适时运用恰当的手势，但手势的幅度不宜过大，频率不宜过快，不要过于夸张，要清晰、简单，注意克服一些不文雅的手势，如搔头皮等。 (3) 坐、站、行。女性站立时，双脚应呈"V"字形；男性站立时，双脚要微微叉开，脚与肩同宽。避免双腿交叉站立。行走时，步履要稳健，不要摇头晃脑、左顾右盼。坐姿要端正，注意入座的方法和座次的安排
能力	(1) 交际能力。要能和客户进行良好的沟通。 (2) 合作能力。具有合作精神，善于合作。 (3) 营销能力。善于利用相互接触、相互交往的机会向客户销售产品或服务。 (4) 观察能力和自我调节能力。善于观察顾客的一举一动，并能依照实际情况调整自己的服务方法和营销方式

(七) 其他材料准备

除做好以上各项准备工作外，所有销售人员在进行客户接近时都必须准备好名片、身份证、老客户引荐信、权威机构的证言、报纸杂志的报道、进行产品演示的辅助用具、用于记事用的本子和笔等。

二、约见物流客户

完成接近物流客户前的准备工作后,可以开始接近客户。为了成功地接近客户,销售人员一般要事先与客户预约。成功地约见客户,有利于销售人员自然、顺利地接触客户,避免突然拜访的盲目性。

(一) 约见物流客户前的准备

销售人员在约见具体的物流客户之前,也要进行充分的准备,结合前期准备的客户资料,考虑可能会出现的各种问题,并想好解决问题的办法,这对销售工作的顺利进行至关重要。

1. 深入分析顾客的有关资料,做到知己知彼

一般来说,销售人员要了解并分析客户所在行业的状况和使用产品或服务的状况,以及其所经营区域的市场潜力(市场饱和度、区域内客户规模的大小及数量、区域内的竞争者强弱及市场份额的比例、区域内适合销售该产品或服务的行业多少等)。只有在充分了解这几个方面的情况下,才能制定出科学的销售策略(如决定客户的拜访顺序和拜访频率、对不同行业客户的接触方法、对竞争产品的应对策略等)和合理的销售计划,对区域内的潜在客户做有效的拜访。

2. 关注所要拜访的客户的需求

在做销售访问前,销售人员应站在对方的角度向自己多问问与销售有关的问题,设身处地地为顾客着想,这是约见客户前准备工作的重点。

3. 找出买卖双方的共同点

销售人员在安排洽谈时间、拟定销售要点、制订业务洽谈计划时,都要以买卖双方的共同点为前提,否则将一事无成。

4. 对洽谈所要达到的目标进行分析,要求具有层次性

销售人员确定洽谈所要达成的目标时,既要有主要目标,也要有次要目标;既要考虑目标的科学性,又要使目标具有一定的弹性,留有余地。当主要目标不能被顾客接受时,切莫形成僵局,而是要当机立断,做出某些妥协和让步,并推出次要目标。这样一定程度上可以防止销售人员在达不到主要目标的情况下放弃销售机会。

5. 对潜在顾客进行再识别

在约见顾客前,销售人员应对潜在顾客进行再识别,只有重点对购买欲望、购买能力和购买决策同时具备的人发动攻势,才能收到预期的效果。

(二) 约见内容

约见内容主要包括确定约见对象、明确约见目的、安排约见时间和选择约见地点四个方面。

1. 确定约见对象

要进行业务访问,首先要确定访问对象。约见对象指的是对购买行为具有决策权或对购买活动具有重大影响的人。确定约见对象时应注意以下两点:

(1) 应尽量设法直接约见客户的购买决策人,或者是对购买决策具有重要影响的人物,避免浪费时间在无权与无关的人身上。

(2) 应尊重助理、秘书、办公室主任、部门经理等相关人员。为能顺利地约见主要人物，销售人员应尊重有关的接待人员。这些人虽然没有最终购买决定权，但他们接近决策层，对决策者的决策活动有很大的影响。销售人员应在言行中把他们当作与决策者同等重要的人，从而取得他们的合作与支持。

2. 明确约见目的

任何人都不会接受没有理由的约见，特别是陌生人，所以销售人员在约见访问对象时，必须告诉对方访问的原因和需要商谈的事项。表2-3-2是一些常见的约见事由。

表2-3-2 常见的约见事由

约见事由	约见要点
销售产品	为销售产品而约见客户时，销售人员应设法引起客户的注意和兴趣，着重说明所销售产品的用途、性能和特点等。若客户的确需要销售的产品，自然会接受销售员的上门来访，并给予合作。若客户确实不需要，销售人员也最好不要强求
市场调查	以进行市场调查为事由的约见，由于不需要客户购买商品，往往容易被客户接受，容易赢得客户的信任、合作与支持，这样既有利于搜集市场情报和信息，为进一步销售做好准备，又可避免强行销售，往往还能由市场调查转变为正式销售，甚至当面成交
提供服务	把提供服务作为约见客户的理由，往往比较受客户的欢迎。通过这种方式既可以完成销售任务，又可扩大企业影响，树立企业及其销售人员的良好形象，为今后的销售工作铺路搭桥
签订合同	如各方面条件具备，可以把某次约见的目的确定为正式签订合同。以此为目的的约见，一定不要显得过于急切，要尊重客户的时间。因为签订合同不仅意味一次交易的结束，而且意味着下一次交易的良好开端，必须予以高度重视
收取货款	收取货款是销售过程中的重要环节。没有收回货款的销售是不完整的销售，无法收回货款的销售是失败的销售。收取货款作为访问事由，对方不好推托，但销售人员也应该体谅对方的困难，既要防止出现呆账，又不要过于逼账
联络感情	如逢客户对象的重大日子或者习俗节日，销售人员可以约见客户，甚至可以约见客户的家属亲朋，借以表达合作愉快、承蒙关照的感谢之意，把增进与客户的情感交流和建立良好的人际关系作为约见的目的
走访用户	对于企业和销售人员来说，除了要不断地寻找、发现、发展新客户，不断提高销售业绩外，还要不断地巩固与老客户的关系，以保证客基本客户队伍的稳定与发展，以建立自己稳定的销售网。这种方式既可以引起客户的好感，增进与客户的感情，又可以使销售人员赢得主动，还可以收集到真实的信息、合理化建议，甚至忠告等，为正式销售奠定良好基础

销售人员可以根据具体情况，创造各种机会约见、接近客户，扩大自身影响，提高企业信誉，树立企业形象，并达到预期的销售目的。

3. 安排约见时间

约见客户的时间安排是否适宜，会影响到约见客户的效率，甚至关系到销售洽谈的成败。

(1) 约见时间应根据访问对象的特点确定，尽量替客户着想，最好由客户确定或由客户主动安排时间，避免在客户最忙碌的时间内约见客户。

（2）可以根据不同的拜访目的选择日期与时间。

（3）安排见面的具体时间时要考虑到交通、地点、路线、天气以及人的活动规律。

（4）如果客户的时间与销售人员的时间安排有冲突，要尽可能地迁就与尊重客户的意图。

（5）讲究信用，确定约见时要考虑到一些意外的情况。当与客户的约定时间敲定以后，销售人员要立即记录下来，并且要严格按照约定时间准时到达，避免迟到或约而不到。

4. 选择约见地点

选择与确定约见地点应坚持方便客户，有利于约见和销售的原则，这样才可能利于交易的达成。约见地点的选择一般有以下几种：

（1）办公室。在办公室约见，方便双方讨论问题，进行反复商议以达成共识。

（2）居住地点。对于销售生活消费品的销售人员来说，通常以客户居住地为约见地点，既方便客户，同时又显得亲切、自然。

（3）社交场合和公共场所。社交场合和公共场所（如歌舞厅、酒会、座谈会、公园、广场等）气氛轻松愉快，有利于拉近销售人员与客户的距离。但太嘈杂与来往人太多之地只能作为礼节性拜访、初次认识、联络感情的场所，绝不能作为实质性谈判的地方。

（三）接近物流客户的具体方法

约见客户之后，物流客服人员便可以按照约定时间地点和方式会见约见对象，这时正式进入了接近客户的阶段。在此过程中，不仅要在地理位置上接近客户，更要在心理空间上拉近客户，与客户实现真正的沟通。客户购买心理活动变化规律是：引起注意—产生兴趣—产生联想—激起欲望—比较产品—购买决策。接近的主要目的就是要达到引起客户的注意和兴趣。同时，在接近过程中，物流客服人员还要了解客户的需求，帮助客户确定其真实的购买动机，提出适当的购买建议，以满足客户的需要。可见，接近是双向沟通的过程，成功的交易往往需要成功的接近作为前奏。一般来说，接近客户有以下几种方法。

1. 利益接近法

利益接近法是指物流客服人员把物流产品或服务给客户带来的利益放在第一位，首先告诉客户物流产品或服务的好处，从而使客户产生兴趣，达到接近目的的方法。主要方式是直接陈述。客户之所以购买物流产品或服务，是因为它能给自己带来一些实质性的利益或解决实质性的问题，如节省成本、增加利润、提高工作效率等。产品的利益可以证明，才可以取信于客户。

2. 问题接近法

物流客服人员直接向客户提出问题，引起客户的注意和兴趣，引导客户去思考，并顺利转入正式面谈阶段，是一种有效的接近方法。物流客服人员可以首先提出一个问题，然后根据客户的实际反应再提出其他问题，步步逼近，接近对方。也可以开头就提出一连串问题，使对方无法回避。物流客服人员提问时一定要突出重点，抓住客户最关心的问题，把发问的重点放在客户感兴趣的主要利益上。在向对方提问题时，必须语气恳切，明确具体，不可含混不清、模棱两可；否则便难以达到接近的目的。

3. 介绍接近法

介绍接近法是指物流客服人员开门见山，通过自我介绍或他人介绍来接近客户的一种方法。介绍接近法通常有两种形式。

(1) 自我介绍。

在实际活动中,一般采用口头形式或书面形式进行自我介绍。由于单一的口头介绍往往不太容易引起客户的注意和兴趣,效果不明显,所以,口头介绍与书面介绍往往同时使用,亦即物流客服人员见到客户后,除了进行必要的口头自我介绍之外,主动出示能证明自己身份的有效证件,一般有介绍信、名片、工作证、身份证等。见着客户,必须立即向对方表明自己的身份,以免对方持怀疑的态度。自我介绍时一定要尊重客户,倾听客户的异议,不应给客户的感觉是"来了一个江湖骗子",油腔滑调,而应是态度诚恳,语言简单明了,给客户的感觉是头脑清晰、为人忠诚,可以信赖。

(2) 他人介绍。

他人介绍是指物流客服人员通过与客户熟悉的第三者的介绍来接近客户。"不看僧面看佛面",这是生意场中常用的方法。一般情况下,介绍人与客户之间的关系越密切,介绍的作用就越大,物流客服人员也就越容易达到接近客户的目的。因此,运用这一方法来接近客户,关键在于物流客服人员能否找到与客户关系较为密切的第三者充当自己的介绍人。人是群体活动的,每个人都有自己特定的交际圈,可以利用这个交际圈的关系去接近客户。这个圈有血缘交际圈、地缘交际圈、群团交际圈等。另外,在与客户交往中,倾听客户的意见,从客户那里也可以得到介绍新客户的机会。过去的同学、老师、熟人、领导、同事等都可能是介绍客户的第三方。

4. 馈赠接近法

馈赠接近法是指物流客服人员以一些小巧、精致的礼品作为媒介,联络感情,借以达到接近客户的一种方法。把礼品作为物流客服人员和客户之间传递感情、沟通思想的媒介,对于拉近彼此的距离,形成融洽的商谈气氛具有重要的作用。这些小礼品要在适当的时候馈赠,不能太着痕迹;否则,反而会引起别人的反感。有时候,物流客服员准备一些人情小礼物,如笔、香烟、小徽章、心形的玩具气球、名片夹、精制的小笔记本等,随时郑重其事地送给一些客户,会收到意想不到的效果。但要注意,人情礼物应当便宜一些,否则的话,客户可能会认为你想收买他,为避嫌反而可能中止生意;或者送的礼物太昂贵,即使促成了这笔生意,却做了一次赔本买卖,十分不合算。

5. 赞美接近法

赞美接近法是指物流客服人员利用客户追求虚荣的心理,通过赞美客户来达到接近目的的一种方法。著名的人际关系专家卡耐基曾在《人性的弱点》一书中写道:"每个人的天性都是喜欢别人赞美的。"每个人都会觉得自己有可夸耀的地方,物流客服人员如果能抓住客户的这个心理,很好地利用,融洽面谈气氛,就能成功地接近客户。赞美客户,要本着尊重客户的原则,讲究赞美的方式和方法,真心实意,态度诚恳,语气真挚,赞美要恰如其分,有感而发,使客户在一种自然亲切的气氛中接受赞美。不要信口开河,溜须拍马,胡吹乱捧,让人觉得虚情假意,无端夸大。

6. 请教接近法

请教接近法是指物流客服人员利用慕名拜访客户或向客户请教问题的机会来达到接近客户目的的一种方法。从心理学角度讲,人们一般都有好为人师的心理,总希望自己的见地比别人高明,以显示能力胜人一筹,这种方法尤其适合那些个性较强,有一定学识、身份和地位的客户。对于这样的人,采取虚心请教的方法,以满足其胜人一筹的自我心理,十分有效。运用此方法时,物流客服人员应该谦虚、诚恳,多听少说;赞美在前,请教在后;请教在前,推销在后。

7. 好奇接近法

好奇接近法是指物流客服人员利用客户的好奇心理来达到接近客户目的的一种方法。现代心理学表明,好奇是人类行为的基本动机之一,人们的许多行为都是由于好奇心驱使的结果。好奇接近法正是利用了人们的好奇心理,引起买方对物流产品或服务的关注和兴趣,促使面谈顺利进行。

8. 演示接近法

演示接近法是指利用现场演示的方法来达到接近客户目的的一种方法。演示是说服客户的好方法之一。通过演示,将物流产品的性能、特色展示出来,让客户对产品有一个直观的了解,是介绍产品、说服客户的好方法,常常能将客户心动变为行动,达到生意成交的目的。

9. 调查接近法

调查接近法是指物流客服人员利用机会对客户进行调查研究来达到接近客户目的的一种方法。此方法可以被看成是一种销售服务或销售咨询法。采用此法比较容易消除客户的戒心,成功率比较高。物流客服人员可以依据事先编好的问卷,征询客户的意见,调查了解客户的真实需求,再从问卷转为物流产品或服务的推广。注意在从调查转为推广时,手法要高明,不要让客户有被欺骗的感觉。在运用调查接近法时,调查内容要明确,要有针对性,要保持和物流产品的关联性,保证在调查之中达到推销物流产品的目的。

除了前面介绍的几种方法外,还有讨论接近法、产品接近法等。物流客服人员应该在实践中灵活运用各种接近方法,并根据实际情况创造出一些行之有效的接近客户的新方法,以取得接近客户的成功。

三、物流客户的跟进

针对不同的客户情况可以将跟进分成三类:服务型跟进、转变型跟进和长远型跟进(本文略)。

(一)服务型跟进

服务型跟进属于谈判成交后的跟进,比如,在平时或节假日多与客户进行沟通,帮客户做一些工作外的事情,给客户赠送一些小礼物等。

(二)转变型跟进

转变型跟进是根据客户的态度决定的,情况有以下几种:

(1)客户对产品比较感兴趣,也需要这种产品,只是对价格还有不同意见。针对这种客户的跟进,最好是收集同类产品的价格情况,以取得客户对推销产品价格的认可,为了达成协议可在原报价的基础上有所下调。

(2)客户对产品很感兴趣,也想购买公司的产品,但由于暂时的资金问题无法购买,对这类客户应与其做好协调,共同制订出一个时间表,让客户把购买公司的产品费用做好预算。

(3) 客户对公司的产品了解不深入，在购买产品方面态度暧昧，对这类客户要尽量深入浅出地对产品进行介绍，将产品的好处数量化，激发客户的购买欲。

四、物流客户谈判沟通技巧

与物流客户谈判是取得客户信任与青睐的重要一环。在谈判中有许多注意事项，首先，谈判代表要有良好的综合素质，谈判前应整理好自己的仪容仪表，穿着要整洁正式、庄重。其次，谈判双方接触的第一印象十分重要，言谈举止要尽可能创造出友好、轻松的良好谈判气氛。

谈判之初的重要任务是摸清对方的底细，因此要认真听对方谈话，细心观察对方举止表情，并适当地给予回应，这样既可了解对方意图，又可表现出尊重与礼貌。商务谈判中，无论是基于赢得尽可能大的利益空间的考虑，还是基于尽量缩小企业损失的目的，都离不开对谈判技巧的运用。物流客户谈判的沟通技巧有以下几点。

(一) 对谈判方做全面的调查和研究

俗话说："知己知彼，百战百胜"，要想在商务谈判中取得胜利，首先要对谈判方做一个全面的调查和研究。调查的时候不仅仅要对谈判方（企业）的自身条件进行调查，还需要对谈判方所属国的国家政策、宗教文化、风土习俗等进行了解。商务谈判是一场没有硝烟的战争，只有熟知市场行情和双方战况的谈判方才能在谈判中运筹帷幄、出奇制胜。

(二) 确定谈判态度

在商业活动中面对的谈判对象多种多样，我们不能拿出同一的态度对待所有谈判。我们需要根据谈判对象与谈判结果的重要程度来决定谈判时所要采取的态度。

如果谈判对象对企业很重要，比如长期合作的大客户，而此次谈判的内容与结果对公司并非很重要，那么就可以抱有让步的心态进行谈判，即在企业没有太大损失与影响的情况下满足对方，这样对于以后的合作会更加有力。

如果谈判对象对企业很重要，而谈判的结果对企业同样重要，那么就抱持一种友好合作的心态，尽可能达到双赢，将双方的矛盾转向第三方，比如市场区域的划分出现矛盾，那么可以建议双方一起或协助对方去开发新的市场，扩大区域面积，将谈判的对立竞争转化为携手竞合。

如果谈判对象对企业不重要，谈判结果对企业也是无足轻重，可有可无，那么就可以轻松上阵，不要把太多精力消耗在这样的谈判上，甚至可以取消这样的谈判。如果谈判对象对企业不重要，但谈判结果对企业非常重要，那么就以积极竞争的态度参与谈判，不用考虑谈判对手，完全以最佳谈判结果为导向。

(三) 充分了解谈判对手

要充分了解谈判对手，了解得越多，越能把握谈判的主动权，就好像我们预先知道了招标的底价一样，自然成本最低，成功的概率最高。

了解对手时不仅要了解对方的谈判目的、心里底线等，还要了解对方公司经营情况、行业情况、谈判人员的性格、对方公司的文化、谈判对手的习惯与禁忌等。这样便可以避免很多因文化、生活习惯等方面的矛盾对谈判产生额外的障碍。还有一个非常重要的因素需要了解并掌握,那就是其他竞争对手的情况。比如,一场采购谈判,我们作为供货商,要了解其他可能和我们谈判的采购商进行合作的供货商的情况,还有其他可能和自己合作的其他采购商的情况,这样就可以适时地给出相较其他供货商略微优惠一点的合作方式,那么将很容易达成协议。如果对手提出更加苛刻的要求,我们也就可以把其他采购商的信息拿出来,让对手知道,我们是知道底细的,同时暗示,我们有很多合作的选择。反之,我们作为采购商,也可以采用同样的反向策略。

(四)准备多套谈判方案

谈判双方最初各自拿出的方案都是对自己非常有利的,而双方又都希望通过谈判获得更多的利益。因此,谈判结果肯定不会是双方最初拿出的那套方案,而是经过双方协商、妥协、变通后的结果。

在双方你推我拉的过程中常常容易迷失了最初的意愿,或被对方带入误区,此时最好的办法就是多准备几套谈判方案,先拿出最有利的方案,没达成协议就拿出其次的方案,还没有达成协议就拿出再次一等的方案,即使我们不主动拿出这些方案,但是心中可以做到有数,知道向对方的妥协是否偏移了最初自己设定的框架,这样就不会出现谈判结束后,仔细思考才发现,自己的让步已经超过了预计承受的范围。

(五)规范谈判礼仪和举止行为

谈判代表要有良好的综合素质,谈判前应整理好自己的仪容仪表,穿着要整洁正式、庄重。谈判双方接触的第一印象十分重要,言谈举止要尽可能创造出友好、轻松的良好谈判气氛。谈判之初的重要任务是摸清对方的底细,因此要认真听对方谈话,细心观察对方举止表情,并适当给予回应,这样既可了解对方意图,又可表现出尊重与礼貌。

(六)了解各地各国的谈判风俗和习惯

由于商务谈判的谈判者,特别是国际商务谈判者,代表了不同国家和地区的利益,有着不同的社会文化和经济政治背景,人们的价值观、思维方式、行为方式、语言及风俗习惯各不相同,从而使影响谈判的因素更加复杂,谈判的难度更加大。这对谈判者有很高的要求,谈判者必修有广博的知识、见闻和高超的谈判技巧。例如,东方人的商务谈判除了在会议上表明态度外,往往很多合同的签订都是在饭局上完成,建立起彼此的信任来开拓业务。

(七)建立融洽的谈判气氛

在谈判之初,最好先找到一些双方观点一致的地方并表述出来,给对方留下一种彼此更像合作伙伴的潜意识。这样接下来的谈判就容易朝着一个达成共识的方向进展,而不是剑拔弩张的对抗。当遇到僵持时可以拿出双方的共识来增强彼此的信心,化解分歧;也可以向对方提供一些其感兴趣的商业信息,或对一些不是很重要的问题进行简单的探讨,达成共识后双方的心里就会发生奇妙的改变。

(八)设定好谈判的禁区

谈判是一种很敏感的交流,所以,语言要简练,避免出现不该说的话,但是在艰难的长时间谈判过程中也难免出错,最好的方法就是提前设定好哪些是谈判中的禁语,哪些话题是危险的,哪些行为是不能做的,以及谈判的心里底线等。这样就可以最大限度地避免在谈判中落入对方设下的陷阱或误区中。

(九) 语言表述简练

在商务谈判中忌讳语言松散或像拉家常一样的语言方式，尽可能让自己的语言变得简练；否则，你的关键词语很可能会被淹没在拖拉繁长、毫无意义的语言中。人类接收外来声音或视觉信息的特点是：一开始专注，注意力随着接收信息的增加，会越来越分散，如果是一些无关痛痒的信息，更将被忽略。因此，谈判时要做到语言简练，针对性强，争取让对方大脑处在最佳接收信息状态时表述清楚自己的信息。这个时候双方都很敏感，如果语言过于直率或强势，很容易引起对方的本能对抗意识或招致反感，因此，商务谈判时要在双方遇到分歧时面带笑容，语气委婉地与对手针锋相对，这样对方就不会启动头脑中本能的敌意，使接下来的谈判不容易陷入僵局。

作为一名管理咨询业的权威，罗伯特·赫勒说过："良好的沟通对于一个组织就如血液对于生命。"总之，我们在商务沟通中可能会遇到各种各样的任务和各种各样的情况，需要及时采取最佳的方式进行沟通交流。商务谈判虽然不比政治与军事谈判，但是谈判的本质就是一种博弈，一种对抗，充满了火药味，需要商务谈判者运筹帷幄，决胜千里。

五、拜访物流客户基本礼仪

礼仪是一门较强的行为科学，现代社会对礼仪的要求越来越广泛，礼仪的规范化也越来越受到人们的重视，各行各业的从业人员对礼仪知识的需求也越来越迫切。因此，现代物流企业希望自己的每一位员工都能够在企业商务交往的场合中体现本企业的礼仪文化，以及职场中人员应具备的礼仪标准。

中华民族素有"礼仪之邦"的美誉，可谓历史悠久，我国历史第一位礼仪专家孔子就认为礼仪是一个人"修身养性、持家立业、治国平天下"的基础。礼仪不仅是普通人修身养性、持家立业的基础，也是一个领导者治理好国家、管理好公司或企业的基础。从某种意义上说，现代物流企业的市场竞争是速度的竞争，更是形象的竞争。物流企业树立良好的形象，将成为物流企业发展不可忽视的一笔，其中高素质的员工、高质量的服务及每一位员工的礼仪修养无疑会在物流企业与所有合作伙伴之间架起一座共赢的桥梁。

(一) 物流客服人员的美容化妆礼仪

1. 女职员的美容化妆礼仪

(1) 两个基本原则。

① 遵循自然原则：强调自然美，要以淡雅的妆容给人留下深刻的印象。

② 遵循协调原则：强调整体效果，全身协调、身份协调、场合协调。

(2) 合乎礼仪的三个"不要"：① 不要在他人面前化妆；② 不要借用他人的化妆品；③ 不要非议他人化妆。

(3) 女性的发型建议。

发型文雅、端庄；梳理整齐；原则上不扎马尾。

2. 男职员的美容化妆礼仪

美容并非女性的专利，男性也需要美好的仪容获得他人的好感。身为男士，美容方法需要有别于女性的纤柔姣好。

(1) 男士美容以干净整洁为美。

(2) 男士化妆要淡而又淡。
(3) 戒掉损害仪容的坏习惯。
3. 仪容中需要注意的细节
(1) 坚持洗脸,勤洗澡。
(2) 定时剃须。
(3) 保持手部卫生。
(4) 保持口腔卫生。
(5) 保持头发整洁。

(二) 物流客服人员着装礼仪

物流客服人员着装是个人教养、审美品位的体现,也是企业规范、企业形象的直观写照。物流客服人员着装在不同场合有着不同的讲究。交往的过程中,不能以貌取人,但是作为职场人士,着装也要讲求规范。

1. 物流客服人员职场着装的类型
(1) 工作制服:具有企业识别功能,关系企业形象。
(2) 西装套装:男士可选择西装套装;女士可选择西装套裙。
2. 物流客服人员着装的 TPO 原则
(1) 着装的时间原则(TIME)。

物流客服人员在着装时必须考虑时间的合宜性,做到"随时更衣"。在工作时间,就要根据自己工作的性质和特点着装。在商务场合,无论季节怎么变化,总体上以轻便、薄厚适宜为主。

(2) 着装的地点原则(PLACE)。

特定的环境应配以与之相适应、相协调的服饰,以获得视觉与心理上的和谐感。例如,在办公室里穿着随意性极强的休闲装、一双拖鞋,或是在运动场上穿着一双皮鞋;在写字楼里,小姐穿着拖地晚礼服送文件,或着沙滩装与客户谈合同,都是极不协调的情景。

(3) 区分场合(OCCASION)。

在商务场合中一个人的着装是一个符号,代表着个人与企业,更是一种教养的体现。因此,我们在商务交往中的着装要讲究它的惯例。商务人员应学会区分不同的商务场合。

(三) 物流客服人员职场着装规范

物流客服人员职场着装规范如图 2-3-1 所示。

(1) 严格遵循三色原则:在出席正式场合的时候,身上总体不超过 3 个颜色(包括公文包、袜子等)。

(2) 穿职业装的禁忌:新装商标没有拆;穿凉鞋穿袜;男士穿袜子应与鞋子同色为最佳;女士忌露、短、透。

(3) 注意不能穿休闲鞋搭配职业装。

(4) 发型与衣服的搭配会成为一大重点,一般不提倡扎马尾。

图 2-3-1 物流客服人员职场着装规范示范

(四) 物流客服人员的体态礼仪

体态语言是指人们在外观上可以明显地被察觉的活动、动作以及在活动、动作之中身体各部分所呈现的姿态。体态语言又叫作人体语言、姿态语言和动作语言。

1. 物流客服人员站姿的基本规范

抬头,目视前方,挺胸直腰,肩平,双臂自然下垂,收腹,双腿并拢直立,脚尖分呈 V 字形,身体重心放到两脚中间;也可两脚分开,比肩略窄,双手合起,放在腹前或背后,如图 2-3-2 所示。

图 2-3-2 物流客服人员站姿的基本规范

(1) 男职员:应两脚分开,比肩略窄,双手自然下垂或合起放在背后。
(2) 女职员:应双脚并拢,脚尖分呈 V 字形,双手合起放于腹前。

2. 几种常见的不良站姿

(1) 头不正,出现习惯性前伸、侧歪,显得身体松散下坠,没有精神。
(2) 驼背,胸部不能自然挺起,造成身体不够舒展。

(3) 肩不平,一高一低,身体左右倾斜。
(4) 肩部紧张,形成耸肩缩脖。
(5) 重心向后,挺腹。
(6) 双手叉腰或抱胸前,或身体倚靠其他物体;影响举止风度。

3. 物流客服人员坐姿的基本规范

在物流商务活动中,就座亦能体现出落座者有无教养。坐姿本身就是体态语言的一种,可以向对方传递信息,因此,应作为一种交谈手段加以注意。

(1) 坐姿的基本要求:端庄、文雅、得体、大方。
(2) 物流客服人员坐姿的基本规范如图2-3-3所示。

图2-3-3 物流客服人员坐姿示例

① 轻轻入座,坐满椅子的2/3为准,后背轻靠椅背,女性双膝自然并拢(男士可略分开);对座谈话时,身体稍向前,表示谦虚和尊重。

② 若女性着裙装,裙摆应收拢,不允许裙摆随意摇晃,也不允许当面大动作整理服饰。

(五) 物流客服人员的手势礼仪

在物流商务活动中,手势在传递信息、表达意图和传递情感方面发挥重要的作用。

1. 物流客服人员的常用手势规范

(1) 标准手势。手掌自然垂直,掌心向内,手指并拢,拇指稍分开,手腕伸直,肘关节自然弯曲(以140°为宜),协调大方。

(2) 横摆式手势。一般表示"请""请进",掌心向上,常用横摆式。一只手五指并拢,手掌心向上,肘微弯曲,腕略低于肘。另一只手下垂或在背后,同时面带微笑,表现出对宾客的尊重、欢迎。

(3) 斜摆式手势。请客人落座时,手势应摆向座位的地方。手要先从身体的一侧肢起,到高于腰部后,再向下摆去,使大小臂成一斜线。

(4) 直臂式手势。用于指引方向,采用直臂式。手指并拢,掌伸直,屈肘从身前起,向抬起的方向摆去,摆到肩的高度时停止,肘关节基本伸直。注意指引方面,不可用一根指头指出,那样显得不礼貌。

2. 物流客服人员握手礼仪的基本规范

物流客服人员握手礼仪的基本规范如图2-3-4所示。

图 2-3-4 物流客服人员握手礼仪示例

(1) 顺序：上级在先、主人在先、长者在先、女士在先。

(2) 时间：3~5 秒为宜。

(3) 握手力度适度，不宜过大，也不宜毫无力度。

(4) 方式：走近对方，伸出右手，掌心向里，握对方手掌。同时面带微笑，目视对方，手上下晃动 2~3 下。

(5) 握手时只能握右手，不能伸出左手与人相握；男士与女士握手时，应浅握，只握手指部位。

(6) 不可戴手套与人握手，戴手套与人握手是失礼行为。

(六) 物流客服人员鞠躬的基本规范

鞠躬是向对方表示感谢与尊重，给对方留下诚恳、真实的印象，如图 2-3-5 所示。

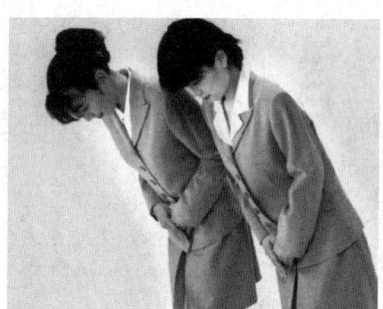

图 2-3-5 物流客服人员鞠躬示例

(1) 对方行鞠躬礼，我方还以鞠躬礼。

(2) 男士双手放在双腿两侧；女士双手重叠放于腹前。

(3) 鞠躬与握手应并行使用。

(七) 物流客服人员接待礼仪

1. 办公室接待礼仪

办公室接待礼仪没有正式接待礼仪那么复杂，但同样要热情、周到、讲究礼貌，不仅体现了个人修养，同时也反映了公司的良好形象，如图 2-3-6 所示。

(1) 做好接待准备。

图 2-3-6 办公室接待礼仪示例

① 接待环境：保持办公室优雅环境，当有客人来访更应保持较高水平的工作环境。
② 准备好洽谈材料：洽谈要事先准备材料，保证过程有条不紊。
③ 准备饮品：准备茶水是接待的基本礼貌。
④ 确定客人迎送规格。

（2）办公室接待的注意事项：
① 始终面带笑容自然迎接客户。
② 对不速之客也要礼貌相迎。
③ 正确记住访客的姓名。
④ 专人接待，无关人员自动退避。

2. 物流活动中的介绍礼仪

（1）自我介绍：一般是自己主动结识或应他人请求介绍自己。自我介绍的要点：
① 自我介绍简明扼要，时间要短。
② 内容要全面。
③ 掌握介绍时机。

（2）介绍他人的两个要点：
① 注意称呼，着重体现行政称谓。
② 尊重双方的介绍意愿。

（3）介绍他人的礼仪顺序：
① 先介绍职务低者，后介绍职务高者。
② 先介绍男士，后介绍女士。
③ 先介绍晚辈，后介绍长辈。
④ 先介绍个人，后介绍集体。

3. 递名片的基本礼仪

名片是物流客服人员代表企业交往的工具之一，所以也是树立企业形象的一个重要环节。

（1）主动向对方递送名片，递送时身体稍欠，使用双手，从正面向对方递出，如图 2-3-7 所示。

图 2-3-7 递送名片礼仪示例

（2）递送顺序：由尊而卑，无法分尊卑时可由近而远；圆桌上递送要按顺时针顺序递送。

（3）取对方名片时同样欠身，双手接过名片后认真看一遍，诵读对方姓名、职务，妥善保管。

（4）多人递送名片时，应将对方名片排列在桌上，对照再次确认，谈话结束后放入口袋或公文包保管。

（5）客方率先递出名片，应表示谢意，再递送自己的名片。

（八）商务宴请的基本礼仪

宴请是交往中重要的商务场合，其类型繁多；不同的宴请场合，都有不同的礼仪规范，下面介绍的是常见的商务宴请。

1. 宴请的类型

（1）宴会。它是一种正式宴请，是举办者为了表达敬意、谢意，或是为了扩大影响等目的而专门举行的招待活动。

（2）招待会。它指只备一些食物、饮料，不备正餐、不排座次的一种较为自由的宴请形式。

（3）工作餐。它是目前流行于国际社会的一种特殊的非正式的宴请形式，主要是利用进餐时间，围绕工作中的问题，边吃边谈，讨论交流。

2. 宴请的四个原则

（1）费用：做任何事情，量力而为，不要铺张浪费。

（2）菜单：考虑宴请对象的口味及宴请的场合。

（3）环境：依宴请的高、中、低档，依客人的身份而定；也可根据客人的个性而定。

（4）举止：在宴会的过程中，避免夸张搞笑的言行举止，以免惹人非议，失礼。

3. 商务宴请的基本礼仪

（1）正式宴请的准备工作：

① 确定宴请的目的、对象和规格。

② 确定宴请的时间和地点。

③ 郑重的邀请方式，让客人感觉受到了尊重。

④ 拟定菜单，结合宴请的形式和档次、时间与季节。

（2）宴会进行时的礼仪规范：

① 礼貌入座。分清主次位置，按预先安排好的座位依次引客人入座。

② 按时开席。客人落座后要按时开席，不能因个别客人误时而影响整个宴会的进行。

③ 先请后用。先让每位客人的杯里盛有酒和饮料，再开始用餐。

④ 陪同客人的人数不宜超过客人的人数。如果只有一位客人，可有两位陪客。

⑤ 不要在客户面前领取收据或付款。

⑥ 不可留下客户先行离开，等客户离席后，方可离席。

六、接近电子商务客户

（一）电子商务客户服务技能要求

（1）熟练掌握必要的沟通常识与沟通技巧。

(2) 具备专业的产品知识,使自己成为专业的产品专家。

(3) 熟悉公司的各项业务规定及受理流程。

(4) 熟练掌握各项操作技能。

(5) 了解电子商务基本常识、相关法律知识及计算机应用知识。

(6) 了解当今中国电子商务企业的发展趋势。

(7) 了解国外先进的电子商务企业的发展趋势与发展动态、顾客需求反馈。

(8) 深入了解我们自己在"做"什么,要怎么去"做";我的竞争对手在"做"什么,它们是怎么"做"的。

(9) 有较强的学习能力,时刻学习,不忘学习。

(二) 电子商务客户服务基本能力

1. 电话接听能力

电话服务是许多企业开展客户服务的一种重要形式,电话使人们的联系更为方便快捷,一个人接听拨打电话的沟通技巧是否高明,常常会影响其是否能顺利达成沟通的目标。使用电话的语言很关键,它直接影响着一个公司的声誉。人们通过电话也能粗略判断对方的人品、性格。电话接听的基本技巧如下:

(1) 左手持听筒、右手拿笔。大多数人习惯用右手拿起电话听筒,但是,在与客户进行电话沟通的过程中往往需要做必要的文字记录。在写字的时候一般会将话筒夹在肩膀上面,这样,电话很容易夹不住而掉下来发出刺耳的声音,从而给客户带来不适。为了消除这种不良现象,应提倡用左手拿听筒,右手写字或操纵电脑,这样就可以轻松自如地达到与客户沟通的目的。

(2) 电话铃声响过两声后接听电话。接听电话可遵循"铃声不过三"原则,在电话铃声响起后,如果立即拿起,会让对方觉得唐突;但若在响铃超过三声以后再接听,是缺乏效率的表现,势必会给来电者留下公司管理不善的第一印象,同时也会让对方不耐烦,变得焦急。如果因为客观原因,如电话机不在身边,或一时走不开,不能及时接听,就应该在拿起话筒后先向对方表示自己的歉意,并做出适当的解释,如"很抱歉,让您久等了"等。

(3) 报出公司或部门名称。在工作场合,接听电话时,首先应问候,然后自报家门。对外接待应报出单位名称,若接内线电话应报出部门名称。比如"您好,××公司""您好,销售部办公室,我是××。"

自报家门是让对方知道有没有打错电话,万一打错电话就可以少费口舌。规范的电话体现的不仅是对对方的尊重,而且也反映出本单位的高效率和严管理。

(4) 确定来电者身份、姓氏。电话是沟通的命脉,很多规模较大的公司的电话都是通过前台转接到内线的,如果接听者没有问清楚来电者的身份,在转接过程中遇到问询时就难以回答清楚,从而浪费宝贵的工作时间。在确定来电者身份的过程中,尤其要注意给予对方亲切随和的问候,避免对方不耐烦。

(5) 听清楚来电目的。上班时间打来的电话几乎都与工作有关,公司的每个电话都十分重要,不可敷衍,即使对方要找的人不在,切忌只说"不在"就把电话挂了。接电话时也要尽可能问清事由,避免误事。首先应了解对方来电的目的,如自己无法处理,也应认真记录下来,委婉地探求对方来电目的,这样既可不误事,同时也能赢得对方的好感。

(6) 注意声音和表情。带着微笑接起电话,能让对方在电话中感受到你的热情。注意声音的三要素——语速:要学会配合客户语速谈话。语速太快,客户听不清楚;太慢,给人一种不自信的感觉,也容易让对方感到自己不受重视。音量:音量过高,给人缺少涵养的感觉;音量过低,给人感觉不自信。语气:平和中有激情,耐心中有爱心,杜绝不耐烦的语气。

(7) 复诵来电要点。电话接听完毕之前,不要忘记复诵一遍来电的要点,防止记录错误或者偏差而带来的误会,使整个工作的效率更高。例如,应该对会面时间、地点、联系电话、区域号码等各方面的信息进行核查校对,尽可能地避免错误。

(8) 最后道谢。结束通话之前先说:"还有什么可以帮助您的吗?"如客户表示没有后,可以说:"谢谢您的来电,祝您生活愉快!"

(9) 让客户先收线。当对方向你说"再见"时,别忘了你也应该说"再见",并等对方挂了以后再挂电话,最好不要一听到对方说"再见"就马上挂电话,尤其不能在对方一讲完话,还没来得及说"再见"就把电话挂了。注意挂电话时应小心轻放,别让对方听到很响的搁机声。

2. 聆听能力

客户服务人员在聆听时不但要听清楚别人在说什么,而且要给别人积极的回应。对服务人员来说,听要注意两个方面,分别是听事实和听情感。

(1) 听事实。

听事实意味着需要能听清楚并理解对方说的话。要做到这一点,就要求服务代表必须有良好的听力和记忆力,能在较短的时间内听清并理解对方说的是什么。

(2) 听情感。

与听事实相比,更重要的是听情感。客户服务人员在听对方说事实时,还应该考虑客户的感受是什么,需不需要给予回应。例如,A 对 B 说:"我昨天看中一套房子,决定把它买下来。"B 说:"哦,是吗? 在哪儿呢? 恭喜你呀。"

A 看中了房子,想买下来,这是一个事实,B 问房子在哪,这是对事实的关注,"恭喜你"就是对 A 的情感关注。

A 对 B 说:"我买了一件裙子,特别好看。"B 说:"是吗? 你的眼光肯定好,快拿来给我看看!"

A 把事实告诉 B,是因为她渴望 B 与她共同分享喜悦和欢乐,而作为 B,应对这种情感加以肯定。

3. 提问能力

提问是一个非常重要的服务技巧,可以帮助我们发现和收集顾客需求的信息,使我们更好、更有效地为顾客服务。好的问题才能有好的答案。一个不恰当的问题可能会让顾客马上离开。一个服务人员的服务技能怎么样,服务经验是否丰富,关键看其提问题的质量。

提问有如下几点好处：

(1) 通过恰当的提问，客服人员可以从客户那里了解更充分的信息，从而对客户的实际需求进行更准确的把握。

(2) 当客服人员针对客户需求提出问题时，客户会感到自己是对方注意的中心，他（她）会在感到受关注、被尊重的同时更积极地参与到谈话中来。

(3) 通过有技巧的提问可以使客户服务人员更好地控制谈话节奏和进度，把握沟通的总体方向。

(4) 有利于减少与客户之间的误会。当你对客户要表达的意思或者某种行为意图不甚理解时，最好不要自作聪明地进行猜测和假设，而应该根据实际情况进行提问，弄清客户的真正意图，然后根据具体情况采取合适的方式进行处理。

在服务过程中，可以根据情况提出以下四类不同方式的问题：

(1) 问候性问题。

在服务的时候，打破僵局，增进相互了解的问候性问题是很有必要的。比如："听您口音，是上海人吧？""今天听说气温下降了，外面很冷吧？"均属于问候性问题。

(2) 封闭式问题。

封闭式问题是指对方可以用"是"或"不是""有"或者"没有""对"或者"不对"等一两个字简短地来回答的问题，或可以在几个选项中进行选择的问题。例如，"你觉得收到的衣服有少许色差，是吗？""你是要退款吗？"这类问题通常不引导来访者提供更多的信息，不扩大语题，而是就征询的问题进行查证。它的作用是获得特定的信息，澄清事实，缩小讨论范围，或使会谈集中于某个特定的问题。

(3) 开放式问题。

开放式问题是指对方不能直接用"是"或"不是"来回答的问题。开放式问题是用来引导客户讲述事实的。比如医生问病人："你什么地方不舒服？"比如"您能说说当时的具体情况吗？您能回忆一下当时的具体情况吗？"一句话问出来，客户就滔滔不绝了，这就是开放式问题。

要想让谈话继续下去，并且有一定的深度和趣味，就要多提开放式问题。开放式问题就像问答题一样，不是一两个词就可以回答的。这种问题需要解释和说明，同时向对方表示你对他们说的话很感兴趣，还想了解更多的内容。例如，"你为什么喜欢这个型号呢？""能告诉我使用这个产品你碰到的具体问题是什么吗？"开放式问题被认为是最有用的倾听技巧之一，是较适合的一种提问方式。

(4) 服务性问题。

服务性问题是客户服务中非常专业的一种提问。这个提问一般是在客户服务过程即将结束时使用，如"您看还有什么需要我为您做的吗？""您对我们的服务满意吗？"表明一种专业的服务态度。

4. 复述能力

在客户服务过程中，经常需要复述客户的陈述，这样可以让服务人员准确理解客户的问题或需求，更好、更有效地为顾客服务。

复述就是把听过的内容重新叙述一遍。复述不是背诵，需要在理解的基础上进行复述。复述的基本要求有三点:忠实于原材料的内容;完整准确地体现原材料的中心和重点;条理清楚,反映各部分内容的内在联系。

一般复述的起始句式为:"您的意思是……""您刚才说……是吗?""如果我没有听错,您刚刚说的是……""抱歉,我刚才没听太清楚,您说的是……"等,可灵活运用。

(三) 电子商务客户服务准则

客服人员是接触客户的第一线,一言一语都代表着店铺和公司的形象,其本身就是产品专家和形象专家。客服人员应对公司非常了解,熟知商品属性和相关知识,熟悉买家购物流程和物流、支付等操作。客服人员在工作时应注意以下几点:

(1) 响应要及时。

客户首次到访打招呼的时间不能超过 15 秒。打字速度要快,至少要达到 50 字/分钟,且不能有错别字;每次回答客户问题,客户等待时间不能超过 20 秒。如回答太长,宜分次回答。

(2) 热情亲切、吃苦耐劳。

用语规范,礼貌问候,让客户感觉热情,不是很生硬的话语,做到亲昵称呼,自然亲切。据统计,网店客户咨询的问题往往是比较集中的几个问题,因此对于网店客服来说,每天需要重复回答那些问题,难免会感到枯燥。除此之外,一些网店是 24 小时运营的,特别是一些大型活动日,咨询量是平时的几十倍,因此吃苦耐劳的精神对一名网店客服来说尤其重要。

(3) 了解客户的需求。

细心、耐心、有问必答、准确、找话题。对客户的咨询、客户需求给予准确的回应,并快速提供客户满意的答复,客户需求不明确时做到引导客户产生需求。

(4) 专业销售。

自信、随需应变、舒服。以专业的言语、专业的知识、专业的技能,回答客户异议,让客户感觉客户服人员是专家并感受上帝般的舒服。

(5) 主动推荐和关联销售。

善于向客户推荐公司主推款,并给予关联推荐,乃至达成更高的客单价。

(6) 建立信任。

建立好感、交朋友并通过经验找到和客户共鸣的话题,想客户所想,给客户切实的建议,建立销售的信任。服务过程中给客户良好的体验,并留下愉悦的回忆。

(7) 转移话题,促成交易。

碰到客户刁难、啰唆等不利局面,迅速转移话题,引导销售,并以促成交易为目的。

(四) 电子商务客户服务一般流程

大部分客户都是通过查找或搜索找到需要购买的产品,并做过详细的比较之后才进入店铺进行询问的,所以购买的目的性是比较强的,这个时候就需要客服热情的接待和专业的解答。一般流程如下:

(1) 问好。设置欢迎语,热情亲切地招呼进店客户,如"欢迎光临,很高兴为您服务!"

(2) 询问。主动询问客户有什么需求,如"您好!请问有什么可以为您效劳吗?"

(3) 咨询。提供专业的解答及服务承诺;寻找共鸣点,扩大沟通范围,淡化交易存在。

（4）善意提醒客户是否还有其他需求，尽量做好关联销售，提升客单价。例如，"我们店最新款的羽绒童装已经上市了，卡通形象非常漂亮，如果您感兴趣，可以去看看，自己买和送人都不错哦！"

（5）引导客户下单，但客户在下单时一定不能干扰客户做决定，更不能催促客户下单，否则会引起客户反感。例如，"您的眼光不错！这款是目前最热销的。您穿上一定很好看！这个款式是很流行的，面料手感也很好。""不要错过这个机会哦！点击立即购买，宝贝就是您的啦！"

（6）跟踪订单，核对订单。在客户下单后及时和客户核对商品信息、物流信息等，并告知客户本店用快递及运费的情况，避免引起售后不必要的纠纷。

（7）对客户表示感谢，欢送客户，送祝福语给客户，欢迎客户下次光临。尽量添加客户为好友，并做响应分组，以便客户管理，并委婉提示客户收藏店铺。例如，"好的，非常感谢您的惠顾与支持！期待您的再次光临。再见！""期待收藏我们的店铺哦！这样您有需要就方便多了。"

【实训任务实施】

实训项目1：接近目标客户的任务实施方案

一、实训目标

通过本次实训任务，进一步巩固专业理论知识，熟悉接近物流客户应做的准备工作，包括心理准备工作、撰写客户拜访计划等内容。通过理论和实践相结合的方式加深对知识点的理解。

二、实训要求

1. 准确描述拜访客户应提前做哪些准备工作；
2. 能够准确撰写物流客户拜访计划。

三、实训操作

1. 以组为单位，每一项目小组选择具体目标客户并根据具体情况分析目标客户；
2. 各组针对目标客户情况做详细阐述并且确定拜访前应做好的物质准备和心理准备；
3. 撰写拜访计划；
4. 各小组做总结陈述。

四、技能训练评价

表2-3-3 技能训练评价表

专业：		班级：		被考评学员：	
考评时间		考评地点			
考评内容					

续 表

考评标准	内容	分值	自评 (20%)	小组互评 (30%)	教师评议 (50%)	考评得分
	掌握接近客户准备的内容	20				
	正确罗列出接近物流客户的程序	20				
	能够准确制订拜访计划	40				
	能够完整地做出总结	20				
	综合得分					

指导教师评语：

实训项目2：物流客户开发与管理人员职业形象管理

一、实训目标

通过本次实训任务，巩固理论知识，并将理论与实际相结合，对职业形象以及礼仪规范有更加深刻的理解。

二、实训要求

1. 准确阐述物流管理人员着装规范。
2. 准确阐述物流管理人员体态礼仪规范。
3. 准确阐述物流管理人员接待礼仪规范。

三、实训操作

假定明天一早你要去参加A公司的面试，这次面试官是A公司的人力资源总监。

1. 请列举出明天面试在着装方面的计划。
2. 同桌之间交换各自的着装计划，并互相提出改进建议。
3. 同桌之间分角色饰演人力资源总监和面试者，请注意交谈方面的礼仪规范。
4. 面试环节结束，双方互相指出交谈过程中对方在礼仪表现方面的优缺点。

四、技能训练评价

表2-3-4 技能训练评价表

专业：		班级：		被考评学员：	
考评时间		考评地点			
考评内容					

续表

	内容	分值	自评 (20%)	小组互评 (30%)	教师评议 (50%)	考评得分
考评标准	阐述物流管理人员着装规范	20				
	阐述物流管理人员体态礼仪规范	20				
	准确阐述物流管理人员接待礼仪规范	40				
	指出对方优缺点	20				
	综合得分					
指导教师评语：						

【任务小结】

接近物流客户的目的是为了取得客户好感，了解客户需求，增加销售信心。因此，本任务从接近准备的基本内容入手，介绍了接近物流客户中物流客服人员心理的准备、物流客户资料的准备、企业及产品知识的准备、销售辅助工具的准备、确定拜访计划等。在此基础上，阐述约见物流客户的注意事项，约见物流客户主要包括确定约见对象、明确约见目的、安排约见时间和选择约见地点四个方面。在约见物流客户的具体方法中，介绍了利益接近法、问题接近法、介绍接近法、馈赠接近法、请教接近法、赞美接近法、好奇接近法、演示接近法、调查接近法 9 种方法。与物流客户谈判是取得客户信任与青睐的重要一环，因此，本任务还阐述了物流客户谈判沟通技巧与拜访物流客户的基本礼仪，包括物流客服人员的美容化妆礼仪、着装礼仪、职场着装规范、体态礼仪、手势礼仪、接待礼仪。最后，介绍了接近电子商务客户的方法。

任务四　客户异议处理与交易促成

任务目标

通过本任务学习物流客户异议处理与交易促成的一般知识，掌握客户异议的内涵与分类；熟知客户异议的类型与产生的根源；掌握处理异议的原则、方法与处理技巧。

重难点分析

物流客户异议处理的原则、方法与处理技巧是本章内容的重点,在学习过程中应当着重掌握。

 教学建议

建议教学过程中充分调动学生的学习积极性,运用讲授法、讨论法等教学方法。

 【引导案例】

TT货运公司的A、B两名物流客服人员分别有一票FOB条款的货物,均配载在D轮从青岛经釜山转船前往纽约的航次上。开船后第二天,D轮在釜山港与另一艘船相撞,造成部分货物损失。接到船东的通知后,两位物流客服员的解决方法如下。

A客服员:马上向客户催收运杂费,收到费用后才告诉客户有关船损一事。

B客服员:马上通知客户事故情况并询问该票货物是否已投保,积极协调承运人查询货物是否受损并及时向客户反馈。待问题解决后才向客户收费。

结果:

B的客户事后给该公司写来了感谢信,并扩大了双方的合作范围。

A的客户货物最终没有损失,但在知道真相后,对A及其公司表示不满,并提出种种质疑:为何事发后,没能第一时间告知客户事件原委? TT货运公司的物流业务是否注重利益而忽视客户及其货物的安全等,并表示要终止合作。

案例思考:

(1) 物流客户提出异议的原因何在?

(2) 处理物流客户异议时,应遵循哪些原则?

(3) 面对物流客户提出异议时,可以采用何种策略进行处理?

在现代商业活动中,从接近客户、调查、产品介绍、示范操作、提出建议书到签约的每一个步骤中,客户都有可能提出异议。面对客户的异议,客户服务人员必须懂得基本的异议处理的方法,掌握的异议处理的技巧愈多,愈能冷静、坦然地化解客户的异议。每化解客户的一个异议,就摒除了与客户的一个障碍,就愈接近客户一步。

 **【任务知识储备】**

一、认识物流客户异议

(一) 客户异议的内涵

物流客户异议是物流市场开发人员在进行物流业务或服务项目销售的过程中,客户对其产生的不赞同、提出的质疑或拒绝。例如,当你以介绍新的物流技术为由去约见拜访客户时,客户说没时间,或说你的价格太高;当你提供货物跟踪查询服务给客户时,客户却说查询系统很麻烦;向客户解说产品时,客户带着不以为然的表情;等等,这些都称为客户异议。

一般人对客户异议似乎都抱着负面的看法,会因为太多的异议而感到挫折与恐惧。但是对有经验的客户服务人员而言,他们却能从积极的角度来体会异议,领悟出以下含意:

(1) 根据客户提出的异议,能判断客户是否有需要。

(2) 根据客户提出的异议,能了解客户对自己及自己的建议接受的程度,从而能迅速修正服务。

(3) 根据客户提出的异议,能获得更多的信息。

"异议"的这层意义,是"客户服务是从客户的拒绝开始"的最好印证。

(二) 客户异议的分类

客户有时提出很多异议,但这些异议也许并不是他们真正在意的地方,比如"车辆从南宁到广州为什么要走这条路?""你们货物的包装一点也不美观""我们不需要你们的物流服务",等等,虽然听起来是一项异议,但可能背后隐藏着其他的异议。因此,当客户提出异议时,我们首先要辨别客户提出的异议类型。客户的异议分类方法有多种,最常见的是将异议分为真实的异议与隐藏异议两类。

1. 真实异议

所谓真实的异议是指客户表达目前没有需要或对产品与服务不满意或对产品与服务抱有看法而产生的异议。例如,客户通过朋友口碑知道某产品常出故障,因此对该产品的推销提出异议。面对真实的异议,可视情况采取立刻处理或延后处理的策略。面对下述三种情况必须立刻处理客户异议:

(1) 当客户提出的异议是属于他关心的重要事项时。

(2) 必须处理后才能继续进行服务的说明时。

(3) 当处理异议后,客户能立刻下订单时。

而面对下述四种情况时必须延后处理客户异议:

(1) 权限外或确实不确定的事情,须向客户承认无法立刻回答客户所提出的问题,但保证会迅速找到答案并告诉他。

(2) 当客户在还没有完全了解产品的特性及利益前提出价格问题时,最好将这个异议延后处理。

(3) 当客户提出的一些异议在以后能以更具说服力的方式加以消除时。

(4) 对客户提出的异议马上做出回答会影响推销顺利进行时。

2. 隐藏异议

所谓隐藏的异议指客户将真实的异议隐藏,而提出各种真的异议或假的异议,借此创造解决隐藏异议的有利环境。例如,客户希望降价,但却提出其他如品质、外观、颜色等方面的异议,以降低产品的价值,而达成降价的目的。

二、物流客户异议的类型及产生的根源

要有效地处理客户提出的异议,弄清楚客户异议的类型及产生的根源将起到事半功倍的效果。物流客户异议产生的原因有许多,其主要原因有两大类,一类是客户本身的原

因,另一类则是客户服务人员的原因。只有了解异议产生的各种可能原因,才能更冷静地判断出异议的原因,针对原因处理才能化解异议。

(一) 物流客户异议的类型

物流客户异议主要有来自客户方面的,来自公司产品或服务方面的,还有来自市场开发人员本身的。物流客户异议的类型主要有以下几种:需求异议、产品异议、价格异议、服务异议、支付能力异议、货源异议、购买时间异议、销售人员异议、权力异议。

(二) 物流客户异议产生的根源

1. 物流需求异议

客户需求异议指的是客户认为产品或服务不符合自己的需要而提出的反对意见。

当客户提出需求异议时,存在两种可能:

(1) 推介的产品或服务确实不能满足客户需要,或客户确实不需要,或客户已经有了同类产品,或客户不认同你所推介的产品或服务。这时客户的异议就是真实的异议,市场开发人员应立即停止推销,调整推销对象。

(2) 客户没有认识自己的物流需求或者只是拒绝的借口。这时客户异议则是虚假的异议,说明客户的需求没有有效地被激发出来,没能引起他的注意和兴趣,市场开发人员应采取强调产品或服务能为客户解决的问题、能为客户带来哪些利益等异议化解技巧来排除障碍。

2. 物流产品异议

物流产品异议指客户对推销的物流产品或服务的质量、功能、品种等方面提出的反对意见,比如"我不喜欢你们的包装""你们货物运输的破损率比较高"等。

物流产品异议产生的原因很复杂,可能是产品或服务自身客观存在的不足,也可能是客户自身的主观因素,如客户的文化素质、知识水平、消费习惯等。这种异议是物流市场开发人员面临的一个重大障碍。基本对策是想办法证明产品或服务的质量,或现场演示,或提供其他客户使用情况的效果资料,或提供相关的质量证书等,以打消客户的疑虑。

3. 价格异议

物流价格异议是指客户认为价格过高或价值不符而提出的反对意见。

价格异议是销售过程中客户开发人员最常碰到的异议,因为价格与客户的切身利益密切相关,客户对产品的价格最为敏感,很多客户认为讨价还价是天经地义的事,即使你的报价很合理,客户仍会抱怨:"你的价格太高了!"处理价格异议时,客户开发人员要学会将话题的重心放在产品的性能、耐用性、款式的新颖性、带给客户的价值等优点上,或进行价格及产品特性的对比,或将价格进行分解处理。

4. 服务异议

客户对公司提供的服务(如服务人员的服务水平、服务态度、响应时间等)存在异议。对于服务异议,市场开发人员最好拿其他客户的评价来证明自己公司的服务质量和服务水平。

5. 支付能力异议

支付能力异议指客户由于自身原因而提出的无力支付的各种反对意见,如"我们公司目前在这方面没有预算","今年我们有几个大项目开工,资金有些紧张。"当客户提出支付能力异议时,客户开发人员要辨别其真假,如果确实是没有支付能力的,应停止推销,但态度要和蔼,避免挫伤客户的自尊心。切忌对客户说:"买不起?买不起早说呀!"等之类的话。如果客户只是暂时资金遇到困难,则可结合实际,协助对方解决支付能力问题,如给客户赊销、延期付款、分期付款等。

值得注意的是,当决定给客户提供赊销、延期付款或分期付款时,一定要对客户的信用进行调查,绝不可贸然行事。

6. 货源异议

货源异议指客户对提供物流产品或服务的供应商的来源提出的反对意见,如"我们原来一直在和某某物流公司合作""你们这个公司从来没听说过"等。产生这种异议的原因有很多,可能是对原有合作伙伴的忠诚,也有可能是对推介公司的不信任,还有可能是客户对环境改变本能的抵抗。遇到这样的异议,客户开发人员一定要强调自身的品质、优势及带给对方的好处,切忌贬低竞争对手。

7. 购买时间异议

当客户提出现在不是最佳购买时间或对客户开发人员提出的交货时间提出反对意见时,就构成购买时间异议。

物流客户购买时间异议产生的原因主要有 2 个:

(1) 没有需求,不想购买。许多客户由于不好意思直接拒绝,往往用拖延来代替说"不"。这时的客户异议归属于需求异议,则采取需求异议处理办法进行处理。

(2) 客户不愿意马上做出决定,还在犹豫。这时说明客户还没有完全下决心购买,可能对产品性能、质量、价格还存在疑虑,或付款能力方面存在问题,甚至是当时情绪不好也会导致客户没有心情进行商谈,从而用没有时间等来推托。这时客户开发人员要认真分析背后的真正原因是什么,从而对症下药。

对于购买时间异议,如果当时无法进行及时处理,客户开发人员应主动与对方确定下次见面的具体时间。

8. 销售人员异议

销售人员异议指物流客户对销售人员个人形象、工作态度、工作方式方法等提出的各种反对意见。

销售人员异议产生的原因有很多,主要包括以下几个方面:

(1) 销售人员的举止态度让客户反感,无法赢得客户的好感。

(2) 销售人员为了说服客户,做了夸大不实的陈述,客户感觉受到了欺骗。

(3) 使用过多的专门术语。销售人员说明产品时,使用过多晦涩难懂的专业术语,则会让客户觉得难以理解而提出异议。

(4) 引用事实不准确。销售人员引用不正确的事实资料时,会引起客户的异议。

(5) 与客户沟通不当。说得太多或听得太少,无法准确理解客户提出的问题等,都会遭到客户的异议。

(6) 产品演示失败。销售人员进行产品演示过程中,产品出现问题,销售人员无法及时解决时,产品质量和销售人员专业技能将遭到客户的质疑。

(7) 销售姿态过高,处处让客户词穷,则会让客户感觉不愉快,从而提出许多主观的异议。

对于这类异议,物流客户开发人员一定要从自身做起,修炼好内功,注意保持良好的仪容仪表,举止得体,不断提高自身素质,以诚待人,给客户留下良好的第一印象,从而顺利开展销售工作。

9. 权力异议

权力异议指客户以缺乏购买决策权为理由而提出的反对意见。比如,"这事我做不了主","我只负责考察,买不买得我们老板说了算。"

当客户开发人员遇到此类客户异议时,首先要辨别其真假。如果客户确实没有决策权,说明销售人员当初没有找准目标顾客,此时需要重新确定决策人作为目标顾客。如果客户异议是虚假的异议,则可能只是推托的借口,或是背后还有其他原因。此时,客户开发人员可通过强调其决策权和在公司里的地位来阻断其推托,或弄清其真正的原因是什么。例如,"谁不知道在这个公司是您说了算啊……""其实您才是真正的当家人呀……"

了解客户提出异议的类型和其产生的根源,可以帮助客户开发人员更冷静地判断客户提出异议的真正原因是什么,从而更有效地化解客户异议,促成交易。

三、处理物流客户异议的原则与方法

掌握有效的处理物流客户异议的原则与方法,将有助销售工作的顺利开展。

(一) 处理异议的原则

1. "不打无准备之仗"原则

"不打无准备之仗",是客户服务人员处理客户异议应遵循的一个基本原则。客户服务人员在走出公司大门之前就要将客户可能会提出的各种拒绝理由列出来,然后考虑一个完善的答复。由于事前有准备,面对客户的拒绝时就可以做到胸中有数,从容应付。

例如,加拿大的一些企业专门组织客户服务专家收集客户异议并制定出标准应答语,要求客户服务人员记住并熟练运用。编制标准应答语程序如图2-4-1所示。

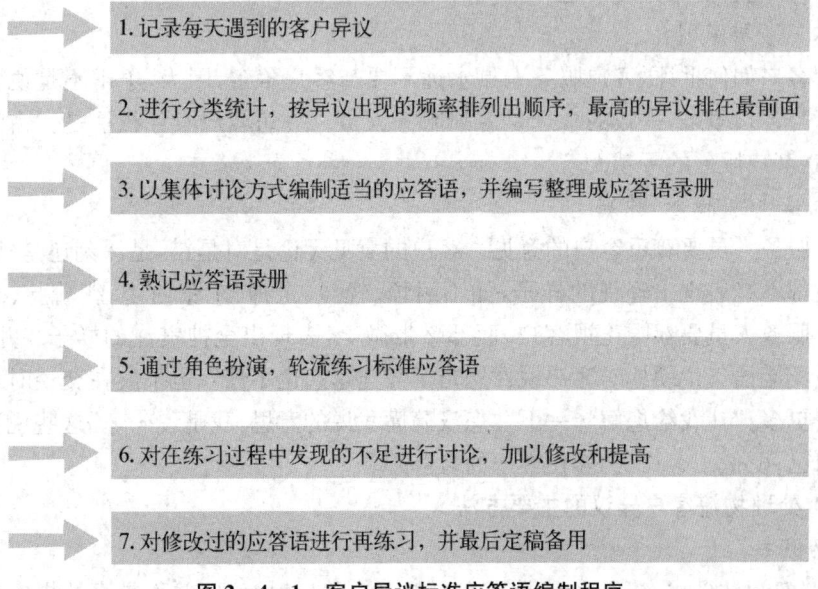

图2-4-1 客户异议标准应答语编制程序

2. 选择恰当的时机原则

美国通过对几千名客户服务人员的研究,发现好的客户服务人员遇到客户强烈反感的可能只是差的客户服务人员的十分之一。这是因为,优秀的客户服务人员对客户提出的异议不仅能给予一个比较圆满的答复,而且能选择恰当的时机进行答复。懂得在何时回答客户异议的客户服务人员会取得更大的成绩。客户服务人员对客户异议答复的时机选择有四种情况:

(1) 在客户异议尚未提出时解答。防患于未然,是消除客户异议的最好方法。客户服务人员觉察到客户会提出某种异议,最好在客户提出之前,就主动提出来并给予解释,这样可使客户服务人员争取主动,先发制人,从而避免因纠正客户看法,或反驳客户的意见而引起的不快。

客户服务人员完全有可能预先揣摩到客户异议并抢先处理,因为客户异议的发生有一定的规律性,如客户服务人员谈论产品的优点时,客户很可能会从最差的方面去琢磨问题。有时客户没有提出异议,但他们的表情、动作以及谈话的用词和声调却可能有所流露,客户服务人员觉察到这种变化,就可以抢先解答。

(2) 异议提出后立即回答。绝大多数异议需要立即回答。这样,既可以促使客户购买,又是对客户的尊重。

(3) 过一段时间再回答。以下异议需要客户服务人员暂时保持沉默,过一段时间再回答。例如,异议显得模棱两可、含糊其词、让人费解;异议显然站不住脚、不攻自破;异议不是三言两语可以辩解得了的;异议超过了客户服务人员的能力水平;异议涉及较深的专业知识,解释不易为客户马上理解;等等。急于回答客户此类异议是不明智的。经验表明:与其仓促错答十题,不如从容地答对一题。

(4) 不回答。有些异议客户服务人员可以不回答,如无法回答的奇谈怪论;容易造成争论的话题;废话;可一笑置之的戏言;异议具有不可辩驳的正确性;明知故问的发难;等等。客户服务人员不回答时可采取以下技巧:沉默;装作没听见,按照自己的思路说下去;答非所问,悄悄转换对方的话题;插科打诨幽默一番,最后不了了之。

3. 永不争辩原则

不管客户如何批评,客户服务人员永远不要与客户争辩,因为,争辩不是说服客户的好方法。与客户争辩,失败的永远是客户服务人员。一句客户服务行话是:"占争论的便宜越多,吃客户服务的亏越大。"

4. 给客户留"面子"原则

客户服务人员要尊重客户的意见。客户的意见无论是对是错,是深刻还是幼稚,客户服务人员都不能表现出轻视的样子,如不耐烦、轻蔑、走神、东张西望、绷着脸、耷拉着头等。客户服务人员要双眼正视客户,面部略带微笑,表现出全神贯注的样子。并且,客户服务人员不能语气生硬地对客户说:"您错了""连这您也不懂";也不能在交谈时显得比客户知道得更多:"让我给您解释一下""您没搞懂我说的意思,我是说……"这些说法明显地抬高了自己,贬低了客户,会挫伤客户的自尊心。

(二) 处理物流客户异议的主要方法

1. 忽视法

所谓"忽视法",顾名思义,就是当客户提出一些反对意见,并不是真的想要获得解决或讨论时,这些意见和眼前的交易扯不上直接的关系,客户服务人员只要面带笑容地表示同意就好了。例如,当客户服务人员拜访客户时,客户一见面就抱怨说:"这次空调机的广告为什么不找成龙拍? 若是找成龙的话,我保证早就向您再进货了。"

碰到诸如此类的反对意见,不需要详细地解释,因为客户真正的异议恐怕是别的原因,客户服务人员要做的只是面带笑容、同意他就好了。

忽视法常使用的方法有:
(1) 微笑点头,表示"同意"或表示"听了您的话"。
(2) "您真幽默"!
(3) "嗯,真是高见!"

2. 补偿法

潜在客户:"这个皮包的设计、颜色都非常棒,令人耳目一新,可惜皮的品质不是顶好的。"客户服务人员:"您真是好眼力,这个皮料的确不是最好的,若选用最好的皮科,价格恐怕要高出现在的五成以上。"

当客户提出的异议有事实依据时,客户服务人员应该承认并欣然接受,强力否认事实是不明智的举动。但记得,客户服务人员要给客户一些补偿,让他取得心理上的平衡,也就是让他产生两种感觉:
(1) 产品的价格与售价一致的感觉。
(2) 产品的优点对客户是重要的,产品没有的优点对客户是较不重要的。

世界上没有一样十全十美的产品,客户当然要求产品的优点愈多愈好,但真正影响客户购买与否的关键点其实不多,补偿法能有效地弥补产品本身的弱点。补偿法的运用范围非常广泛,效果也很实际。例如,在 4S 店,客户嫌车身过短时,4S 店的客户服务人员可以告诉客户:"车身短能让您停车非常方便。若您有大型的停车位,可同时停两辆车呢。"

3. 太极法

太极法用在客户服务上的基本做法是当客户提出某些不购买的异议时,客户服务人员能立刻回复说:"这正是我认为您要购买的理由!"也就是客户服务人员能立即将客户的反对意见直接转换成为什么他必须购买的理由。

例如,客户:"贵企业把太多的钱花在做广告上,为什么不把钱省下来,作为进货的折扣,让我们的利润更高一些?"客户服务人员:"就是因为我们投下大量的广告费用,客户才会被吸引到指定地点购买指定品牌,不但能节省您客户服务的时间,同时还能帮助您销售其他的产品,您的总利润还是最大的吧!"

太极法能处理的异议多半是客户通常并不十分坚持的异议,特别是客户的一些借口。太极法最大的目的,是让客户服务人员能借处理异议而迅速地陈述他能带给客户的利益,以引起客户的注意。

4. 询问法

询问法是物流客户开发人员针对客户提出的异议,在不确定其背景或真正动机的情况下,通过询问的方式来了解客户提出异议的真正原因,从而采取进一步处理的方法。

在销售过程中,客户异议的类型与产生的根源往往很复杂,比较难辨别,有的客户异议仅仅是客户用来拒绝购买而随手拈来的一个借口,有的异议与客户的真实想法完全不

一致,甚至有时客户本人也无法说清有关购买异议的真实原因。这时,采用询问法就是最安全、最有效的方法。例如:

客户:"我希望价格再降百分之十!"客户服务人员:"××总经理,我相信您一定希望我们给您百分之百的服务,难道您希望我们给的服务也打折吗?"

客户:"我希望您能提供更多的颜色让客户选择。"客户服务人员:"报告××经理,我们已选择了五种最被客户接受的颜色了,难道您希望有更多颜色的产品,增加您库存的负担吗?"

通过询问法,客户服务人员能把握住客户真正的异议点,直接化解客户的反对意见。

5. 间接否定法

间接否定法指的是销售人员采用"是的……如果……会……"该句法源自"是的……但是……"的句法。在客户提出异议时,先用"是的……"附和,再委婉在用"如果……会……"对客户的异议表达"不"。由于"但是"的字眼在转折时过于强烈,很容易让客户感觉到客户服务人员说的"是的"并没有含有多大诚意,而强调的是"但是"后面的诉求,因此,若客户服务人员使用"但是"时,要多加留意,以免失去了处理客户异议的原意。

人有一个通性,不管有理没理,当自己的意见被别人直接反驳时,内心总是不痛快,甚至会被激怒,尤其是遭到一位素昧平生的客户服务人员的正面反驳。因此,客户服务人员最好不要开门见山地直接提出反对的意见。在表达不同意见时,尽量利用"是的……如果……"的句法,软化同意见的语气。用"是的"同意客户的部分意见,再用"如果"来婉转地表达反对意见。

6. 直接反驳法

在"是的……如果……"法的说明中,强调不要直接反驳客户,直接反驳客户容易陷于与客户争辩而不自觉,往往事后懊恼,但已很难挽回。但有些情况必须直接反驳以纠正客户不正确的观点。当遇到以下情况时,客户服务人员必须直接反驳:

(1)客户对企业的服务、诚信有所怀疑时。

(2)客户引用的资料不正确时。

出现上面两种状况时,必须直接反驳,因为客户若对企业的服务、诚信有所怀疑,拿到订单的机会几乎可以说是零。如果客户引用的资料不正确,客户服务人员应以正确的资料佐证自己的说法,客户会很容易接受,会更加信任企业或产品。

使用直接反驳法时,在遣词用语方面应特别的留意,态度要诚恳、对事不对人,切勿伤害了客户的自尊心,要让客户感受到客户服务人员的专业与敬业。

四、常见客户异议的处理技巧

在物流客户异议中,最常见的是价格异议、产品或服务质量异议、货源异议和时间异议,对于这几种异议有些处理技巧需要学习掌握。

(一)价格异议的处理技巧

价格异议是销售活动中最常见的异议,客户不管你的价格多低,也可能客户根本就不觉得价格高,但客户经常会条件反射地说:"太贵了,能不能少点?"

处理技巧:

(1)分解价格。将价格按使用年限或功能进行分解,这样细化到每项功能或每天,原本让客户觉得比较高的价格,也不会让人觉得高了。例如,"这套物流软件总价格是 6 万元,可以免费升级使用 5 年,按你们学校每年 200 名学生计算,平均每名学生每年只需花 60 元,就能学习和使用与企业完全一样的物流操作软件,这样就业时就更胜一筹了!"

(2) 强调特殊品质。

(3) 进行对比分析。

(4) 推迟价格异议。先强调产品的利益、优势,再给其报价。

(5) 强调相对价格。相对产品带给顾客的利益来说,价格是很低的。

(6) 强调投资回报。

(7) 转而推销低价产品。

(二) 产品或服务质量异议

产品或服务质量异议对于能否达成交易起着关键的作用,如果客户对你的产品或服务质量怀有疑问而得不到有效的解决,那么就很难促成交易。

处理技巧:

(1) 证实质量。可用现场演示产品、展示相关质量证据、其他客户的佐证等方法。

(2) 淡化质量意识。强调产品与客户的适用性和实用性,如"我们的包装确实不够精美,但它在保证您的货物安全性方面能起到非常好的效果。"

(3) 巧用质量异议。例如,"你这是样品,质量肯定不太好。""我们摆放的样品与正品质量完全是一样的,只是看上去不像正品那样新,但它的价格优惠了许多。"

(4) "全贬法"。这是一种很特殊的客户异议处理技巧,即当自身产品或服务达不到某种标准的时候,就发布一些所谓的行业"机密",把整个行业的标准都降低,说整个行业都是这个水平。采用"全贬法"有利于降低客户的期望心理,接受销售人员所销售的产品。尤其是当客户的期望水平过高,与现实情况和客户需求差距较大时,采用这种方法比较有效。然而,由于"全贬法"是将整个行业的水平降低,如果你所说的所谓"行业机密跟事实不符,切勿使用,以免让客户怀疑你的职业道德或无法满足客户的真实需求"。

(三) 货源异议

处理技巧:

(1) 证明货源的质量。

(2) 强调竞争受益。强调通过更多货源的选择,最终受益的是客户。

(3) 对产品进行恰当的比较。

(四) 时间异议

处理技巧:

(1) 强调购买时机,如季节性差价、缺货危机、价格趋势。

(2) 强调早投资早收益,如购买货车、叉车、物流信息系统等。

(3) 竞争诱使法:

① 强调顾客的竞争对手已配备相关产品;

② 强调本产品的竞争对手的性价比。

技巧能帮助客户服务人员提高效率,但对异议秉持正确的态度,在面对客户异议时才能冷静、沉稳;能冷静、沉稳才能辨别异议的真伪,才能从异议中发掘客户的需求,才能把异议转换成每一个客户服务的机会。因此,客户服务人员训练自己处理异议,不但要练习技巧,同时也要培养面对客户异议的正确态度。

对于企业来说,客户异议是一种普遍的现象。客户服务人员处理得当,可争取客户信任,赢得交易机会;处理不当,则可能激化为客户投诉。在市场竞争激烈、客户期望值越来越高的今天,客户投诉处理已成为企业的一项重要工作,对企业提升客户满意度、维持客户忠诚有很大影响。

【实训任务实施】

一、实训目标

通过实训练习,加深对理论知识的理解,通过现场销售体验的方式,分析罕见的客户异议有哪些,销售人员应如何处理。

二、实训要求

1. 掌握分析客户异议的能力。

2. 准确阐述物流客户服务人员应当如何处理异议。

三、实训准备

进行适当分组,以小组为单位进行实训练习。

四、实训任务

1. 以项目小组为单位,每一小组选择某一商品分角色进行现场销售体验。

2. 客户至少提出3~5项异议,观察销售人员如何处理。

3. 其他小组同学可以扮演顾客提出其他异议。

4. 老师将销售体验过程录制下来,销售完毕后,边重放边分析、讲解。

5. 各小组结合老师和同学的点评,对销售过程进行完善。

五、技能训练评价

表2-4-1 技能训练评价表

专业:		班级:		被考评学员:		
考评时间		考评地点				
考评内容						
考评标准	内容	分值	自评(20%)	小组互评(30%)	教师评议(50%)	考评得分
	能够准确分析客户提出的各种异议	20				
	掌握处理客户异议的方法及技巧	20				
	能够完善销售过程	40				
	对异议处理过程进行分析和总结	20				

续　表

综合得分				
指导教师评语：				

【任务小结】

　　本任务讲述了物流客户异议的含义、分类及其产生根源。物流客户异议是物流市场开发人员在进行物流业务或服务项目销售的过程中，客户对其产生的不赞同，提出的质疑或拒绝。客户的异议分类方法有多种，最常见的是将异议分为真实的异议与隐藏异议两类。在此基础上，分析了有效处理物流客户异议的原则与方法，包括忽视法、补偿法、太极法、询问法、间接否定法、直接反驳法。

项目三 物流项目招标与投标

 **知识目标**

1. 了解物流招投标的流程。
2. 了解标书的编制知识与规范。
3. 掌握标书打印、装订、密封及归档的规范。
4. 掌握中标/落标的分析方法。

 **能力目标**

1. 具备标书编写的能力。
2. 具备执行开标流程的能力。

 **素质目标**

智慧化物流时代，着重培养细心踏实、爱岗敬业、勇于创新的职业品德和工匠精神。

注：本项目知识目标、能力目标与《物流管理职业技能等级标准（中级）》中对应的知识点、技能点有机融合，实现课证融通，为物流管理职业等级技能证书的考取打下基础。

	工作领域	工作任务	实操考点	理论考点
《物流管理职业技能等级标准（中级）》	物流项目开发与范围管理	物流项目立项管理	1. 能描述物流招投标的主要流程； 2. 能够依据招标文件编制投标文件； 3. 能够执行开标流程、分析投标结果	1. 掌握招标文件、投标文件的基本构成和编制流程； 2. 掌握投标文件的撰写与审核要点

任务一　认识招标和投标工作

任务目标

通过本任务学习熟悉招投标工作的概念和特点；掌握招投标工作的主要流程；全面认识和了解招投标工作并具备描述招投标工作主要流程的能力。

重难点分析

招投标工作的主要流程和原则，是重点和难点，学习中要理解和把握招投标活动和传统交易方式的区别与联系。

教学建议

充分发挥师生双方在教学中的主动性和创造性，重视培养学生的创新精神和实践能力，重视价值观念和职业态度的正确导向。

【引导案例】

21 世纪我国招投标行业发展中关键节点

一、《招标投标法》《政府采购法》颁布

2000 年 1 月 1 日《招标投标法》颁布实施，推动我国招投标行业进入了不断规范、良性发展的阶段。2003 年 1 月 1 日《政府采购法》发布实施，标志着政府采购制度改革稳步推进，在规范政府采购行为、提高采购质量和效率、创造公平竞争市场环境等方面发挥了积极作用。

二、《招标投标法》《政府采购法》陆续出台实施条例

招标投标作为一项政策性措施和制度已经成为社会主义市场经济的重要组成部分，对优化资源配置、预防惩治腐败、促进国民经济建设和社会发展等方面都发挥了作用。但是，随着我国经济体制的变革和市场经济的快速发展，我国招投标领域出现了许多新情况、新问题。一些依法招标的项目规避招标或者"明招暗定"虚假招标，政府采购也出现"天价采购"、效率低下等问题，引起了社会关注和对政府采购制度的质疑等。2011 年 12 月《招标投标法实施条例》发布，2015 年 1 月《政府采购法实施条例》发布，标志着我国迈开了建立全面规范、公开透明的政府采购制度的坚实一步。我国的招标投标制度得到了全面推行，招投标行业也不断发展壮大。到 2016 年年末，全国有中央投资项目招标代理机构 1 607 家、工程招标代理机构 6 495 家，专业从业人员合计 58.17 万人。

三、《电子招标投标办法》及技术规范出台

2013 年 6 月《电子招标投标办法》及技术规范施行，到 2017 年《"互联网＋"招标采购行动方案(2017—2019年)》出炉,国家吹响了加速推进"互联网+"招标采购的号角,指明了电子化招标采购发展方向。近三年,我国电子招标投标工作取得了一系列成效,服务供给更加丰富多元,交易的服务质量和效率进一步提升;监管机制更加智能高效,招标采购活动规范化、透明化程度进一步提高。

四、招标投标服务收费实行全面市场化

2014年,国家发展改革委发布《关于放开部分建设项目服务收费标准有关问题的通知》(发改价格〔2014〕1573号),提出放开除政府投资项目及政府委托服务以外的招标代理服务收费标准,实行市场调节价。采用直接投资和资本金注入的政府投资项目,以及政府委托的上述服务收费,继续实行政府指导价管理。2015年,国家发展改革委发布《关于进一步放开建设项目专业服务价格的通知》(发改价格〔2015〕299号),提出在已放开非政府投资及非政府委托的建设项目专业服务价格的基础上,全面放开政府投资及政府委托项目的招标代理服务收费,招标代理服务收费步入全面市场化阶段。

五、五大招标代理资格认定陆续取消

截至2017年12月,由财政部、国家发展改革委、住建部、商务部、工信部审定的政府采购、中央投资项目、工程建设项目、国际招标、通信建设项目等招标代理资格认定全部取消。招标代理资格认定的取消是对招标投标行业的一项重要改革,是坚持市场决定资源配置、放开行业准入门槛、加强市场竞争的转折点。

案例思考:

1. 招投标工作具有哪些特点?
2. 招投标工作有哪些发展趋势?

【任务知识储备】

一、招标投标的产生及含义

(一)招标投标的起源与发展

1. 招标投标的起源

招标投标作为商品交易活动的最佳运作方式之一,与商品经济的产生和发展有着密不可分的联系。在早期的商品经济时期,个别买主为了获得更多的利润,在开展某项购买业务时,有时会有意识地邀请多个卖主与其接触,借以选出供货价格和质量都比较理想的成交对象,这就是招标投标的萌芽。招标投标可以说是对这种交易方式规范的结果。

从实际操作上看,各国的招标投标制度一般都起始于政府采购。其原因有二:一是政府采购的规模都比较大,并且政府也有能力将各个部门分散的采购集中起来;二是政府的采购需要给供应商平等的竞争机会,招标投标制度能够更好地实现这一目的,因此招标竞争较早成为政府采购的核心原则。例如,英国在1782年设立了文具公用局,作为专门负责政府办公用品采购的机构,为保证采购行为合理有效和便于公众监督,开始通过公开招标进行政府部分及公用事业开支的采购活动;1861年,美国国会制定法案,要求每一项政府采购至少要有3个投标人;等等。

招标投标制度作为一种"集中采购"或者"公共采购"的手段,经过几百年来社会政治体制和经济体制的发展,不仅成为社会公共支出和政府采购的最重要形式之一,而且在全球自由贸易和经济交往活动中,成为国际工程承包、货物贸易、技术引进、市场开放等方面的重要方式。从世界性的体育盛会奥运会的承办,到世界各国大型建设项目的承包,以及各国政府主要的公共支出采购,都要通过招标投标的方式进行。《政府采购协议》也成为国家和地区加入世界贸易组织(WTO)必须签署的诸项协议之一。

2. 招标投标在我国的发展

(1) 我国招标投标的萌芽。

据史料记载,我国最早采用招标投标方式的商务活动发生在1902年,湖广总督张之洞创办湖北制革厂,有5家营造商参加开价比价,结果张同升以1 270.1两白银的开价中标,并签订了以质量保证、施工工期、付款方法等为主要内容的承包合同。这是有史记载的我国最早的招标投标活动。1918年,汉阳铁厂的两项扩建工程曾在汉口《新闻报》刊登广告,公开招标。应当说在清末民初,我国已经出现了招标投标的萌芽,但没形成全国性的招标投标制度。

(2) 我国招标投标的发展。

在我国,科学意义上的招标投标制度出现在改革开放以后,到目前大体经历了3个阶段的发展。

① 20世纪80年代是招标投标恢复阶段。

党的十一届三中全会后,经济改革和对外开放揭开了我国招标投标发展的新篇章。国务院在1980年10月颁布了《关于开展和保护社会主义竞争的暂行规定》,首次指出,"对一些适宜于承包的生产建设项目和经营项目,可以试行招标、投标的方法"。同年世界银行提供给我国的第一笔贷款项目,也是以国际竞争性招标方式在我国开展的采购和建设项目。自此以后,招标活动在我国境内得到重视,并获得了广泛的应用和推广。国内建筑业招标于1981年首先在深圳试行,进而推广至全国。机电设备采购招标于1983年首先在武汉试行,继而在上海等地广泛推广。1985年,国务院决定成立中国机电设备招标中心,并在主要城市设立招标机构,招标投标工作正式纳入政府职能。从此,招标投标方式迅速在各个行业发展起来,也标志着招标投标制度在我国初步恢复。

② 20世纪90年代是招标投标制度全面展开阶段。

在《招标投标法》颁布以前,我国各个行业的招标投标制度基本上是各自发展,不同行业招标投标的规定都有所不同,发展的完善程度也不同。尤其是在以下几个领域取得了一定的显著成绩并积累了一定经验:

一是基础建设领域。我国在1992年发布的《工程建设施工招投标管理办法》极大地推动了全国建设工程招标投标工作的开展,随后的1997年,我国又发布了《国家基本建设大中型项目实施招标投标的暂行规定》,要求建设项目主体工程的设计、建设、安装、监理和主要设备材料的供应、工程总承包单位都必须实行招投标。例如,我国的三峡工程、南水北调工程都是进行公开招投标建设的。

二是科技项目领域。1996年4月国家科学技术委员会首次对国家重大科技产业工程项目——"高清晰度电视功能样机研究开发工程项目"实行公开招标,在国内科技界产生了较大反响,为进一步推动我国科技项目实行招标奠定了基础,紧接着许多省份开始对科技项目进行招投标。

三是政府采购领域。20世纪90年代,随着我国招标投标制度的广泛推广,一些地方政府开始以招标投标为主要方式进行政府采购的试点工作,并随后在全国各地政府采购中实施。比如深圳市于1997年以公开招标的方式采购了27辆公务用车。在采购的过程中,有7家汽车供应商参加了投标竞争。最后中标成交价比市场价低7.1%,节约财政资金70万元,招标投标制度的优越性得到充分展示。

③ 进入21世纪后是招标投标制度的迅猛发展阶段。

2000年1月1日,《中华人民共和国招标投标法》正式颁布实施,为招标投标制度在我国的全面推行提供了法律依据和法律保证。全国各地区、各部门都掀起了贯彻和实施招标投标制度的热潮。2002年,我国又颁布实施了《中华人民共和国政府采购法》,极大地推动了我国招标投标工作的快速发展。从此以后,招标投标制度在我国揭开了历史的新篇章,我国的招标投标事业进入了迅猛发展的阶段。

(二) 招标投标的含义和特点

1. 招标投标的含义

所谓招标投标是指市场经济条件下,在进行大宗货物的买卖、工程建设项目的承包与发包以及服务项目的采购时,采购方提出自己的条件和要求并邀请一定数量的自然人、法人或其他组织作为交易对象候选人,按照法定或者约定程序选择条件最优者成为最终交易对象的一种交易方式。对于招标投标的定义,我们可以从以下几个方面进行理解:

(1) 招标和投标是交易行为的两个方面。所谓招标是指招标人为购买物资、购买服务、发包工程或进行其他活动时,根据公布的标准和条件,公开或书面邀请投标人前来投标,以便从中择优选定中标人的单方行为。所谓投标是指符合招标文件规定资格的投标人,按照招标文件的要求提出自己的报价及相应回答行为。

(2) 招标和投标是一个完整的交易行为。没有招标就不会有供应商和承包商的投标;没有投标,采购人的招标就得不到响应,不能形成完整的招标投标过程。因此,招标和投标是一对相互对应的范畴,无论叫招标还是叫投标都是内涵和外延一致的概念。在现实生活中,由于招标在招标投标中处于主动地位,我们有时会使用招标一词来代替完整的招标投标过程,但是在法律上,对于招标投标都有相应的规定和约束。

2. 招标投标的特点

招标投标作为一种有效地选择交易对象的市场行为,贯穿了竞争性、公开性和公平性的原则,并具有以下特点:

(1) 程序规范。按照目前各国做法及国际惯例,招标投标的程序和条件由招标机构事先设定并公开颁布,对招标投标双方具有法定约束效力,一般不能随便改变,当事人必须严格按照既定程序和条件,并由固定招标机构组织招标投标活动。

(2) 全方位开放,透明度高。招标的目的是在尽可能大的范围内寻找合乎要求的中标者,一般情况下,邀请供应商或承包商的参与是无限制的。在信息发布、中标标准披露以及评标方法和过程等方面都置于公开的社会监督之下,素有"阳光"事业之称,可以有效地防止不正当的交易行为。

(3) 公正客观。招标投标全过程自始至终按照事先规定的程序和条件,本着公平竞争的原则进行。在招标公告或投标邀请书发出后,任何有能力或资格的投标者均可参加投标,招标方不得有任何歧视某一个投标方的行为。同样,评标委员会在组织评标时也必须公平客观地对待每一个投标者。

（4）交易双方一次性成交。一般交易往往在进行多次谈判之后才能成交。招标投标则不同,禁止双方面对面地讨价还价。采购的主动权掌握在招标方,投标者只能应邀一次性递价,招标方也只能用合理的价格定标。

基于以上特点,招标投标对于获取最大限度的竞争,使参与投标的供应商和承包商获得公平、公正的待遇,提高采购的透明度和客观性,促进采购资金的节约和采购效益的最大化,杜绝腐败和滥用职权,都具有极为重要的作用。

二、招标投标的程序及原则

（一）招标投标活动的程序

根据国际社会有关招标投标规则和我国一系列招标投标法规,一般来讲,招标投标活动需经过招标、投标、开标、评标和定标等程序。

1. 招标

招标人采用公开招标方式的,应当发布招标公告。招标公告应当载明招标人的名称、地址和招标项目的性质、数量、实施地点和时间,以及获得招标文件的办法等事项。招标人可以根据招标项目本身的要求,在招标公告中,要求潜在投标人提供有关资质的证明文件和业绩情况,并对潜在投标人进行资质审查。国家对投标人的资格条件有规定的,依照其规定执行。招标人不得以不合理的条件限制或者排斥潜在投标人,不得对潜在投标人区别对待。

招标人应当根据招标项目的特点和需要编制招标文件,载明招标项目的技术要求、对投标人资格审查的标准、投标报价要求和评标标准等,所有实质性的要求和条件,以及拟签订合同的主要条款等事项,并且按照招标公告规定的时间、地点出售招标文件。招标文件售出后不得退还。除不可抗力原因外,招标人在发布招标公告后不得终止招标。

招标人可以根据项目的具体情况,组织潜在投标人考察项目现场,但不得向他人透露已获取招标文件的潜在投标人名称、数量及可能影响公平竞争的,有关招标投标的其他情况。招标人设有标底的,标的必须保密。如果招标人对已发出的招标文件进行必要的澄清或修改的,一般至少应在招标人要求提交投标文件截止日期前的15日内,以书面形式通知所有招标文件收受人。该澄清或修改内容为招标文件的组成部分。

对于同一招标项目,招标人可以分为两个阶段进行招标。第一阶段招标人要求有兴趣投标的法人或其他组织先提交不包括投标价格的初步投标文件,列明关于投标项目技术、质量或其他方面的建议。招标人可以与投标人就初步投标文件的内容进行讨论。第二阶段招标人向提交了初步投标文件,并未被拒绝的投标人提供正式招标文件,招标人根据正式招标文件的要求,提交包括投标价格在内的最后投标文件。

2. 投标

在招标投标过程中,参与的投标人应当具备承担招标项目的能力。国家对投标人资格条件或者招标文件对投标人资格条件有规定的,投标人应当具备规定的资格条件。

投标人应当按照招标文件的要求编制投标文件,对招标文件提出的实质性要求和条件做出响应。投标人应当在招标文件要求提交投标文件的截止日期前,将投标文件送达投标地点。招标人收到投标文件后,应当签收保存,但不能开启。投标人在招标文件要求提交投标文件的截止日期前,可以补充、修改或者撤回提交的投标文件,并书面通知招标人,同时补充、修改的内容为投标文件的组成部分。投标人在招标文件要求提交投标文件的截止日期后送达的投标文件,招标人应当拒收。投标人少于三个的,招标人应当重新招标。

两个以上法人或者其他组织,结合成一个联合体,以一个投标人的身份共同投标的,联合体各方均应当具备承担招标项目的能力。联合体各方应当签订共同投标协议,明确约定各方应承担的工作和责任,并将共同投标协议连同投标文件一并提交招标人。联合体中标的,联合体各方应当共同与招标人签订合同,就中标项目向招标人承担连带责任。投标人根据招标文件载明的项目实际情况,拟在中标后将中标项目的部分非主体、非关键性工作进行分包的,应当在投标文件中载明。

投标人在参与投标时,不得与招标人串通,损害国家利益、社会公共利益或者他人的合法权益。禁止投标人以向招标人或者评标委员会成员行贿的手段谋取中标,投标人不得以低于成本的报价竞标,也不得以他人名义投标或者以其他方式弄虚作假骗取中标。

3. 开标、评标和定标

开标过程一般由招标人主持,并邀请所有投标人参加。开标的时间和地点,应当为招标文件中预先确定的时间和地点。开标时,由投标人或者其推选的代表检查投标文件的密封情况,也可以由招标人委托的公证机构检查并公证。经确认无误后由工作人员当众拆封、宣读投标人名称、投标价格和所有投标文件的其他主要内容。开标过程应当记录,并存档备查。

评标由招标人依法组建的评标委员会负责。在评标过程中,招标人应当采取必要的措施,保证评标在严格保密的情况下进行,任何单位和个人不得非法干预,影响评标的过程和结果。评标委员会应当按照招标文件确定的评标标准和方法,对投标文件进行评审和比较。对于设有标底的招标项目,应当参考标底。评标委员会完成评标后,应当向招标人提出书面评标报告。最终中标人的确定有两种方式:一是评标委员会推荐合适的中标候选人,招标人根据书面评标报告和中标候选人确定中标人。二是招标人授权评标委员会直接确定中标人。不管哪种方式,最终确定的中标人,都需符合下面两个条件之一:一是能够最大限度地满足招标文件中规定的各项综合评价标准。二是能够满足招标文件的实质性要求,并且经评审,投标价格最低,但是投标价格低于成本的除外。如果评标委员会经评审,认为所有投标都不符合招标文件要求的,可以否决所有投标。招标项目的所有投标被否决的,招标人可以重新招标。

中标人确定后,招标人应当向中标人发出中标通知书,并同时将中标结果通知所有投标人。中标通知书对招标人和中标人具有法律效力。中标通知书发出后,招标人改变中标结果的,或者中标人放弃中标项目的,都需承担法律责任。按照我国法律规定,招标人和中标人应当自中标通知书发出之日起 30 日内,按照招标文件和中标人的投标文件订立书面合同,招标人和中标人不得再行订立背离合同实质性内容的其他协议。招标文件要求中标人提交履约保证金的,中标人应当缴纳。

中标人应当按照合同约定履行义务,完成中标项目,不得向他人转让中标项目,也不得将中标项目分解后再分别向他人转让。中标人按照合同约定或者经招标人同意,可以将中标项目的部分非主体、非关键性工作分包给他人完成,接受分包的人应当具备相应的资质条件,并不得再次分包。中标人应当就分包项目向招标人负责,接受分包的人就分包项目承担连带责任。

(二)招标投标活动的原则

"公开、公平、公正和诚实信用"是招标投标活动必须遵守的最基本原则,违反这一基本原则,招标投标就失去了本来的意义。《中华人民共和国招标投标法》有关招标投标的各项规定,也都是为了保证这一基本原则的顺利贯彻和执行。

1. 公开原则

公开原则是招标投标应当遵循的最主要原则。它要求在招标投标的过程中,每个投标者能够获得相同的信息,知悉招标的一切条件和要求。具体表现在招标信息公开、开标程序公开、评标标准公开和中标结果公开。

(1)招标信息公开。

招标人采用公开招标方式的,应当发布招标公告,通过国家指定的报刊、信息网络或其他公共媒体发布;需要进行资格预审的,应当发布资格预审公告;采用邀请招标方式的,招标方应当向三个以上的特定法人或其他组织发出邀请书。在发布招标公告、发出招标邀请书的基础上,还应按照招标公告或招标邀请书中载明的时间和地点,向有意参加投标的承包商、供应商提供招标文件。招标文件应当载有为供应商、承包商做出投标决策,进行投标准备所必需的资料,以及其他为保证招标投标过程公开透明的有关信息。通常包括关于编写投标文件的说明;投标者为证明其资格必须提交的有关资料;采购项目的技术、质量要求,交货、交工或提供服务的时间与地点;投标的有效期;开启投标书的时间、地点和程序;对投标书的评审程序和确定中标的标准等。招标人对已发出的招标文件进行必要的澄清或修改时,应当以书面方式通知所有招标文件收受人。

(2)开标程序公开。

开标应当公开进行,开标的时间和地点应当与事先提供给所有投标人的招标文件上载明的时间和地点相一致。开标时应当由投标人或其选出的代表检查投标文件的密封情况,经确认无误后,由工作人员当众拆封,以唱读的方式报出各投标人的名称、投标价格等投标书的主要内容,并做好记录,存档备查。对在投标截止日期之前收到的投标书,都应当众拆封、宣读,对在投标截止日期以后收到的投标书,招标人应当拒收。

(3)评标标准公开。

评标的标准和办法应当在招标文件中载明,并在评标时严格按照招标文件载明的办法和标准进行,不得采用招标文件未列明的任何标准和办法。招标人不得与投标人就投标价格、投标方案等实质性内容进行谈判。

(4)中标结果公开。

确定中标人后,招标人应当向中标人发出中标通知书,并同时将中标结果通知所有投标人。未中标的投标人,如果对中标结果有异议,有权向招标人或向有关行政监督部门提出投诉。

2. 公平公正原则

公平公正原则就是要求给予所有招标投标当事人平等的机会,使他们享有同等的权利,并履行相应的义务,不歧视任何一方。对招标方来说,要求客观地按照事先公布的条件和标准对待各位投标人,必须严格按照公开投标的条件和程序办事,同等地对待每一个投标人,不能厚此薄彼。对投标方来说,应当以正当的手段参加投标竞争,不得串通投标,不得有向招标方及其工作人员行贿、提供回扣或给予其他好处等不正当竞争行为。对招标方和投标方之间的关系来说。双方在采购活动中,地位平等,任何一方不得向另一方提出不合理的要求,不得将自己的意志强加给对方。

3. 诚实信用原则

招标投标活动是以订立采购合同为目的的民事活动,因此必须遵守"诚实信用"这一民事活动原则。原则要求招标投标当事人应以诚实守信的态度行使权利,履行义务,以维护双方的利益平衡以及自身利益与社会利益的平衡。对于当事人之间的利益关系,诚信原则要求尊重他人利益,保证彼此都能得到自己应得的利益。对于当事人与社会的利益关系,诚实信用原则要求当事人不得通过自己的活动损害第三人利益或其他社会利益,必须在法律范围内行使自己的权利、履行自己的义务;违反诚实信用原则,给他方造成的危害或损失的,应当承担赔偿责任或法律责任。

三、招标投标活动的立法及监督

(一) 招标投标活动的立法

1. 招标投标法的概念

招标投标法是国家用来规范招标投标活动,调整在招标投标过程中产生的各种关系的法律规范的总称。按照法律效力的不同,我国招标投标法律规范分为三个层次:第一层次是由全国人民代表大会及其常务委员会颁布的法律,如《招标投标法》;第二层次是由国务院颁发的招标投标行政法规以及有立法权的地方人民代表大会颁发的地方性法规,如《中华人民共和国招标投标法实施条例》;第三层次是由国务院有关部门颁发的招标投标的部门规章以及有立法权的地方人民政府颁发的地方性招标投标规章,如商务部颁发的《机电产品国际投标招标试行办法》,财政部颁发的《政府采购非招标采购方式管理办法》等。《招标投标法》是属于第一层次上的,即由全国人民代表大会及其常务委员会制定和颁布的。《招标投标法》是社会主义市场经济法律体系中非常重要的一部法律,是整个招标投标领域的基本法,一切有关招标投标的法规,规章和规范性文件都必须与《招标投标法》相一致。

2. 招标投标法的产生

招标投标是商品交易活动的一种运作方式。它是伴随着社会经济的发展而产生,并不断发展的高级的、有组织的、规范的交易运作方式。在当今强调竞争与效率的世界经济活动中,已越来越多地受到重视并被广泛采用。招标投标能够充分发挥市场经济运作机制的作用,实现时间的节约、资金的节约、劳动的节约等,最终实现资源的优化配置。

我国改革开放以后,招标投标从无到有、从小到大,发展得非常迅速。但是也存在一些问题,主要表现在:一是推行招标投标的力度不够,不少单位不愿意招标或者想方设法规避招标;二是招标投标程序不规范,做法不统一,漏洞较多,不少项目有招标之名而无招标之实;三是招标投标中的不正当交易和腐败现象比较严重,招标人虚假招标、私泄标底、投标人串通投标、贿赂投标,中标活动的行政干预过多;四是有的招标人既是管理者也是经营者,有的国家机关随意改变中标结果,指定招标代理机构或者中标人;五是行政监督体制不健全,职责不清,一些地方和部门自定章法,各行其是,在一定程度上助长了地方保护主义和部门保护主义,有的地方和部门甚至只允许本地方本系统的单位参加投标,限制了公平竞争。在我国加大投资力度,加快基础设施建设的关键时期,就需要尽快立法,推广招标投标制度,规范招标投标行为,发挥招标投标的积极作用,以便提高资金使用效益,确保工程项目质量。

在这种形势下,1994年6月,原国家计委受全国人民代表大会委托成立了由国家经贸委、国家科委、建设部、内贸部、外经贸部等部门参加的《招标投标法》起草领导小组。经过两年多的工作,完成了送审稿的起草任务,于1999年7月上报国务院审议。1999年3月,国务院第15次常务会议讨论并原则通过后,向全国人民代表大会常务委员会提交议案,提请审议《招标投标法》草案。此后举行的第九届全国人民代表大会常务委员会第九次、第十次会议对这部草案进行了初审和再审,并提出了有针对性的修改意见。会后,法律委员会还多次召开会议,根据人民代表大会常务委员会及各方面的意见,对草案进行修改并提交,1999年8月30日全国人民代表大会常务委员会第11次会议审议通过,并与2000年1月1日正式颁布实施。

《招标投标法》的颁布是我国改革开放多年来法律建设所取得的重要成果,是我国市场化进程的重大突破,这部法律的通过和实施,对我国的市场化进程起到了极大的推动作用,对我国的投资融资体制产生了深刻的影响。

3. 招标投标法的立法目的

市场经济的一个重要特征就是要充分发挥竞争机制的作用,使市场主体在平等条件下公平竞争、优胜劣汰,从而实现资源的优化配置。而招标投标这种择优选择的采购方式,完全符合市场经济的要求。事先公布采购条件和要求,众多的投标人按照同等条件进行竞争,招标人按照规定程序从中选择订约方,它通过这一系列程序,真正实现了公开、公平、公正的市场竞争原则。因此,招标投标立法的根本目的就是维护市场平等竞争秩序,完善社会主义市场经济体制。主要表现在以下几个方面:

(1) 规范招标投标活动。

改革开放以来,我国的招标投标事业得到了长足发展,推行的领域不断拓宽,发挥的作用也日趋明显。但是,在招标投标活动中也存在一些突出的问题。因此,《招标投标法》的主要立法宗旨就是要依法规范招标投标活动。也是从这一目的出发,《招标投标法》规定了招标投标的主要程序,并规定了违反这些程序性规则应承担的法律责任。

(2) 提高经济效益。

招标投标活动的最大特点是通过集中采购,让众多的投标人进行竞争,以最低或较低的价格获得最优的货物或服务。我国从20世纪80年代初,开始引入招标投标制度,先后在利用国外贷款、机电设备进口、建设工程发包、科研课题分配、出口商品配额分配等多个领域推广试行,取得了良好的经济效益和社会效益。以工程建设和进口机电设备为例,据不完全统计,通过招标投标制度,我国工程建设的资金节约率达到3%,工期缩短10%;进口机电设备通过招标投标程序,资金节约率更是达到15%。因此,制定《招标投标法》,依法推行招标投标制度,对于保障国有资金的有效使用,提高投资效益,都有着极为重要的意义。也是从这一目的出发,《招标投标法》中,特别规定了强制招标制度,规定某些类型的项目必须通过招标进行,否则项目单位要承担法律责任。

(3) 保证项目质量。

由于招标的特点是公开、公平和公正,将采购活动置于透明的环境之中,有效地防止了腐败行为的发生,也使得工程建设项目、设备采购项目或服务采购项目等的质量得到保证。从某种意义上说,招标投标制度执行得如何,是项目质量能否得到保证的关键。从我国近年来发生的重大工程项目或采购质量事故来看,大多是因为招标投标制度违规操作,执行偏差,使无资质或资质不够的单位或组织成为中标人,造成项目质量的下降,事故的发生。因此,制定《招标投标法》的主要目的之一,就是通过推行招标投标制度,选择真正符合要求的承包商或供货商,使项目的质量得以保证。也是从这一目的出发,《招标投标法》中特别强调,要对大型基础设施、公用事业等关系社会公共利益、公共安全的项目,使用国有资金投资、国家融资的项目,使用国际组织或者外国政府贷款援助资金的项目,必须执行招标投标制度。并规定了严格的招标投投标程序,保证相关项目的质量,使国家建设资金能够有效使用,人民群众生命财产得到保障,并维护国家良好的对外形象。

(4) 保护国家利益。

通过对招标投标活动的立法,无论是规范招标投标活动,提高经济效益或保证项目质量,最终目的都是为了保护国家利益、社会公众利益,保护招标投标活动当事人的合法权益。因此,保护国家利益、社会公众利益和当事人的合法权益是《招标投标法》最直接的立法目的。也是从这一目的出发,《招标投标法》对规避招标、串通招标、转让中标项目等多种非法行为做出了处罚规定,并通过行政监督部门依法实施监督,允许当事人提出异议或投诉,来保障国家利益、社会公共利益和当事人的合法权益。

4. 招标投标法的现实意义

《招标投标法》从我国的国情出发,总结了招标投标活动开展20年来的经验与教训,充分体现了保护国家利益和社会公共利益,规范招标投标活动的立法宗旨,具有较强的社会现实意义。

(1) 确立了强制招标制度。

由于招标投标活动在提高经济效益和保证项目质量方面作用显著,世界各国和主要国际组织都规定,某些类型的采购项目,必须通过招标投标进行,否则采购单位要承担相应的法律责任。在借鉴国际惯例和考虑我国国情的基础上,《招标投标法》规定了某些项目必须进行招标,确立了强制招标制度。

(2) 确立了公开招标和邀请招标两种招标方式。

公开招标是指招标人以招标公告的方式,邀请不特定的法人或者其他组织进行投标。邀请招标是指招标人以投标邀请书的方式,邀请特定的法人或其他组织进行投标。《招标投标法》确立了公开招标和邀请招标两种招标方式,对国家重点项目和地方重点项目,应当进行公开招标,不适合公开招标的,经国务院有关部门或省、区、市人民政府批准,可以进行邀请招标。

(3) 确立了招标人自行招标和招标代理机构代理招标两种制度。

我国的《招标投标法》规定,招标人有权选择自行招标或通过招标代理机构代理招标。任何单位和个人,不得以任何方式为招标人指定招标代理机构,或强制其委托招标代理机构办理招标事宜。依法必须进行招标的项目,如果招标人具有编制招标文件和组织评标能力,可以自行办理招标事宜,招标人自行办理招标事宜的,应向有关行政监督部门备案。

(4) 确立了公开、公平、公正的招标投标程序。

我国的《招标投标法》规定,招标投标活动中必须遵守公开、公平、公正和诚实守信的原则,并从这一原则出发,规定了招标、投标、开标、评标、定标各环节应遵守的程序性规定。例如,公开招标必须发布公告,邀请招标必须发出投标邀请书;招标文件中要详细说明拟采购的货物、工程或服务的技术规格和选定中标者的标准;招标人依法组建评标委员会时,评标委员会由招标人的代表和有关技术、经济等方面的专家组成,专家必须符合法定条件;招标人根据评标委员会推荐的中标候选人确定中标人,或授权评标委员会直接确定中标人;中标人应按合同完成中标项目,不得向他人转让或将中标项目的主体性、关键性工作分包给他人完成等。

(二)招标投标活动的监督

1. 招标投标的监督内容

我国的《招标投标法》规定,招标投标活动及其当事人应当接受依法实施的监督。有关行政监督部门依法对招标投标活动实施监督,依法查处招标投标活动中的违法行为。监督的具体内容包括依照《招标投标法》及其他法律法规的规定,必须招标的那些项目是否进行了招标;是否按照《招标投标法》的规定,选择了有利于竞争的招标方式;在已招标的项目中是否严格执行了《招标投标法》规定的程序规则;是否体现了公开、公平、公正和诚实守信原则;招标投标主体身份是否符合规定;必要时,可派人监督开标、评标、定标等活动。具体事项如下:

(1) 备案或报告事项。根据有关法律法规的规定,招标过程中应当向有关行政监督部门备案或报告的事项主要有:

① 依法必须进行招标的项目,招标人自行办理招标事宜的,应当向有关行政监督部门备案。

② 依法必须进行招标的工程,招标人应当在招标文件发出的同时,将招标文件报工程所在地的县级以上地方人民政府行政主管部门备案。

③ 招标人对已发出的招标文件进行必要的澄清或者修改的,应以书面形式报工程所在地的县级以上地方人民政府行政主管部门备案。

④ 订立书面合同后,一定时期内中标人应当将合同送项目所在地的县级以上地方人民政府行政主管部门备案。

⑤ 重新招标的,招标人应当将重新招标方案报有关主管部门备案,招标文件有修改的,应当将修改后的招标文件一并备案。

⑥ 评标委员会完成评标后,应当将书面评标报告抄送有关行政监督部门。

⑦ 必须进行招标的项目,招标人应当自确定中标人之日起15日内,向有关行政监督部门提交招标投标情况的书面报告。

(2) 审批事项。根据有关规定,依法必须进行招标的项目,在招标过程中涉及的审批事项主要有:

① 进行邀请招标的项目,招标活动应当按照规定报有关主管部门批准。例如,国家重点建设项目和地方重点建设项目中,不是以公开招标的项目。

② 不进行招标投标项目的发包,须经主管部门批准。例如,涉及国家安全或者有特殊保密要求的项目。

③ 承包商、供应商或服务提供者少于三家,不能形成有效竞争的,应重新招标的项目;停建或缓建后恢复建设的,且承包人未发生变更的项目等情况,需要报主管部门批准。

2. 招标投标的行政监督机构

根据我国相关法律法规的规定,招标投标活动的相关监督机构很多,和招标投标活动监督有直接关系的监督机构主要有三个

(1) 政府业务主管部门。

招标投标活动涉及的政府业务主管部门,是对招标投标进行直接监督的具体执行机构。这些机构目前承担了招投投标活动的主要监督和管理职能。具体来看,国务院的相关部委主要负责政策的制定、指导职能,具体实施管理部门主要负责监督和管理职能。总的来看,招标投标管理部门在招投标活动中,起到指导、监控、监督、执法、审批、专家库的管理和受理投诉、对违法行为的查处等全过程监管职能,涉及的范围广,内容和环节多,集管理、执法和监督于一身。

(2) 司法机关。

司法监督主要包括检察院监督和法院监督。司法机关依照我国的法律法规,对全社会的违法犯罪行为进行监督、审判,是最具权威的监督机构,对违法犯罪行为具有普遍的震慑力。在招标投标活动监督中,凡是涉及违法犯罪的行为,都属于司法监督的范畴。

(3) 政府自身监督机构。

政府自身监督是指政府内部专门设置的监督政府机构日常运行的机制,主要包括党内监督、人大监督、行政监察机关等。此外还有行政机关上下级之间的工作监督,各专业部门的职能监督。这些监督不是专门针对招标投标活动的,是招标投标监督中具有制衡作用的监督辅助机构,其监督工作有规定的程序和内容,也是招标投标活动监督机制中的重要一环。

3. 招标投标的社会监督机制

对招标投标具有监督作用的,除法定授权的政府机构和业务主管部门外,还存在一些群众性、自发性的监督力量,主要有人民群众监督、新闻舆论监督和行业协会监督。从国际相关经验来看,这些监督具有很大的威慑力。因此,在我国招标投标活动监督机制中,应该很好地学习借鉴这些经验,充分发挥好人民群众监督和新闻舆论监督的力量。

(1) 人民群众监督。

人民群众是招标投标活动监督中最广泛、最公正的一支力量,是一种自下而上的监

督。它和人民代表大会监督不同,是自发性的,没有强制力的,主要依靠群众的正义感、责任感或者维护自身利益的要求来实现。目前我国人民群众参与招标投标活动监督的职能还不明显,主要是缺乏有效的参与条件和途径,人民群众的监督途径还仅限于检举、举报等手段。

(2)新闻舆论监督。

新闻舆论监督具有公开性、及时性、广泛性和公正性等特点,影响面广,因而是一种重要的监督途径,在反腐倡廉和提高政府工作效率的过程中能够起到重要作用。当前新闻舆论监督在我国政府监督机制中的地位正逐步上升,具有重要的社会影响力、号召力,对犯罪分子行为有很大的震慑力。随着我国对商业贿赂治理工作的开展,新闻媒体对招标投标报道的增多,新闻舆论在招投标活动监督中的作用日益显现。

(3)行业协会监督。

行业协会在我国是一种由同一行业的企事业单位自愿组成的经济性团体,不带有政府行为的强制性特征,具有自治性或民间性的特征。对于行业协会来讲,一方面许多行业协会是在政府部门的协助下成立的,他们的权威性容易被社会、被本行业所认可;另一方面行业协会一般由本行业的单位组成,会员最了解本行业的市场行情,掌握本行业的信息比较多,专业性比较强,从而具有较高的权威性。因此,行业协会在招投投标活动的监督中起到一定的作用。

从招标投标实际运行中发挥作用的情况来看,在当前我国招标投标活动监督机制中,政府业务主管部门的监督起主要作用,其他的监督力量起到辅助作用。

【实训任务实施】

实训项目:描述招投标工作的主要流程

一、实训任务

小王是一名物流管理专业的大学生,毕业后进入某物流公司工作,经过前期培训后,被分配至公司市场部从事物流项目招投标的相关工作,部门领导为了让小王尽快熟悉工作,本周安排小王学习《中华人民共和国招标投标法》,并结合所学习的招投标知识,总结出招投标工作的主要流程。

二、实训目标

1. 熟悉招投标工作的基本法律。
2. 掌握招投标工作的主要流程。

三、实训操作

1. 认真学习并理解下面的材料内容。
2. 总结出招投标工作的主要步骤和流程。

完整招标投标流程和步骤

招标投标是由交易活动的发起方在一定范围内公布标的特征和部分交易条件,按照依法确定的规则和程序,对多个响应方提交的报价及方案进行评审,择优选择交易主体并确定全部交易条件的一种交易方式。按照竞争开放程度分为公开招标和邀请招标两种方式。

一、招标人准备工作

（一）项目立项

1. 提交项目建议书。主要内容有：投资项目提出的必要性，拟建规模和建设地点的初步设想，资源情况、建设条件、协作关系的初步分析，投资估算和资金筹措设想，项目大体进度安排经济效益和社会效益的初步评价等。

2. 编制项目预可行性研究、可行性研究报告并提交。主要内容有：国家、地方相应政策，单位的现有建设条件及建设需求；项目实施的可行性及必要性；市场发展前景；技术上的可行性；财务分析的可行性；效益分析（经济、社会、环境）等。

（二）建设工程项目报建

招标人持立项等批文向工程交易中心的建设行政主管部门登记报建。

（三）建设单位招标资格

1. 有从事招标代理业务的营业场所和相应资金。
2. 有能够编制招标文件和组织评标的相应专业力量。
3. 如果没有资格自行组织招标的，招标人有权自行选择招标代理机构，委托其办理招标事宜。任何单位和个人不得以任何方式为招标人指定招标代理机构。

（四）办理交易证

招标人持报建登记表在工程交易中心办理交易登记。

二、编制资格预审和招投标文件

（一）编制资格预审文件

资格预审文件内容：

资格预审申请函、法定代表人身份证明、授权委托书、申请人基本情况表、近年财务状况表、近年完成的类似项目情况表、正在施工的和新承接的项目情况表、近年发生的诉讼及仲裁情况、其他材料。

（二）编制招标文件

1. 招标文件内容：招标公告、投标邀请书、投标人须知、评标办法、合同条款及格式、工程量清单、图纸、技术标准及要求、投标文件格式。

2. 编制招标文件注意事项：

（1）明确文件编号、项目名称及性质。

（2）投标人资格要求。

（3）发售文件时间。

（4）提交投标文件方式、地点和截止时间。招标文件应明确投标文件所提交方式，能否邮寄，能否电传，投标文件应交到什么地方，在什么时间截止。

3. 投标文件内容：投标函及投标函附录、法定代表人身份证明或授权委托书、投标保证金、已标价工程量清单、施工组织设计、项目管理机构、其他材料、资格审查资料。

4. 编制投标文件注意事项：

① 投标的语言；

② 投标文件的构成；
③ 投标文件的装订；
④ 投标文件的式样和签署；
⑤ 投标报价。

5. 投标有效期。

招标文件应当根据项目的情况明确投标有效期，不宜过长或过短。如遇特殊情况，即开标后由于种种原因无法定标，执行机构和采购人必须在原投标有效期截止前要求投标人延长有效期。这种要求与答复必须是以书面的形式提交。投标人可拒绝执行机构的这种要求，其保证金不会被没收。

6. 投标文件的密封递交。

① 投标人应按招标文件的要求进行密封和递交。譬如，有时执行机构要求投标人将所有的文件包括"价格文件""技术和服务文件""商务和资质证明文件"密封在一起，有时根据需要也会分别单独密封自行递交，这根据实际情况而定，但必须在招标文件中明确。

② 投标人应保证密封完好并加盖投标人单位印章及法人代表印章，以便开标前对文件密封情况进行检查。

7. 废标。

属以下情形者做废标处理：
① 投标文件送达时间已超过规定投标截止时间（公平、公正性）；
② 投标文件未按要求装订、密封；
③ 未加盖投标人公章及法人代表、授权代表的印章，未提供法人代表授权书；
④ 未提交投标保证金或金额不足，投标保证金形式不符合招标文件要求及保证金、汇出行与投标人开户行不一致的；
⑤ 投标有效期不足的；
⑥ 资格证明文件不全的；
⑦ 超出经营范围投标的；
⑧ 投标货物不是投标人自己生产的且未提供制造厂家的授权和证明文件的；
⑨ 采用联合投标时，未提供联合各方责任的义务证明文件的；
⑩ 不满足技术规格中主要参数和超出偏差范围发布招标公告的等。

三、发布资格预审公告

1. 编制资格预审公告。内容包括招标条件、项目概况与招标范围、资格预审、投标文件的递交、招标文件的获取、投标人资格要求等。

2. 发布媒介在工程交易中心网站发布招标公告。发布的媒介有《中国日报》《中国经济导报》《中国建设报》和《中国采购与招标网》。招标公告在媒体或网站发布的有效时间为5个工作日。

四、资格预审

1. 出售资格预审文件。
2. 接受投标单位资格预审申请。

3. 对潜在投标人进行资格预审。

(1) 接受资格预审文件。

(2) 组建资格预审委员会。由招标人组建评审小组,包括财务、技术方面的专门人员。

(3) 评审程序。

① 初步审查资格预审文件。进行完整性、有效性及正确性的资格预审。

② 详细审查营业执照、企业资质等级等财务方面:是否有足够的资金承担本工程。投标人必须有一定数量的流动资金。施工经验:是否承担过类似本工程项目,特别是具有特别要求的施工项目;近年来施工的工程数量、规模。人员:投标人所具有的工程技术和管理人员的数量、工作经验、能力是否满足本工程的要求。

③ 设备:投标人所拥有的施工设备是否能满足工程的要求。

(4) 澄清审查委员会要求申请人,以书面形式对资格预审文件中的不明确的地方给予解释说明。范围:申请文件中不明确的内容进行书面澄清或说明;申请人的澄清或说明不得改变申请文件的实质性内容并作为其组成部分。

(5) 方法。一般在公告中会载明评审方法。评审方法一般由合格制和有限数量制。

(6) 审查报告。审查委员会完成审查后,确定通过资格预审的申请人名单,并向招标人提交书面审查报告。通过详细审查,申请人的数量不足3个的,招标人重新组织资格预审或不再组织资格预审而采用资格后审方式直接招标。

(7) 通过评审的申请人名单确定。通过评审的申请人名称,一般由招标人根据审查报告和资格评审文件规定确定。

4. 发出投标邀请书。

五、发售招标文件及答疑、补遗

1. 出售招标文件。

向资格审查合格的投标人出售招标文件、图纸、工程量清单等材料。自出售招标文件、图纸、工程量清单等资料之日起至停止出售之日止,为五个工作日。招标人应当给予投标人编制投标文件所需的合理时间,最短不得少于20日,一般为了保险,自招标文件发出之日起至提交投标文件截止之日止为25日。

2. 开标前工程项目现场勘察和标前会议。

(1) 踏勘。组织各投标单位现场踏勘,不得单独或分别组织一个投标人进行现场踏勘。

(2) 标前会议。所有投标人对招标文件中以及在现场踏勘的过程中存在的疑问在标前会议中进行答疑。

3. 补遗。招标人对以发出的招标文件进行必要的澄清或者修改的,应当在招标文件要求提交投标文件截止时间至少15日前,以书面形式通知投标人,解答的内容为招标文件组成部分。

六、接收投标文件

接收投标人的投标文件及投标保证金,保证投标文件的密封性。

七、抽取评标专家

在开标前两个小时内,在相应的专业专家库随机抽取评标专家,另招标人派出代表(具有中级以上相应的专业职称)参与评标。

八、开标

1. 时间、地点。

时间为招标文件中载明的时间,地点为工程交易中心。

2. 参会人员签到。

招标人、投标人、公证处、监督单位、纪检部门等与会人员签到。

3. 投标文件密封性检查。

开标时,由投标人或者其推选的代表检查投标文件的密封情况,也可以由招标人委托的公证机构检查并公证。

4. 主持唱标。

5. 开标过程记录,并存档备查。

九、投标文件评审

1. 评标委员会组建。

评标委员会由专家和招标人代表组成,一般由招标人代表担任委员会主任,专家在开标前由招标人在专家库抽取,且专家信息需保密。对其专家有"回避原则"。

2. 评标准备。

(1) 工作人员及评委准备。工作人员向评委发放招标文件和与评标有关表格,评委熟悉招标项目概况、招标文件主要内容和评标办法及标准等内容并明确招标目的、项目范围和性质以及招标文件中的主要技术要求和标准及商务条款等。

(2) 根据招标文件对投标文件做系统的评审和比较。

3. 初步评审。

(1) 投标文件的符合性鉴定。

① 投标文件的有效性。

② 投标文件的完整性。

③ 与招标文件的一致性。

(2) 对投标文件的质疑,以书面方式要求投标人给予解释、澄清。

(3) 废标的有关情况需与招标文件和国家有关规定相符合。

4. 详细评审。

(1) 工作人员工作。评标辅助工作人员协助做好评委对各投标书评标得分的计算、复核、汇总工作。

(2) 评审程序。

① 技术评估主要内容有施工方案的可行性、施工进度计划的可靠性、施工质量的保证、工程材料和机械设备供应的技能符合设计技术要求,对于投标文件中按照招标文件规定提交的建议方案做出技术评审。

② 商务评估主要内容有审查全部报价数据计算的正确性、分析报价数据的合理性、对建议方案的商务评估。

③投标文件的澄清。评标委员会可以约见投标人对其投标文件予以澄清,以口头或书面形式提出问题,要求投标人回答,随后在规定的时间内投标人以书面形式正式答复,澄清和确认的问题必须由授权代表正式签字,并作为投标文件的组成部分。

5. 评标报告。

(1) 报告内容主要有基本情况和数据表、评标委员会成员名单、开标记录、符合要求的投标一览表、废标情况说明、评标标准、评标方法或者评标因素一览表、评分比较一览表、经评审的投标人排序以及澄清说明补正事项纪要等。

(2) 评标报告由评标委员会成员签字。

(3) 提交书面评标报告,评标委员会解散。

6. 举荐中标候选人。

评标委员会推荐的中标候选人应当限定在1~3人,并标明排序。

十、定标

把评标结果在市工程交易中心网站进行公示,公示时间不得少于3个工作日。

十一、发出建设工程中标通知书

1. 发出中标通知书。

2. 谈判准备。

(1) 谈判人员的组成。

(2) 注重相关项目的资料收集工作。

(3) 对谈判主体及其情况具体分析、明确谈判的内容,对于合同中既定的、没有争议、歧义、漏洞和有关缺陷的条款,任何一方没有讨价还价的余地。

(4) 拟订谈判方案。

十二、签约前合同谈判及签约

1. 签约前合同谈判。

在约定地点进行谈判,在谈判过程中要把主动权争取过来,不要过于保守激进,注意肢体语言和语音、语调,正确驾驭谈判议程,站在对方的角度讲问题,贯彻利他害他原则。

2. 签约。

招标人与中标人在中标通知书发出30个工作日之内签订合同,并交履约担保。

十三、退还投标保证金

招标人与中标人签订合同后5个工作日内,应当向中标人和未中标的投标人退还投标保证金。

【任务小结】

招投标工作在现代社会被普遍运用,成为企业在国内外竞争的主要手段。本任务主要讲解了招投标的起源和在我国的发展、招投标的流程和原则以及招投标的法律基础和监督机制。

项目的招投标管理必将成为影响社会经济发展的一个重要因素,熟悉招投标工作,对物流项目进行合理有效的管理,促进物流行业的发展具有重要的意义。

任务二　掌握物流项目招标工作

任务目标

通过本任务的学习,熟悉物流项目招标的主要工作;了解项目招标的主要类型;掌握物流项目招标文件包含的主要内容和编写的关键节点;全面认识和了解物流项目招标工作,并具备描述和编写招标文件的能力。

重难点分析

招标文件的主要内容和编写的关键节点,是重点和难点,在学习中要认真理解主要内容和准确把握关键节点。

教学建议

充分发挥师生双方在教学中的主动性和创造性,重视培养学生的创新精神和实践能力,重视价值观念和职业态度的正确导向。

【引导案例】

项目为什么要进行招投标?

招标是我国企业采购走向规范化、完善化的重要举措,是计划经济向市场经济转变的重要步骤,对控制项目成本、保护相关员工廉政廉洁有着重要意义。

(1) 推行招投标制基本形成了由市场定价的价格机制,使项目价格更加趋于合理。推行招投标制最明显的表现是若干投标人之间出现激烈竞争(相互竞标),这种市场竞争最直接、最集中的表现就是在价格上的竞争。通过竞争确定出项目价格,使其趋于合理或下降,这将有利于节约投资、提高投资效益。

(2) 推行招投标制能够不断降低社会平均劳动消耗水平使项目价格得到有效控制。在市场中,不同投标者的个别劳动消耗水平是有差异的。推行招投标后总是那些个别劳动消耗水平最低或接近最低的投标者获胜,这样便实现了生产力资源较优配置,也对不同投标者实行了优胜劣汰。面对激烈竞争的压力,为了自身的生存与发展,每个投标者都必须切实在降低自己个别劳动消耗水平上下功夫,这样将逐步而全面地降低社会平均劳动消耗水平,使价格更合理。

(3) 推行招投标制便于供求双方更好地相互选择,使项目价格更加符合价值基础,进而更好地控制项目造价。由于供求双方各自出发点不同,存在利益矛盾,因而单纯采用"一对一"的选择方式,成功的可能性较小。采用招投标方式就为供求双方在较大范围内进行相互选择创造了条件,为需求者与供给者在最佳点上结合提供了可能。需求者对供给者选择的基本出发点是"择优选择",即选择那些报价较低、服务最好,具有良好业绩和管理水平的供给者,这样即为合理控制项目造价奠定了基础。

(4) 推行招投标制有利于规范价格行为,使公开、公平、公正的原则得以贯彻。我国招投标活动有特定的机构进行管理,有严格的程序必须遵循,有高素质的专家支持系统、技术人员的群体评估与决策,能够避免盲目过度的竞争和营私舞弊现象的发生,对腐败现象也是强有力的遏制,使价格形成过程变得透明而较为规范。

(5) 推行招投标制能够减少交易费用,节省人力、物力、财力,进而使企业成本有所降低。我国目前从招标、投标、开标、评标直至定标,均有一些法律、法规规定,已进入制度化操作。招投标中,若干投标人在同一时间、地点报价竞争,在专家支持系统的评估下,以群体决策方式确定中标者,必然减少交易过程的费用,这本身就意味着招标人收益的增加,对降低成本必然产生积极的影响。

(6) 推行招投标制能够起到保护员工、廉政廉洁的作用。一般来说,只要经过正常程序,不受有关部门、有关人员的压力而进行暗箱操作,那么中标单位在保证其品牌、口碑延伸而不偷工减料的情况下,其中标价格的利润空间已相当有限,这个时候如果有的人私欲膨胀要伸手的话,对方可能很难会再有很大余地来作为回扣给他,即使招标企业某些人不能很好地把握住自己,对方也不能满足他的贪心。这样,纵然这个人心中有怨气也只好作罢;反过来,正因为这一次的招标挽救了他,使他不能滑向深渊。

(资料来源:blog.sina.com.cn)

案例思考:
1. 项目招标对企业有什么重要意义?
2. 企业如何做好项目招标工作?

【任务知识储备】

一、项目招标常用方式

(一) 公开招标

1. 公开招标的定义

公开招标又叫竞争性招标。即由招标人在报刊、网络或其他媒体上刊登招标公告,吸引众多企业单位参加投标竞争,招标人从中择优选择中标单位的招标方式。按照竞争程度,公开招标可分为国际竞争性和国内竞争性招标。

(1) 国际竞争性招标。

国际竞争性招标是在世界范围内进行招标,国内外合格的投标商均可以投标。它的特点是高效、经济、公平,特别是对采购合同金额较大的项目,都应采用国际竞争性招标。

实践证明,国际竞争性招标有很多的优点。首先,由于投标竞争激烈,一般可以以对买主有利的价格采购到所需的设备或项目服务。其次,可以引进的技术、设备、管理经验等。再次,可以保证所有合格的投标人都有参加投标的机会,并且由于国际竞争性招标具有较高的客观衡量标准,可以促进发展中国家的投标者提高产品质量和服务标准。最后,国际竞争性招标根据预先制定并为大家所知道的程序和标准公开而客观地进行,因而减少了在采购中作弊的可能性。

当然,国际竞争性招标也存在一些缺点,主要有以下几个方面:第一,国际竞争性招标有一套周密而比较复杂的程序,从招标公告、招标人做出反应、评标到授予合同,一般需要半年以上的时间,所以招标费时较多。第二,国际竞争性招标文件较多,招标文件要明确规范评标标准,以及买卖双方的义务等内容,还要将大量文件翻译成国际通用文字,因而工作量较大。第三,从现实情况来看,国际竞争性招标中标者中,发展中国家所占份额很少,主要以美国、德国、日本等发达国家为主。

(2) 国内竞争性招标。

在国内进行竞争性招标,可用本国语言编写标书。仅在国内的媒体上刊登广告,公开出售标书、公开招标。通常适用于合同金额较小、招标内容相对简单的项目。若从国内采购产品或服务也可以大大节省时间,而这种便利将对项目的实施具有重大的意义。在国内竞争性招标的情况下,有国外公司愿意参加,则应允许他们按照国内竞争性招标相关规定参加投标,不应人为地设置障碍,妨碍其公平参加竞争。

2. 公开招标的特点

公开招标方式的优点是:项目的投标者多、竞争范围大,招标方有较大的选择余地,有利于降低项目的成本,提高项目的质量。其缺点是:由于投标者多,招标工作复杂,招标方需投入较多的人力、物力,招标过程所需的时间也较长。因此,公开招标方式主要适用于投资额度大、复杂程度高的较大型项目。总的来讲,公开招标的特点一般有以下几点:

(1) 公开招标是最具竞争性的招标方式。参与竞争的投标人数量最多,且只要符合相应的资质条件便不受限制,只要项目承包商愿意便可参加投标,在实际操作中,常常少则十几家,多则几十家甚至上百家,因而竞争程度最为激烈。它可以最大限度地为一切有实力的项目承包商提供一个平等竞争的机会,招标人也有最大容量的选择范围,可在为数众多的投标人之间择优选择一个报价合理、服务最好、信誉优良的项目承包商。

(2) 公开招标是程序最完整、最规范、最典型的招标方式。它形式严密、步骤完整、运作环节环环相扣。公开招标是适用范围最为广阔、最有发展前景的招标方式。在国际上,谈到招标通常都是指公开招标。在某种程度上,公开招标已成为招标的代名词,因为公开招标是项目招标通常适用的方式。在我国,通常也要求招标必须采用公开招标的方式进行,凡属招标范围的项目,一般首先必须要采用公开招标的方式。

(3) 公开招标也是所需费用最高、花费时间最长的招标方式。由于竞争激烈、程序复杂,组织招标和参加投标需要做的准备工作和需要处理的实际事务比较多,特别是编制、审查有关招标投标文件的工作量十分繁重。

(二) 邀请招标

1. 邀请招标的定义

邀请招标也称有限竞争性招标或选择性招标。这种方式不发布广告,招标方根据自己的经验和所掌握的各种信息资料,向有能力承担该项目的 3 个以上(含 3 个)承包商发出投标邀请书,邀请他们参加招标竞争,收到邀请书的单位有权利选择是否参加投标。一般选择 3~10 个投标较为适宜,当然要视具体的招标项目的规模大小而定。由于被邀请参加的投标竞争者有限,不仅可以节约招标费用,而且提高了每个投标者的中标机会。然而，由于邀请招标限制了充分的竞争，因此招标投标法规一般都规定，招标人应尽量采用公开招标。邀请招标与公开招标一样都必须按规定的招标程序进行，要制定统一的招标文件，投标人都必须按招标文件的规定进行投标。

2. 邀请招标的特点

邀请招标方式的优点是：参加竞争的投标人数目可由招标单位控制，目标集中，招标的组织工作较容易，工作量比较小。其缺点是：参加的投标人数量相对较少，竞争性范围较小，使招标单位对投标单位的选择余地较少，如果招标单位在选择被邀请的承包商前所掌握信息资料不足，则会失去发现最适合承担该项目的承包商的机会。

在我国项目的招标实践中，过去常把邀请招标和公开招标同等看待。一般没有什么特殊情况的项目，都要求必须采用公开招标或邀请招标。由于目前我国各地普遍规定公开招标和邀请招标的适用范围相同，所以这两种方式是并重的，在实际操作中由当事人自由选择。应当说，这种状况是充分考虑了我国的现实情况。

（三）议标

1. 议标的定义

议标也称谈判招标或限制性招标，是一种以议标文件或拟议的合同草案为基础的，直接通过谈判方式分别与若干家承包商进行协商，选择自己满意的一家，签订承包合同的招标方式。议标通常适用于涉及国家安全的项目或军事保密的项目，或紧急抢险救灾项目及小型项目。

议标通过谈判来确定中标者，主要有以下几种方式：

（1）直接邀请议标方式。选择中标单位不是通过公开或邀请招标，而是由招标人或其代理人直接邀请某一企业进行单独协商，达成协议后签订采购合同。如果与一家协商不成，可以邀请另一家，直到协议达成为止。

（2）比价议标方式。"比价"是兼有邀请招标和协商特点的一种招标方式，一般使用于规模不大、内容简单的项目和货物采购。通常的做法是招标人将采购的有关要求送交选定的几家企业，要求他们在约定的时间提出报价，招标单位经过分析比较，选择报价合理的企业，就价格、质量、服务、付款条件等细节进行协商，从而达成协议，签订合同。

（3）方案竞赛议标方式。它是选择规划设计任务的常用方式。通常组织公开，也可邀请经预先选择的规划设计机构参加竞赛。

由于议标的中标者是通过谈判产生的，不便于公众监督，容易导致非法交易，因此，我国一些行业的招标规定中，就禁止采用这种方式。即使允许采用议标方式，也大都对议标方式做了严格限制。

2. 议标的特点

议标是一种特殊的招标方式，是公开招标、邀请招标的例外情况。一个规范、完整的议标概念，在其适用范围和条件上，应当同时具备以下4个基本特点：

（1）议标适用面窄。议标只适用于具有保密性或者专业性、技术性较高的特殊项目。没有保密性或者专业性、技术性不高，不存在什么特殊情况的项目，不能进行议标。对什么是具有保密性，什么是专业性、技术性较高等特殊情况，应该做严格意义上的理解，不能由招投标人来自行解释，而必须由政府或政府主管部门来解释。这里所谓"不适宜"，一是指客观条件不具备,如同类有资格的投标人太少,无法形成竞争态势等;二是指有保密性要求,信息不能在众多有资格的投标人中间扩散。如果适宜采用公开招标和邀请招标的,就不能采用议标方式。

(2) 议标必须经招标投标管理机构审查同意。未经招标投标管理机构审查同意的,不能进行议标,已经进行议标的,项目行政主管部门或者招标投标管理机构应当按规定,作为非法交易进行严肃查处。招标投标管理机构审查的权限范围,就是省、市、县(市)招标投标管理机构的分级管理权限范围。

(3) 直接进入谈判并通过谈判确定中标人。参加投标者为两家以上,一家不中标再寻找下一家,直到达成协议为止。一对一地谈判,是议标的最大特点。在实际操作中,即使可能有两家或两家以上的议标参加人,实质上也是一对一地分别谈判,一家谈不成,再与另一家谈,直到谈成为止。如果不是一对一地谈判,不宜称之为议标。

(4) 程序的随意性大且缺乏透明度。议标程序的随意性太大,竞争性相对更弱。议标缺乏透明度,极易形成暗箱操作、私下交易。从总体上来看,议标的存在是弊大于利。

自 2000 年 1 月 1 日起施行的《中华人民共和国招标投标法》就只规定招标分为公开招标和邀请招标,而对议标未明确提及。但在我国项目招标投标的进程中,议标作为一种招标方式已约定俗成,且在国际上也普遍采用。从我国招投标市场整体发育状况来考察,在当前和今后一定时间内议标仍可作为一种项目交易方式存在着。

二、物流项目招标文件的主要内容

编制招标文件是工商企业物流项目招标工作开始的第一步,也是最关键的一步。招标工作是否顺利,招标目的是否能实现,很大程度上取决于招标文件的编制水平和编制质量。在编制招标文件时,正确分析招标目的、确认物流服务需求是核心工作,同时也是技术难度最大的一项工作。要想正确把握住物流招标文件编制的核心,则需要招标企业综合了解目前国内外物流行业的最新发展动态,深入了解国内外物流行业的发展水平,合理提出物流业务的招标需求,通过物流项目招标工作寻求最为合适的物流服务商,从整体上提高招标企业的经营管理和物流运作质量,提升终端对客服务水平,增强企业的市场竞争力。

通常情况下,招标文件主要涉及招标企业的自身情况介绍、企业经营生产现状介绍、对物流服务各环节的服务需求介绍(包括货物运输、仓储控制、配送时效、增值服务等),有时还会涉及产品包装、流通加工等增值服务环节。一般来说,完整的物流项目招标文件的编制一般包括以下几个部分。

(一) 投标邀请书

投标邀请书(投标邀请函)是指招标企业对外发布的,面向全社会或特定的物流公司的投标邀请公告。投标邀请书主要是对招标的物流项目进行阐述,并对参加投标的企业提出具体的要求。

投标邀请书的内容主要是介绍招标企业的基本情况、发展历程、招标项目的主要情况及物流服务需求等,便于有意参加投标的企业参考和掌握。其重点内容是介绍招标项目的主要情况及基本要求,包括招标项目的产生、招标项目的操作方式、招标项目的进度以及招标项目的截止期限等。

（二）投标文件的组成

投标文件的组成主要是对物流公司投标文件的格式和内容进行界定和规范，为招标企业能按统一的评审标准对各投标文件进行评审提供便利条件，以实现公平、公正。规范的投标文件至少需要包括以下几部分的内容。

1. 商务部分

（1）法人授权书（经企业法定代表人签字、法人单位盖章确认的投标授权文件）。

（2）投标确认书，内容包括确认参与本次投标、自愿参与态度、承诺投标文件的合法性和有效性等。投标确认书须法人单位盖章确认。

（3）对投标企业须知、商务规范书的点对点应答。

（4）对招标项目物流服务规范的点对点应答。

（5）投标企业按招标文件格式要求填写的投标企业综合信息表和其他信息表。

（6）投标企业按投标邀请函要求提交的承诺函。承诺函须由投标企业法定代表人或法定代表人授权的被委托人（法定代表人授权的被委托人一般应是本单位业务骨干或有投标经验的人员）签字并加盖公章。

（7）投标资质文件，包括投标企业必须具有独立法人资格，需提供有关确立投标企业法律地位方面的原始文件（或加盖单位公章的复印件），如营业执照、各种资质证明或等级证书以及证明投标企业在中国（或国外某国家）注册，具有独立法人资格的相关文件等；综合信息表中要求提供的其他各项资质证明文件。

2. 投标报价部分

投标报价部分的主要内容是对投标企业的报价方式和格式进行规范，通常要求投标企业按照招标文件中提供的报价方式和格式进行填报。由于各个投标企业对招标项目的理解以及物流公司市场报价方式的不同，各投标企业提供的报价体系也会不同，因此，招标邀请书中必须对报价方式和格式进行统一的规范，以方便招标企业的评标工作。否则，招标企业在各投标企业的价格对比和成本分析方面将会面临很大的困难。通常都会要求物流公司以规范的方式慎重报价，要求投标企业法定代表人或法定代表人的授权委托人对报价表逐页签字，并加盖投标企业公章进行确认，避免以后出现价格方面的法律纠纷。

3. 物流服务解决方案

物流服务解决方案是物流业务投标书中的核心部分，编制物流服务解决方案是招标企业对投标企业的重点要求之一。物流服务解决方案主要阐明投标企业完成招标物流项目的运作思路与操作方案，方便招标企业对投标企业的实力与能力做出基本判断。招标企业应该在招标文件中写明相关的必要信息，并提出具体的物流服务需求。

（三）投标文件的封装

招标企业在招标文件中有必要对投标文件的封装提出具体的要求，否则，送达的投标文件的封装可能会五花八门，这不利于招标企业下一阶段的评标工作。现今情况下，招标企业对投标文件的封装通常会提出如下要求（仅供参考）：投标文件应分别封装，商务部分为一册，一式两份，一份正本，一份副本；物流服务报价单独封装，一式两份，一份正本，一份副本;物流服务解决方案为一册,一式三份,一份正本,两份副本,每册的封面应注明"正本"或"副本"的字样。投标文件所有内容均需制作成电子版,需两份,一份以光盘作为存储介质,另一份以 USB 移动存储盘存储。电子文件必须独立封装,然后密封封口并在封口上加盖投标人公章,注明"电子文件"和投标人名称;所有文件不得留有密码。上述所有文本投标文件,除电子版需特别注明并经法定代表人签字确认外,纸质投标文件均须逐页或骑缝加盖投标人公章,或由法定代表人或法定代表人授权的被委托人逐页签字方视为有效。其中,报价必须逐页由法定代表人或法定代表人授权的被委托人签字并加盖投标人公章,同时应注明提交日期。

(四) 投标文件的回标

回标要求是指招标企业对投标企业的投标文件在投递的方式上提出的具体要求。通常,招标企业不接受以电报、传真以及电子邮件等方式提交的投标文件以及投标文件的修改文件,其只接受以纸质方式提交的并按指定要求封装的投标文件、附件及投标文件的修改文件等。特殊情况下也有例外,如与纸质方式同时提交的电子文件以及招标企业要求网上竞价或网上询价等。

(五) 投标文件的报价

报价要求是指招标企业对投标企业的报价格式和方式提出的具体要求。报价要求随招标企业的不同而不同,没有固定的格式要求。

(六) 投标文件的评标方式及标准

评标方式及标准由招标企业依据国家有关法律法规或规章的规定,并根据企业的具体要求制定。目前,我国还没有统一的物流业务招投标国家标准和行业标准,尚无法规范物流业务招投标的评标方式及标准。投标方式及标准通常会涉及以下内容,但具体指标可视招标企业的需要而定。

(1) 招标企业基于投标人对商务、物流配送服务方案的应答进行评标、打分。

(2) 招标企业对投标价格、投标人综合实力、投标企业物流服务方案进行综合评标。

(3) 投标企业对招标文件的应答应真实准确。招标企业若发现投标企业有任何弄虚作假的行为,可参照《招标投标法》等法律法规的相关规定对其做出处理。例如:

① 将投标标书作废标处理;

② 在两年内不允许该投标企业参加招标企业及其下属公司的任何招投标活动;

③ 对该投标企业实行一些惩罚性措施(如不予返还保证金或部分不予返还)。

(4) 招标企业不进行现场公开唱标,但会将各投标企业所报价格汇总后,公示于投标企业网站的相关网页,各投标企业可凭报名编号和密码进行阅览。

(5) 评标结束后,招标企业将书面通知各投标企业中标结果,同时不对评标过程和中标结果进行书面解释。

(6) 投标企业需提供联系人的姓名、移动电话、传真及 E-mail 地址,以便招标企业随时与投标企业进行澄清。招标企业对已发出的招标文件进行必要的澄清或者修改时,应在提交投标文件的截止日期前至少 15 日内以书面形式通知所有的有效投标企业,该澄清或者修改的内容作为招标文件的补充部分。

(7) 已经回标的投标企业在提交投标文件的截止日期前,可随时按招标企业的澄清或修改要求,从招标企业撤回投标文件进行修改或补充,并在开标前重新送交招标企业。

(七) 不予受理的投标标书及废标处理

通常情况下,凡逾期送达或未送达指定地点,以及未按招标文件要求对投标文件进行密封的标书,招标企业不予受理。

经评标委员会审查,投标文件有下列情形之一的按废标处理:

(1) 不符合或者达不到投标资格及预审要求。
(2) 投标文件未加盖投标企业公章。
(3) 投标企业为非法人单位。
(4) 无投标企业法定代表人或法定代表人授权的被委托人签字或盖章。
(5) 无投标企业法定代表人签字并加盖投标企业公章的授权委托书。
(6) 无投标确认书或投标确认书不符合要求。
(7) 投标企业递交两份或多份内容不同的投标文件,或在一份投标文件中对同一招标内容报有两个或多个报价,且未声明以哪一个为最终报价。
(8) 投标有效期不满足招标文件的要求。
(9) 投标企业不能满足招标文件中标明的必须满足的条款。

(八) 合作协议的签署

招标企业应与中标的企业按约定的时间签署框架服务协议。框架服务协议、详细服务协议及补充协议等均构成双方物流业务合同的组成部分。合作协议(合同)条款的规定应力求明确、具体,具有实际操作性和可考核性。详细服务协议及补充协议可另行安排签署时间,如一些知名的公司通常会与中标的物流服务供应商在签订合作协议时签署两份文件,一份为详细服务协议,是对物流服务的工作范围、要求等细节进行的具体描述和界定的一般性文件;另一份是补充协议,是为解决非操作因素,如赔偿、保险、不可抗力、保密、解约条款等法律方面问题而规定的补充性文件。

(九) 时间安排

在招标文件中,相关的时间顺序安排如下:释标时间;回标截止时间;开标时间。
招标文件中的释标时间、回标截止时间、开标时间确定的解释权在招标企业。

(十) 招投标工作监督及投诉

为保证物流业务招投标工作的顺利开展,防止串标、围标、行贿受贿等违法事件的发生,特对招投标工作实施有效的监督。如发现有违法现象,应及时向招标企业的高层领导和纪检部门反映。一般来说,招标企业应做好以下两个方面:

(1) 发布或张贴本企业公告,要求该招标项目招投标过程中所有涉及的人员均须廉洁自律。
(2) 招标企业可邀请当地公证部门对开标会的全过程进行监督,直至评审、确定出中标单位,并当场进行公证。

物流招标文件主要包括 10 个基本要素,即招标邀请书(投标邀请书)、投标文件的组成、投标文件的封装、投标文件的回标、投标文件的报价、投标文件的评标方式及标准、不予受理的投标标书及废标处理、合作协议的签署、招标时间安排、招投标工作监督及投诉。

上述10个要素构成了工商企业完整的招标文件。在招标文件的实际编制过程中,可以根据物流项目的情况,灵活运用。

三、招标文件编写的关键点分析

对于招标企业来说,编制招标文件、安排招标活动等一系列准备工作的目的是为了选择到适合的物流供应商,因此,编制招标文件也是整个招标工作的重点之一。从实际操作和中标结果的角度看,在编制招标文件时,招标企业应把握好以下关键点,并应在编制招标文件时予以详细分析。

(一) 明确物流服务层次及具体需求

招标企业必须明确招标物流业务的物流服务需求层次和主要内容,并在招标文件中尽可能详尽地表述出来,这是招标工作能否最终实现预期目标的关键;否则,后续工作将失去意义,最终结果也只能是差强人意,甚至有可能导致招标工作的失败。

对于大型物流招标项目,物流服务需求书是招标企业在整体物流策划、具体物流运作或实施方面陈述需求的书面文件,其中包含从物流供应链角度出发,对工商企业生产经营管理全过程的流程再造和对物流体系改善提升的优化需求方案。在编制大型物流项目招标文件时,要求编制人员重新审视自身,从企业发展战略的高度理清招标文件的编制思路,把先进的理念应用到物流服务需求书的编制工作中。同时,招标企业在明确其具体的物流服务层次和服务需求时,对于物流业务实际操作方面的需求,如操作流程、操作要求、信息系统要求、时效要求、高峰时段服务要求、异常情况处理要求、货物保险要求、终端对客服务要求等,也必须做到尽可能的详细,这样才能为招标文件的编制打好基础。

如果招标企业能够结合其未来的发展目标,提出企业当前及未来一段时期内的物流服务需求状况,如服务层次的需求、物流业务量的发展趋势等,则可以吸引更优秀的物流公司参与投标。招标企业在获得更好的物流服务的同时,也可以获得更理想的物流服务价格,这对招标企业来说是非常有利的。

(二) 对投标企业类型的正确选择

招标企业在进行物流业务招标时,首先需要对企业自身的物流需求情况和特点进行详细深入的内部调研与分析,正确界定目标物流公司的类型、企业规模、网络覆盖区域、服务特点与优势等,这样才能做出正确的判断和选择。

目前,我国的物流公司分类方法很多,尚未得到统一,仅从物流业务招标的角度,可以对物流公司做如下划分。

1. 按运输仓储方式分类

按运输仓储方式,可分为铁路类物流公司、公路干线类物流公司、城市配送类物流公司、航空类物流公司、海运类物流公司、综合类物流公司、快递类物流公司、仓储类物流公司。

2. 按网络覆盖区域分类

按网络覆盖区域,可分为国际物流公司、全国性物流公司、区域性物流公司、省级物流公司、地市级物流公司。

3. 按服务类型分类

按服务类型,可分为咨询类物流公司、实操类物流公司、货代类物流公司、第三方物流机构、第四方物流公司。

4. 按物流的设备、设施及服务范围分类

按物流的设备、设施及服务范围,可分为单一型物流公司、综合型物流公司、供应链管理型物流公司。

由于物流公司众多,因此招标企业在进行物流业务招标时,必须针对自身物流服务需求的特点,明确地界定其目标物流公司的类型。这样招标企业在招标中才有可能做到有的放矢,提高招投标工作的质量,实现预期的招标结果。

(三) 帮助物流公司加深认识与了解

企业物流项目招标的最终目的是要从众多的投标物流公司中挑选出最能满足其物流服务需求的物流公司。在物流业务招投标过程中,由于招标企业占据主动和强势地位,投标企业处于被动和被挑选的地位,因此,招标企业对招投标活动的结果负有更多的责任。

虽然招标企业和物流公司在物流项目招投标过程中各自扮演着不同的角色,但在满足工商企业物流服务需求方面,工商企业和物流公司的目标是一致的。物流公司只有加深对工商企业物流业务现状、物流服务需求等方面的了解,才能编制出符合工商企业物流服务需求的物流服务方案。

帮助投标企业加深对招标企业的整体了解和对物流服务实际需求的理解的方法主要有以下几种:

(1) 在招标文件中明确其具体的物流服务层次及需求,并尽可能详细、清晰地表述出来。

(2) 邀请所有通过资格审查的投标企业参加标前答疑会或释标会。

(3) 组织所有通过资格审查的投标企业参观招标企业的生产现场和物流作业现场。

(4) 招标企业高层领导与所有通过资格审查的投标企业以座谈会的形式进行交流,同时对招标项目需要解决的问题进行说明和解释。

(5) 招标企业提供相关历史数据,供投标企业编制投标文件时参考。

(6) 招标企业认为其他必要的、可行的方法。

(四) 合理的评标标准和评标方法

招标企业明确其具体的物流服务层次及服务需求,并在招标文件中尽可能详细、清晰地表述出来,这是招标工作最终实现预期目的的第一个关键点;而合理的评标标准和评标办法则是第二个关键点。

评标标准由招标企业主导和制定,虽然不同的招标企业的物流服务需求会导致不同的评标标准,但以下几个方面的因素,则是招标企业必须重点考虑的。

1. 物流公司的业务类型

物流公司的业务类型是工商企业选择物流公司的第一考虑要素。由于物流公司的多样性和复杂性,招标企业必须根据企业物流服务需求的具体情况正确选择合适的物流供应商。

2. 投标物流公司的综合实力

物流公司的综合实力可以从两个方面来综合考量,即生存能力和提供附加价值的能力。所谓生存能力,主要是指物流公司的存活能力,也就是物流公司在一定时期内不会突然死亡,不会自然消失,有维持企业正常运转的能力。如果一家物流公司连生存问题都没有得到有效解决,一两年内甚至更短的时间也许就会破产、倒闭,这样的物流公司是不能为工商企业提供长期稳定及可靠的物流服务的。因此,投标物流公司的发展战略、经营管理状况、现有规模、固定资产总量、融资能力、财务状况以及该企业前三名大客户的情况等要素,都应该成为招标企业评估物流公司综合实力的评价依据。所谓提供附加价值的能力,主要是指物流公司在提供合同规定的物流基本服务的同时,能为招标企业带来其他配套附加价值的能力。例如,通过与优秀的物流公司合作,招标企业的物流管理和运作体系能够得到迅速及有效的提升;物流公司发挥专业优势对招标企业进行专业指导,物流公司的业务运作网络帮助招标企业在更大的地理区域内实现产品销售;招标企业的终端对客服务水平得到一定程度的提高等。

3. 物流公司的可持续发展能力

物流公司的可持续发展能力是指未来一段时间内,物流公司自身的发展能力以及物流公司为招标企业提供持续物流服务的能力,即能满足招标企业发展需要的、不断提供更高水平物流服务的能力。如果中标的物流公司缺乏持续发展能力,则未来会出现物流公司跟不上招标企业发展步伐的可能性。招标企业可以通过审查该物流公司的发展战略、近几年的年度发展目标、信息化程度、资信及财务能力、组织管理效率、人力资源及素质、市场影响力、网络信息技术能力、供应链管理能力以及政府关系、客户关系、行业内形象等方面情况,判断物流公司是否具有可持续发展能力。

4. 合同执行能力

几乎所有的物流招投标项目,即使是最简单的大宗货物运输项目,招标企业都不可能在物流市场上找到现成的、能完全满足其物流服务需求的物流公司,所有的中标企业都需要为执行新的合同而追加投入一定量的人力、物力、财力等;对于重大的招标项目,中标企业有时甚至要对其内部组织结构、操作流程、信息系统等进行一定程度的调整、补充和完善,也需要在管理人员、操作人员以及客服人员等方面进行相应的补充。因此,招标企业必须对各投标企业履行合同的能力事先进行充分的评估,防止出现中标物流公司无力履行合同的现象。通常,招标企业可以从以下几个方面来评估投标企业履行合同的能力:

(1) 物流公司现有物流业务的操作难度、操作水平和业务总量;
(2) 过去三年该企业的经营状况和盈利能力;
(3) 固定资产情况、资金实力和融资能力;
(4) 物流体系的管理能力和运作水平;
(5) 现有客户情况;
(6) 现有的物流网络覆盖情况;
(7) 主要高层、中层管理人员的工作经历;
(8) 物流信息系统的技术水平和主要功能;
(9) 该物流公司现有客户与招标业务的相似程度。

5. 行业经验

行业经验是指物流公司曾运作过与招标物流项目类似的、同一行业项目所积累的经验和能力。在物流业务中,行业内的招标物流项目的服务需求有较多的相似之处,特别是食品、服装、电子产品、白色家电、快速消费品等行业。例如,某物流公司的客户大多是小型汽车行业的生产企业,则该物流公司对于小型汽车行业特定的物流服务需求一定了解很多,运作经验也比较丰富,一家小型汽车生产企业在进行物流项目招标时,在同等条件下应该首先考虑与该物流公司合作。招标企业与具备行业经验的物流公司合作,双方在理解招标物流项目服务需求、沟通、业务运作对接等方面,肯定比其他无该行业客户运作经验的物流公司要顺畅和方便很多,这样一来,招标项目在实际运作过程中所遇到的困难就会较少,高质量运作的可能性就会相应增加。从物流运作的角度来看,相似的物流项目可以使用"共同运输、共同仓储、共同配送"的运作模式,大大降低物流成本,招标企业和物流公司都可以从中受益,实现双方共赢。

6. 物流服务价格

价格因素是招标企业在招标项目中考虑的主要因素之一。虽然在绝大多数的招标文件中,招标企业都会强调低价格不是中标的唯一条件,但在实际评标过程中,价格因素始终占据着较大的比重,报价最低的物流公司中标的可能性往往最大。其实,物流公司之间为争夺物流项目而采用的价格战,是一把"双刃剑",在伤害物流公司的同时,也伤害了招标企业。过低的物流服务价格会令物流公司经营困难,使其降低物流服务水平,最终可能导致其降低或丧失履行合同的能力。所以,招标企业应眼光长远,从自身发展的根本出发,优先强调物流公司的服务能力,在"服务、价格和企业资质"三者之间权衡,将价格因素的比重范围控制在合理的比重范围之内。

【实训任务实施】

实训项目:物流项目招标文件描述

一、实训任务

小王是一名物流管理专业的大学生,毕业后进入某物流公司工作,经过前期培训后,被分配至公司市场部从事物流项目招投标的相关工作,经过前期的练习,小王已经熟悉了招投标工作的基本法律,并掌握了招投标工作的主要流程。本周,部门领导安排小王学习物流项目的招标文件,熟悉招标文件的内容,为做好物流项目的投标工作打下基础。

二、实训目标

1. 描述物流招标文件的主要内容。
2. 把握招标文件编写的关键点。

三、实训操作

1. 认真学习并理解下面物流项目招标文件。
2. 找出招标文件包含的关键要素,完成表格填写(见表3-2-1)。

京东2018年河南省分公司大小件传站及上门接货业务招标书

所属行业:电子商务行业

区域：河南省分公司

投标截止时间：2018年8月13日17:00

京东简介

根据第三方市场研究公司艾瑞咨询的数据，京东（JD.com）是中国最大的自营式电商企业，2015年第一季度在中国自营式B2C电商市场的占有率为56.3%。2014年，京东市场交易额达到2 602亿元，净收入达到1 150亿元。2015年第二季度，京东市场交易额达到1 145亿元，同比增长82%；净收入达到459亿元，同比增长61%。

目前，京东集团旗下设有京东商城、京东金融、拍拍、京东智能、京东到家及海外事业部。2014年5月，京东在美国纳斯达克证券交易所正式挂牌上市，是中国第一个成功赴美上市的大型综合型电商平台，并跻身全球前十大互联网公司排行榜。2015年7月，京东因高成长性入选纳斯达克100指数和纳斯达克100平均加权指数，成为纳斯达克100指数中仅有的2家中国互联网公司之一。

京东致力于为消费者提供愉悦的在线购物体验。通过内容丰富、人性化的网站（www.jd.com）和移动客户端，京东以富有竞争力的价格，提供具有丰富品类及卓越品质的商品和服务，以快速可靠的方式送达消费者，并且提供灵活多样的支付方式。另外，京东还为第三方卖家提供在线销售平台和物流等一系列增值服务。

京东提供丰富优质的商品，品类包括计算机、手机及其他数码产品、家电、汽车配件、服装与鞋类、奢侈品（如手提包、手表与珠宝）、家居与家庭用品、化妆品与其他个人护理用品、食品与营养品、书籍、电子图书、音乐、电影与其他媒体产品、母婴用品与玩具、体育与健身器材以及虚拟商品（如国内机票、酒店预订等）。

京东拥有中国电商行业最大的仓储设施。截至2015年6月30日，京东在全国拥有7大物流中心，在全国44座城市运营166个大型仓库，拥有4 142个配送站和自提点，覆盖全国2 043个区县。京东专业的配送队伍能够为消费者提供一系列专业服务，如211限时达、次日达、夜间配和三小时极速达，GIS包裹实时追踪、售后100分、快速退换货以及家电上门安装等服务，保障用户享受到卓越、全面的物流配送和完整的"端对端"购物体验。

京东是一家技术驱动的公司，从成立伊始就投入巨资开发完善可靠、能够不断升级、以电商应用服务为核心的自有技术平台。我们将继续增强公司的技术平台实力，以便更好地提升内部运营效率，同时为合作伙伴提供卓越服务。

一、标的介绍

（1）车辆需求：实际运营中，采用何种车型、何种模式由京东运营决定，以京东正式调度邮件为准；若车辆为社会租赁车辆，需提供对应长期租赁协议及车辆行驶证。

（2）乙方取货时间：每天滚动发货。

（3）京东不接受任何技术或商务负偏离，出现将直接废标，部分正偏离会获得评标高分。

二、报名投标

（1）报名条件：

① 具有"企业法人营业执照"（必须三证合一）、"道路运输经营许可证""开户许可

证"、一般纳税人证明等有效证件。

说明：投标公司注册资金不低于100万(干线运输要求不低于200万)；投标公司注册时间不低于2年；税务登记证(或营业执照)上无一般纳税人红章的,需单独提供一般纳税人证明。

② 已购买货物运输险,已安装车辆GPS,有明确的办公场所,仓储运输业务需有操作场地。

③ 满足上述标的介绍内的各项要求。

(2) 报名截止日期：2018年8月10日,逾期恕不受理报名,未报名不受理投标。

(3) 报名形式：将"投标授权书"盖章扫描件发至联系人邮箱,并电话确认；报名邮件同步提供项目联系人姓名和电话、项目所在地考察地址,如郑州始发业务,需提供郑州的办公场所地址。未与京东合作过的公司,请在投标报名时将以上资质资料原件扫描件发送至联系人邮箱。

(4) 报名后续安排：请按时提交投标书,并配合京东进行现场考察；未通过现场考察的将无法进入评标范围。

三、制作投标书

1. 投标书内容

承运商需按以下要求制作"投标书",投标时以加盖公司投标专用章或公章的密封函件(必须用非透明的信封密封),按"招标书"指定时间、地点、收货人提前邮寄。"投标书"的内容和制作顺序要保持一致,顺序如下：

(1) 第一部分：投标公司简介。包括公司基本资料、公司介绍、作业设施与场地情况(需提供照片扫描件),以及行业经验(与本次投标项目相类似的主要案例)的介绍,必须对投标公司的真实实力及运营情况进行详细描述。

(2) 第二部分：资质证明材料。投标资质要求的相关资质证明材料(包括营业执照、道路运输许可证、开户许可证、一般纳税人证明及运输货物保险等),材料每页均需盖公章；若分公司证照无注册资金需另外提供总公司营业执照,未提供将作废标处理。

(3) 第三部分：投标方案简介。包括针对标的业务运营方案,需要体现运营方案、监控方案、异常响应及应急处理方案等(提供运单监控系统及GPS监控系统截图)。

(4) 第四部分：电商合作经验。提供近三个月内与电商公司合作的运输发票,可获得评标加分。

(5) 第五部分：公司车辆材料。车辆行驶证,每条线路每个车型提供两个车辆行驶证；车辆为社会租赁车辆的,需提供对应长期租赁协议＋车辆行驶证；未提供对应材料的将被视为标的非自营。

(6) 第七部分：投标价格。必须正确填写,不得做任何修改,否则将作废标处理。

2. 投标书装订

(1) 投标书要求文本版(含报价单)一式两份,可编辑电子版报价单一份(U盘)。

(2) 投标书文本需按上述投标书内容顺序装订并加盖骑缝章,未装订或未盖章的将作废标处理。

(3) 投标书封面需注明投标编号、投标公司名称、联系人、手机号、邮箱等信息。

（4）投标书文本版及电子版报价单需装同一文件袋密封并盖章，未密封或未盖章的将作废标处理。

（5）密封文件袋上注明：投标单位名称、招标项目编号，以便在开标前统计投标企业信息；如未注明寄件单位、招标项目名称，造成未进入评标环节，投标企业后果自负。

四、提交投标书

（1）标书快递信息：

① 标书接收单位：江苏京东信息技术有限公司河南省分公司；

② 收件人：王某；

③ 地址：河南省郑州市中牟县白沙镇新安路宇培物流园二楼78号门；

④ 邮箱：whwg@jd.com；

⑤ 手机：13666666666；

⑥ 邮编：450000；

⑦ 快递单必须注明：寄件单位、招标编号。

（2）逾期到达废标：投标书必须在投标截止时间前寄到指定地址，逾期视为废标，是否逾期以京东签收时间为准。

（3）投标书撤回：投标方有权在投标截止时间前撤回投标书，撤回投标文件需要投标授权人正式邮件知会投标书收件人、业务咨询联系人，京东收到知会邮件后给予邮件确认，未及时收到邮件确认的，请务必电话联系确认，逾期恕不受理撤回投标书。

（4）投标书补充/修改：京东不接受投标方任何形式通知的投标书补充或修改，如果需要补充或修改，请通过撤回后重新提交的方式进行。

五、开标

（1）开标日期：2018年08月15日。

（2）评标形式：由我司多部门集中会议评标，投标人无须到现场。

（3）中标通知：电话、邮件形式直接通知投标授权人。

（4）舞弊处理：投标方如存在围标、行贿招标人员、探听标底、恶意报价等舞弊行为，将被列入黑名单永久禁止参与京东任何运输招标；同一法人使用两个或以上公司主体参与投标、报价存在规律性等将被视为围标。

（5）合同签署：中标承运商需要配合京东在一个月内完成合同签署，拒不签署合同的将被列入黑名单，两年内禁止参与京东任何运输招标。

（6）合同执行：业务启动前承运商按规定缴纳履约保证金，拒不缴纳履约保证金或缴纳后拒不执行合同的将被列入黑名单，两年内禁止参与京东任何运输招标。

本次招标活动最终解释权归江苏京东信息技术有限公司。

京东内控合规部设定专用邮箱电话接受对于招标舞弊的投诉举报，邮箱：jian@jd.com，电话：010-89111111。

京东内控合规部会对所有信息提供者及所提供的全部资料严格保密。

江苏京东信息技术有限公司
日期：2018年7月12日

表 3-2-1　物流项目招标文件关键要素描述

	基本要素	要素内容描述
1	招标邀请书（投标邀请书）	
2	投标文件的组成	
3	投标文件的封装	
4	投标文件的回标	
5	投标文件的报价	
6	投标文件的评标方式及标准	
7	不予受理的投标标书及废标处理	
8	合作协议的签署	
9	招标时间安排	
10	招投标工作监督及投诉	

【任务小结】

　　招投标工作在现代社会被普遍运用，成为企业在国内外竞争的主要手段。本任务主要讲解了物流项目招标的常用形式、物流项目招标文件的主要内容以及物流项目招标文件编写的关键点。

　　项目的招投标管理必将成为影响社会经济发展的一个重要因素，熟悉招投标工作，对物流项目进行合理有效的管理，促进物流行业的发展具有重要的意义。

任务三　掌握物流项目投标工作

 任务目标

　　通过本任务的学习，熟悉物流项目投标的主要工作；了解确定投标项目的流程和方法；熟悉项目投标的主要工作；掌握物流项目投标文件包含的主要内容和编写要点；全面认识和了解物流项目投标工作，并具备描述和编写投标文件的能力。

 重难点分析

　　投标文件的主要内容和编写要点，是重点和难点，在学习中要认真理解主要内容和准确把握编写要点。

 教学建议

　　充分发挥师生双方在教学中的主动性和创造性，重视培养学生的创新精神和实践能力，重视价值观念和职业态度的正确导向。

【引导案例】

物流企业参与投标的重要性

物流企业各项工作中,经营开发工作起着至关重要的作用,是实现企业发展战略目标的关键,是企业生存之本,而投标工作又是其核心内容。有效开展投标工作,承揽优质项目,是实现企业健康、可持续发展的基本前提。投标管理工作的重要性主要体现在以下几个方面:

(1) 目前,招投标制已经成为国际上通用的科学合理的项目承发包方式。对于物流企业来说,主要通过投标这一方式获取项目任务,几乎成为企业生存和发展的首要工作,是实现企业发展战略目标关键所在。根据对某物流公司近五年来新签合同统计,通过投标渠道获取的项目合同份额均在60%以上。由此可见,通过投标渠道是物流企业承揽物流项目的最主要途径。因此,投标工作做得好与坏、中标率的高与低,直接关系到物流企业的生存和发展。

(2) 投标是联结物流企业与市场的重要纽带。通过投标活动,物流企业可以与投资方、招标企业、招标代理机构等单位建立全方位互动关系,从而建立不同层次的投标平台,加强与各单位的横向联系与纵向联合,获取更多的人脉关系和项目投标信息,以诚信经营为理念,以市场需求为导向,建立长期经营开发的投标渠道,以承揽更多的优良项目,依靠项目经营为手段,实现滚动开发,为企业发展奠定基础。

(3) 为物流企业提供了一个学习的平台,以促进企业投标工作的开展。投标是各物流企业集中展示的舞台,在投标的过程中,各方既是朋友,也是对手,通过投标,可以与其他物流企业建立联系和沟通,学习和借鉴先进投标和市场管理经验,以提升自身投标能力和市场管控能力。每一次投标,都是一次提升和发展,从而不断提升企业的竞争力和市场开发的能力。

(4) 投标文件是企业宣传册。投标文件包含财务状况、技术水平、技术能力、设备状况、人力资源和素质,是展现企业文化、形象、实力的重要窗口。高质量的标书可成为宣传企业的载体,体现企业的综合实力与素质,提高企业的品牌效益。

(5) 投标是中标项目能否创效的重要前提。投标文件是物流企业与招标单位签订承包合同的直接依据,为确保中标项目最大的创效能力,投标文件除满足招标文件各项条款外,还要对投标报价进行全面的衡量和分析。因此,在进行投标文件的编制前,企业必须充分理解招标文件的条款和内容,充分调查现场实物和地方材料分布及单价,确保投标时最大限度地避免招标文件中不利因素,提升中标后项目的利润空间,为企业获取最大的经济效益打下基础。因此,物流企业重视每一次投标工作,做好对每一次投标的前期策划,确保每一本投标文件的质量和水平,是物流项目中标和市场开发的最重要基础。

(资料来源:www.cnki.net)

案例思考:

1. 参与项目投标对物流企业有什么重要意义?
2. 物流企业如何做好项目投标工作?

**【任务知识储备】**

物流项目投标是指投标人(物流企业)寻找并选取合适的投标信息,在同意、遵守招标方核定的招标文件中各项规定和要求的前提下,提出自己的投标文件,通过竞争被招标方选中的交易过程。

从我国物流行业的发展现状来看,物流业务招标投标已成为物流公司开拓市场、实现企业跨越式发展的重要途径之一。许多物流企业通过参加项目招标投标工作,成功实现了与国内大型企业甚至全球性大型企业的物流业务合作,培养了高水平的物流设计团队和物流运作团队。中标后通过签订物流服务合同,与相关企业形成了共同发展的长期合作关系,使其在物流业务规模、物流运作水平和经营管理等方面,都得到重大提升,企业获得较快成长。

虽然物流业务招投标对物流公司的发展壮大起着重要的推动作用,但由于物流业务招投标是一项比较复杂的系统工程,许多物流公司因受人员素质、企业发展水平和物流运作能力等方面的影响,常常不能在物流业务招投标项目中胜出。而随着我国经济水平的不断发展,物流项目的业务量也越来越大,运作越来越复杂,因此工商企业或社会组织采用招投标方式选择物流公司的可能性就越来越大。所以,掌握有关物流企业招投标方面的知识和技能,对物流公司的发展具有重要的现实意义,可以帮助物流公司战胜竞争对手,更多地获得物流业务合作机会,推动企业持续、健康地快速发展。

一、物流投标项目的确定

(一) 投标项目的信息获取

对于物流企业来说,招标投标已经是市场开发中十分普遍的工作了,而一个企业要想参与投标,首先要做的事情就是获取物流项目的招标信息。及时有效的信息对于物流企业投标来说是事半功倍的,同时互联网行业的快速发展为收集信息又带来了便利。目前,物流企业获取招标信息的渠道主要有:

一是公开媒体。如果物流项目招标企业采用公开招标方式,按《招标投标法》的规定,应当通过国家指定的媒介发布招标公告,比如中国采购招标网等,这是企业获得招标信息的重要渠道。另外,一些专业或地方媒体也发布相关招标信息。

二是招标机构。如果物流项目招标企业采用邀请招标方式,招标范围由招标企业确定,不公开发布标讯。因此,对物流企业来说,要想全面掌握招标信息,除关注公开媒体之外,还应设法与招标机构建立密切的联系,以便及时了解有关招标信息。

三是社会关系。即通过行业朋友介绍、客户介绍、微信群、微信朋友圈、QQ 群等社会关系渠道获取招标信息。在物流项目招投标中,关系网也是很重要的,不但能提升你中标的可能性,也会让你获取第一手招标信息。

以上是几种比较常用的招标信息获取渠道,对于需要投标的物流企业来说,每天需要及时关注各种渠道的招标信息,同时还需要对信息进行合理的辨别和筛选。收集及时的、有效的信息是十分重要的,但是选择真正符合企业发展的物流投标项目,对物流企业投标来说才是事半功倍的。

(二) 投标项目的选择标准

由于当前物流业务的广阔性和多样性,不同的物流公司也有着不同的核心业务和发展方向。因此,物流公司在参加物流项目招投标时,要对各类物流招投标信息进行详细的分析,从中筛选出适合本企业的中标可能性比较大的物流招标项目,然后组织企业力量参加投标。物流投标项目的选择主要有以下几个标准。

1. 投标项目适应公司发展方向

企业要想保持竞争优势,持续健康发展,就需要明确发展目标和方向,并制定出切实可行的长期发展规划。企业有了明确的发展方向,就能使组织结构设计和资源整合更具有目的性和原则性,进而保持组织结构与其目标的匹配性,可以更好地优化资源,有利于实现企业资源价值的最大化;企业有了明确的发展方向,可以使企业认知自身的优势、劣势、机会和威胁,从而使企业可以从容地应对机遇的诱惑和市场变化,有利于企业改进决策方式,提高风险控制能力和市场应变能力,进而有利于提升企业的持久竞争力。因此,物流公司应结合自身掌控的资源、行业及竞争发展情况,目标客户群体的物流需求变化趋势等因素制定自身发展规划,明确企业发展方向。

目前,就我国的物流行业来看,大中型物流公司通常会编制书面形式的企业发展规划,明确企业的发展目标和方向,并在企业网站和市场推广材料中广为宣传、在员工中大力宣导,以此来激励员工。部分中小型物流公司受客观条件限制,虽然没有规范的、书面的企业发展规划,但对企业高层管理团队来说,大致的企业发展方向和主要发展规划也是清楚的。因此,物流公司在分析物流业务招标信息时,需分析物流投标项目是否符合企业的发展方向,只有符合企业发展方向的物流投标项目才能更好地满足企业发展的需要,促进企业发展;对于不符合企业发展方向的物流投标项目,物流公司必须慎重对待,不能盲目参与。

例如,曾经有某大型通信网络公司面向社会进行物流业务公开招标,主要业务内容是全国性的快递业务以及省级城市间的干线调拨和省会城市的仓储业务,同时对物流信息系统的功能配置和信息处理能力要求较高。从业务内容来看,该招标项目主要适合下述两种类型的物流公司来操作:

一是有全国快递配送网络的快递公司。这类公司可以以自有的覆盖全国的快递网络为基础,在相关的省会城市建立中心仓库,对货物进行仓储和分拨,也可以考虑在全国各省会城市与当地仓储型的物流公司进行业务合作,整合当地资源。

二是在全国各省会城市设有仓储设施的全国性仓储物流公司。这类公司可以依靠自身的资源,在各省与当地的省级快递公司进行业务合作,整合当地资源。

但在实际的招投标过程中,许多明显不适合该投标项目的物流公司也纷纷参与其中。例如,以公路干线运输为主营业务的物流公司、以铁路运输为主营业务的货运公司,甚至还有的以航空运输为主营业务的航空货代公司等。这些物流公司参与投标,明显是不合适的,与企业自身的发展目标和方向是不一致的,或者这些物流公司根本就没有指望中标,只是借机锻炼队伍。

比较负责任的物流公司,在进行业务投标时,一定会对招标项目的企业资料和业务内容进行审查,部分比较慎重的物流公司,有时还会组织相关人员对招标企业进行背景调查或者登门访问,甚至对作业现场进行考察。因为选择一个合适的、高质量的、符合企业发展方向的物流项目,对物流公司来说是非常重要的。

2. 投标项目适应公司管理能力

一般来说,物流公司可以通过中标大型物流招标项目,提升企业的业务量,同时通过与大型工商企业的合作,大力提升企业管理能力和物流运作水平。物流招标项目对物流公司,特别是成长型的中小型物流公司,具有很强的刺激作用,这就是物流业务招投标项目对物流公司的吸引所在。

但是,物流公司在选择和参与物流业务投标项目时,一定要考虑到投标项目的整体需求和业务内容应与物流公司的管理能力和物流运作水平相适应。如果存在一定差距,物流公司最好不要盲目参与,否则一旦投标项目进入实操阶段,各种企业管理和物流运作方面的隐患和问题就会逐渐暴露出来。这样要么就会失去招标项目,造成前期人力、财力和物力等企业资源的浪费;要么在投标项目中胜出,但是后续不能提供良好的物流服务,因合同履行中的违约而造成经济损失,并影响企业的声誉和行业竞争力。

例如,曾有某国内大型生产制造企业的物流业务进行公开招标,该物流招标项目包括货物仓储、分拨、公路干线运输和航空干线运输、终端 B2C 配送和物流信息服务等,该项目的终端客户主要分布在全国大型城市,但也有少量客户分布在城镇,项目要求物流公司分别从北京、上海和广州三地出港,完成总计 1 000 多种货品面向全国直达乡镇的省会城市仓储管理、省会城市间干线调拨以及终端 B2C 配送业务,同时提供网络信息平台和信息加工处理服务。

该企业是全国知名的生产制造企业,倡导优质的经营理念和服务理念,因此对物流服务的要求也相当高,对物流公司在库存管理、终端配送时效、货损货差率、签收回执返单率等方面都有较高的要求,对于达不到要求的物流公司将进行扣款处理,而且一旦事故率或投诉率达到预先设定的警戒线,比如月度事故率或投诉率超标,则中止合同。同时要求中标的物流公司缴纳相当数额的服务质量保证金,一旦物流公司的服务质量达不到预期的要求,则按照合同条款对物流公司进行罚款处理,如果合同终止,对于物流公司缴纳的保证金也不予退还。

该制造企业在倡导优质服务的同时,也倡导优价的经营理念,给出的物流价格比较优厚,中标物流公司预期的利润率也较好,因此吸引了多家物流公司参与投标。其中某物流公司顺利中标,但由于该物流公司的综合实力不强,企业管理能力和物流运作水平不高,在后续的合同履行中,不能提供很好的物流服务,在库存管理、终端配送时效和签收回执返单等方面问题重重,投诉不断。招标企业多次发出书面警告和整改通知,但因为物流企业受整体管理能力的限制,问题始终得不到有效解决,在一定程度上影响了招标企业对其终端客户的服务水平。最后,招标企业中止了与该物流公司的合作,并在费用结算时按合同规定对其实施了扣款处罚,且不予退还保证金,该物流公司由此蒙受了巨大的经济损失和名誉损失。

3. 投标项目适应公司资源投入

在物流业务招标文件中,都会对招标项目服务内容和服务质量做相应的介绍,如主要的货物名称、物流业务种类、物流方式、货物流量和流向预计、相关服务质量要求等。物流公司通过对招标项目信息的分析，再结合本企业目前的综合实力和发展情况，可以很快地估算出为参与此投标项目和中标后履行合同所需要投入的资源情况。

在参与投标和后期的物流服务过程中，物流公司需要投入一定量的资源来运作整个物流项目，这些资源主要包括增加管理力量、提升运作能力、扩建物流网络、招聘操作人员、固定资产和流动资金占用、增加与提升信息系统功能等，因此物流公司在决定参加投标前，需要客观地评估企业在相关方面的投入能力。

虽然物流公司的部分资源投入可以转嫁，如与其他物流公司协定合作协议，将招标业务部分转包出去或者通过其他社会力量来完成物流服务等，但投标项目的核心部分不能轻易转包出去，否则运作质量和服务水平将难以得到保证，可能会给公司带来更大的损失。

物流业务不管对于物流企业还是其他工商企业来说，在人力、物力和财力、管理体制、物流网络以及信息系统等方面的投入都非常大，大部分工商企业为缓解资金紧张状况，往往以物流招标业务为筹码，延长物流费用结算周期，变相占用物流公司的资金。目前，市场上大中型工商企业的物流结账周期普遍在3到6个月之间，有些企业的结账周期甚至长达1年以上。因此，在中标后的物流服务中，对于中小型的物流投标项目，物流公司正常需要垫付几百万元的资金；对于大型的物流投标项目，物流公司需要垫付上千万元甚至上亿元的资金，投标企业必须有足够强的资金实力或者融资能力。否则在实际业务运作过程中，一旦现金流出现中断，后果将不堪设想。对于需要垫付大量资金的大型物流投标项目，资金实力一般的物流公司还是应该慎重对待。对于所有的物流公司，在参与项目投标之前，都需要考虑项目的整体需求与公司的资源投入是否匹配。

4. 投标项目适应公司现有业务

物流公司在确定投标项目时，如果招标项目与物流公司现有的业务类型相类似，或者能够进行整合形成规模优势、服务链优势，那么物流公司在运作该物流招标项目时和后期的合同履行中，就会比较得心应手，物流服务质量也会有所保证，同时物流成本会相对较低，从而提高利润。以干线运输为主营业务的物流公司为例，如果进行业务整合升级，就能给公司带来更大的竞争优势；以航空物流为主营业务的物流公司，由于航空运输实行等级运价（梯级运价），因此零担价格和吨位价格相差很大，随着业务量的增大，每票每公斤的物流运输成本呈明显下降趋势；公路运输和铁路运输也是如此。同时由于综合成本的降低，物流公司进行类似项目投标时，可以利用规模优势进行价格竞争，并利用价格优势提高中标概率。

在项目投标的过程中，如果投标项目与某物流公司现有的物流业务相类似，则工商企业对该物流公司的信心会有所增加，而物流公司运作该招标项目时也会更得心应手，更有把握保证项目的管理水平、运作水平和服务质量，从而实现工商企业和物流公司双方共赢的目标。

如果招标项目与物流公司现有的业务类型差别很大，则该物流公司应该谨慎参与。在项目投标的过程中，因为业务的不熟悉，中标的概率比较低，造成人力和财力的浪费，即使能够中标，在后期的合同履行中也会存在管理和运作方面的风险。但是，如果招标项目与物流公司的现有业务能形成上下游关系，其有利于物流公司的业务延伸，或者招标业务是物流公司未来的发展方向、发展目标,那么物流公司就可以考虑加大投入力量和资源投入,参加该物流业务的项目招标。

(三) 投标项目组的组建要求

物流公司在详细了解招标项目的企业情况和业务内容后,如果符合企业自身的实际情况,则可做出投标该项目的决定。为确保在项目投标竞争中获胜,物流公司应当挑选企业相关部门且经验丰富的人员组成投标项目组,该工作机构应当能够及时掌握市场动态,了解价格行情,能基本判断要投标项目的竞争态势。注意收集和积累有关资料,熟悉物流项目招标投标的基本程序,认真研究招标文件,善于运用投标竞争策略,能针对具体物流项目的各种特点,制定出恰当的投标报价策略。为增加在项目投标中的胜率,投标项目组要符合一定的要求。

1. 投标项目组人员组成要求

物流公司参加物流项目投标时,组建投标项目组的主要目的是统一领导和管理物流项目的投标工作,以提高企业的中标概率,增加企业的经营业务,实现企业的跨越式增长。

特别是对于大型物流业务招标项目,物流公司需要成立两个与投标项目有关的小组:一是成立投标项目领导小组,并由公司高层担任组长,这样除了能加强对投标工作的领导,还有利于在全公司范围内调动相应的资源,加大对投标工作的支持;二是成立投标项目工作小组,在投标领导小组的领导下,具体负责项目投标方面的具体事宜。投标项目工作小组的日常工作要向投标项目领导小组汇报。

物流公司的投标工作具体由投标项目工作小组负责,其一般由公司各个部门临时抽调人员组成,如市场部、营运部、财务部、行政部、信息开发部等。投标工作小组以市场部人员为主体,同时从各个部门抽调有物流运作和服务经验,以及具有物流方案策划和设计能力的各类人员组成。除部分大型物流公司会长设专门的投标机构外,对于一般的物流公司,投标工作小组都是公司的临时性、非常设机构,项目完成以后,相关人员回到原先岗位。

投标工作小组需要及时掌握市场动态,了解价格行情,能基本判断要投标项目主要竞争对手的情况,所以市场部人员和营运部人员是投标工作小组的主要组成人员,其他部门人员协助,如技术人员掌握着物流行业最新的技术和发展动态,可以从技术可行性的角度,提出项目实施方案;财务人员具有金融、税法、索赔等方面的专业知识,他们可以从经济和风险的角度为方案的制定把关。投标工作组在对行业市场情况和竞争对手情况准确把握的基础上,对工商企业的招标文件进行详细分析,并结合物流公司自身的实际情况,编制投标文件,参加投标活动,力争以理想的合同条款和服务价格中标。

2. 投标项目组工作方法要求

一般来说,投标项目工作小组是在投标项目领导小组的领导下,开展具体的物流项目投标工作。由于投标工作涉及面较广、过程复杂,因此对小组的运作方式和具体的工作方法也有一定要求。总体而言,投标工作小组应依照部门岗位的不同而分工协作,参照招标文件的内容和时间要求制定工作进度表,定期召开工作会议和处理日常事务。

(1) 内部分工协作。

投标工作小组成立之初,应对各成员参照招标文件的要求进行具体分工,落实相关工作,以便投标领导小组对投标工作小组的工作进行检查和考核,防止出现互相推诿等职责不清现象,影响投标工作的完成。

(2) 制定工作进度表。

投标工作小组成立后,全体成员应对招标文件进行深入分析与研讨,并在此基础上统一布置各项工作,编制时间进度表。投标小组各成员须严格按时间进度和质量要求完成各自工作。

(3) 定期召开会议。

投标领导小组和投标工作小组执行工作例会制度,定期及不定期地听取投标工作小组成员的汇报,了解和掌握投标工作的进展情况,解决投标工作中存在的问题,协调项目组内部以及项目组与企业之间的工作关系,保证投标项目的各项工作能够保质、保量地按期完成。

3. 投资项目组内容保密要求

为了保证项目投标工作的顺利进行,物流企业的投标项目组需执行严格的保密制度,防止发生因泄密而投标不成功的事情。

(1) 签订保密协议。

投标工作小组的全体人员以及有可能接触到投标机密文件和信息的人员(如打字员、文员等),都必须与公司签订保密协议,从法律上规范相关人员的保密责任。

(2) 完善保密制度。

为保证工作的正常开展和企业的长远发展,物流公司有必要建立规范、成套的保密制度,如档案文件保管与保密制度、会议保密制度、通信及电子邮件保密制度、电话保密制度等。基本的保密事项至少包括以下几项:

① 不该说的机密不说、不该知道的机密不问、不该看的机密不看、不该记录的机密不记录;

② 严格执行文件登记签字制度,未经批准不得传递机密文件、资料等;

③ 不准将机密文件、资料放在不安全的地方;

④ 不准携带机密文件、资料回家,不得将机密文件、档案资料给家属阅读;

⑤ 不准携带机密文件及资料参观、浏览、探亲、访友、办私事等;

⑥ 不得擅自翻印、复印、传抄机密文件及资料;

⑦ 不在公共场所谈论机密事项,不在私人通信中涉及机密内容;

⑧ 不在普通电话中谈论机密事项,不用普通邮件寄发机密文件、资料;

⑨ 不得私自销毁以及出售机密文件、资料、笔记本等;

⑩ 不隐瞒失密、泄密事故。

投标项目小组的全体人员以及有可能接触到投标机密文件和信息的人员(如打字员、文员等),都应当遵守公司的保密制度。

(3) 查处相关责任人。

在投标项目组工作期间,一旦出现泄密事件,投标项目领导小组和公司高层领导应当予以充分重视,并依据事件的严重程度追究相关人员的直接责任和管理责任,依据公司的相关保密制度和保密协议给予严肃处理;如果情节严重的,甚至需移交司法部门处理。

二、物流项目投标的主要工作

物流企业确定好投标项目并组建投标项目组后,就可以开展具体的投标工作。一般来说,投标项目组的工作主要有:投标前的准备工作、参与投标阶段的工作和投标标书的编制工作。

(一)物流公司投标前的准备工作

投标前的准备工作是整个投标工作的起点和基础,该阶段的工作重点是收集和了解招标企业的基本情况和招标项目的物流服务需求情况,认真研究物流企业自身在管理能力、物流网络、服务水平、信息系统以及其他方面的资源情况,分析自身的优势与劣势,力争在投标过程中做到知己知彼,战胜竞争对手并成功中标。

在投标前的准备阶段,投标项目组需要确定目标工作责任和时间,做好内部分工,明确各成员的责任,并制订出详细的工作计划,有步骤地做好以下工作。

1. 分析招标文件

仔细研究和分析招标文件是投标工作的开始,也是投标成功的基础。对招标文件的研究主要从以下几个方面来进行:

(1)招标企业的性质及企业发展的现状与动态。

不同性质的工商企业有着不同性质的物流服务需求。比如,生产电子产品的制造企业对物流服务的需求主要集中在航空运输方面,通常采用小批量、多批次的运作方式,对运输时效性和货物安全性的要求比较高;生产服装的企业对物流服务的需求主要集中在公路运输方面,对物流成本控制和门店配送服务要求比较高等。另外,从国际物流的角度来看,不同地区的工商企业对物流服务的态度和认知也不同。一般发达国家和地区的外资工商企业是在强调服务质量的前提下考虑物流成本控制;而大多数国内和欠发达国家和地区的工商企业均先强调物流成本控制,然后才会考虑物流服务质量。由于两者考虑问题的出发点不同,其对物流服务质量与物流成本控制两者之间关系的认识也会有所不同。

了解招标企业的发展现状与动态,可以帮助投标企业加深对招标企业的把握程度,如分析招标企业处在发展过程中的具体阶段(创立阶段、上升阶段、成熟阶段、衰退阶段),招标企业目前的经营与管理状况等。

掌握了上述信息,投标企业就可以在投标过程中,针对不同性质企业的不同发展状况,制定具体的投标策略,增加中标概率。

(2)招标物流业务的种类、性质和业务量。

招标企业在招标文件中一定会对招标物流业务进行必要的描述,包括货物的品名、规格、单件重量、包装方式、流量流向、对物流服务(运输、仓储、时效、增值服务)的要求等。物流公司可以通过解读上述信息,增加对招标项目的了解,并结合自身的业务现状和发展方向,为编制物流服务方案和测算物流服务报价提供依据。

同时,货物的种类和仓储、运输方式直接决定了货物的物流费用和保险费率,影响物流的总成本。因此,为了使物流服务方案和报价更具竞争力,除招标文件中对物流业务的描述外,物流公司还应该通过尽可能多的渠道,了解和掌握其他招标物流业务的相关情况及细节。

(3) 招标企业对物流公司的资质要求以及其他方面的要求等。

招标企业为保证投标企业有能力为其提供更好的物流服务,会对物流公司的资质、资历、物流设备(运输车辆、仓储设施、装卸设备、信息系统、安全报警装置)等方面提出一定的要求。在实际的业务操作过程中,由于物流招标企业占优势地位,其很可能会提出一些不切实际的、过于理想化的要求,而投标企业很难一次性、全面满足招标企业的要求。在此情况下,投标企业应该综合考虑,在需要与可能之间进行权衡,根据中标前景和该物流业务对企业发展的重要性等进行综合判断,然后采取相应的措施。

(4) 招标项目的合同有效期、费用结算账期等。

在招标文件中,招标企业通常会对物流业务合作合同的有效期和物流费用的结算周期等进行界定。合同有效期和物流费用结算周期对参与投标的物流企业影响非常大,主要体现在以下几个方面:

① 合同有效期直接影响物流公司为此项目资源投入的积极性。对于合同有效期较长的招标物流业务,物流公司由于合作时间长,收益方面有所保证,所以为运作此项目追加各种资源投资的积极性较高;如果合同有效期很短,比如只有一年,则物流公司在资源投入方面通常会比较慎重,在实际操作过程中,中标的物流企业更多会采用业务外包或者整合社会物流资源的方式,来运作合同期较短的物流业务,但这种服务方式,在服务水平、服务质量和管控力度等方面对物流企业提出了新的要求。

② 结账周期直接影响物流公司的流动资金占用水平。当前,不少工商企业资金紧张,缺乏足够的流动资金。在此情况下,一些工商企业开始在物流费用结算周期方面大做文章。在目前的物流业务招标项目中,结账周期普遍较长,而且有越来越长的发展趋势。结账周期3个月以内的物流业务招标项目已不多见,3到6个月的结账周期已成为普遍现象。业务量越大的物流招标项目,结账周期就越长,物流公司实际上为工商企业提供了免费融资的功能。

由于资金占用是要增加资金成本的,因此,投标企业必须对招标项目的结账周期进行认真分析,综合考虑企业的资金实力、融资能力和资金成本三个方面的因素,为在投标文件中提出比较合理的、有一定竞争力的物流服务报价提供依据。

2. 收集招标企业资料

物流企业通过多种渠道,全面收集招标企业的资料,加深对招标企业的了解,是保证投标工作顺利进行、增加中标可能性的重要基础性工作。由于投标企业在投标过程中面临着很大的不确定因素和竞争压力,因此投标企业应通过各种途径(如招标企业的门户网站、相应的行业协会、招标企业的上下游客户、各种社会关系等)收集招标企业的相关信息和资料。

(1) 了解招标企业的总体状况。

投标企业有必要了解招标企业的总体状况,包括招标企业的成长历程、员工人数、产品类型和特点、市场销售模式和销售情况、招标企业在所在行业中的地位等,这样可以从中对招标企业的实力、发展模式、经营管理状况以及运作情况有一个比较全面的认识。

(2) 了解招标企业的财务状况。

投标企业需详细了解招标企业的财务状况,通过招标企业的一些细节情况推断其财务状况。如果招标企业与上下游客户的结算账期较短、结账情况正常,招标企业的市场销售情况较好,能按时发放员工工资和奖金,员工福利待遇较好等,则基本可以说明招标企业的财务状况良好;反之,招标企业的财务状况则很可能存在问题。

财务状况不好的招标企业在和物流公司合作时,很可能会把结算期延长,或者拖欠物流费用,或者以种种理由扣除部分物流费用等。对于经营状况不好的招标企业,物流公司在投标时应小心谨慎,以免陷入泥潭,得不偿失。

(3) 了解招标企业的发展趋势。

在目前市场竞争日益加剧、工商企业普遍不景气的情况下,物流公司应该加强对招标企业发展趋势的了解,以规避潜在风险。

投标企业在参加物流业务投标时须谨慎,一定要对招标企业的发展趋势进行深入研究分析。对于在经营、财务、营销等方面存在问题的招标企业,投标企业一定要在结算周期方面多加注意。特别是中标后,在后期的物流服务合同履行中,最好能持有一定量的库存货品,万一招标企业无力偿还所欠物流费用,投标企业可以采取适当的措施,以减少损失。

(4) 积极参加标前说明会。

招标企业在物流业务招标过程中,为了加强与物流公司的沟通,帮助物流公司了解招标物流业务的具体情况和要求,常常会邀请各投标企业参加标前说明会,甚至会补充一些重要信息,或对招标文件进行说明、解释或澄清。借助标前说明会,投标企业可以与招标企业进行面对面的直接沟通,对招标企业的企业文化、经营理念、做事风格等有进一步的了解和认识。

3. 了解竞争对手情况

越是优质的物流业务招标项目,参加投标的物流公司就越多,竞争也就越激烈。因此,为了增加中标的概率,投标的物流企业应调查了解各主要竞标对手的情况,分析各主要竞争对手的优劣势以及他们可能采取的竞标策略等,尽量做到知己知彼。

通过对招标文件中关于投标物流公司资质要求、物流业务性质等方面的描述,再加上对本行业的了解,投标企业可以大致推断出参加投标的竞争对手,并可以通过分析参加竞标的各个物流公司的经营管理水平、物流运作能力、资金实力、物流网络情况等推断出中标可能性较大的主要竞争对手,再针对竞争对手的情况采取相应措施,争取在竞标中占据主动地位。

在实际的物流项目投标过程中,分析各主要竞争对手的最关键点就是竞争对手的物流报价。因为当前情况下,物流市场的竞争首先是价格竞争,一般在招标企业的评标打分中,单物流服务报价通常会占50%到60%的比重,剩余才是投标企业资质、物流服务解决方案和物流服务水平等的综合比重。

投标企业针对各主要竞争对手可能的物流报价水平,制定出既有较强竞争力,又有一定利润空间的物流报价,同时针对各主要竞争对手的优劣势,有针对性地编制物流服务解决方案,是提高中标概率的主要方法。

完成上述几项工作后,投标物流企业可以结合自身的优劣势进行分析,以此确定投标策略。一般情况下,可供投标企业选择的投标策略主要有以下几种方式:

(1) 以物流服务内容为主的竞争策略。

除价格竞争外,为招标企业提供具有供应链管理技术含量的物流服务解决方案,是最具竞争力的竞争策略。招标企业在考量各投标企业的物流服务报价以后,第二个要重点考量的就是各投标企业的物流服务能力和服务质量。投标企业根据招标项目的实际物流服务需求,组织相关专业人员编制出高水平的物流服务解决方案,是提高投标企业中标可能性最有效的措施。

物流服务解决方案的编制是一项比较复杂的工作,涉及面广,既与特定招标企业的物流需求相关,又与投标企业的物流能力与管理水平相关。编制物流服务方案需要考虑的因素比较多,通常以成本、服务、时效、响应速度四个方面为主要考虑因素。

为招标企业提供成本低、时效好、服务好、响应速度快的物流服务,是物流服务方案的根本要求。物流服务解决方案在投标文件中占据的篇幅最多、内容也最详细,这也是投标企业说服招标企业、展示投标企业物流能力和管理能力的最好机会。

(2) 以增值服务为主的竞争策略。

随着产业不断升级和市场竞争不断加剧,工商企业越来越多地将有限的资源集中投入到企业的核心业务中去,而将物流等非主营业务逐步外包出去。因此,投标企业如能为招标企业提供一些诸如包装、分装、打包、打板、分拨、整理、清洁、信息采集与信息处理、财务支持、流程优化、物流供应链咨询等方面的物流配套服务或物流增值服务,则会对招标企业具有很强的吸引力。

无论是物流运作比较简单的招标业务(如简单的公路、铁路运输业务、航空运输等),还是比较复杂的招标业务(如全国范围内的仓储分拨配送、电子商务模式下的物流 B2C 配送服务等),如果投标企业能够提供客户需要的增值服务,则该企业中标的概率会大大增加。

物流增值服务的范围很广,凡是与物流相关的、客户没有能力做、不愿意做或者还没有想到去做的事,都可以纳入物流增值服务的范畴。不同招标企业需要的物流增值服务的内容和形式各不相同,这就需要投标企业花大力气去调查研究及规划设计。

(3) 以价格竞争为主的竞争策略。

目前,在国内物流招投标市场上,物流服务价格已成为决定投标企业能否中标最重要的因素。这一点,需要引起我们特别的关注。物流服务报价低的投标企业中标的可能性更大,物流服务报价高的投标企业中标的可能性较小。然而,价格竞争实际上是一把"双刃剑",过度的价格竞争会最终导致招投标双方两败俱伤,在中标后的合同履行中,物流公司亏损经营、招标企业得不到稳定可靠的物流服务。

投标企业提供比竞争对手更低的竞标价格,同时保持合理的利润水平,是招标企业确定价格水平的关键所在。这就要求招标企业编制的物流服务解决方案必须多加优化、更加科学,在保证成本运作比竞争对手更低的同时,能达到或超过招标企业要求的物流服务水平和服务质量。

提供比竞争对手更低的物流价格,同时保持合理的利润水平,这看起来像是自相矛盾的要求,但也是物流行业发展的要求。必须达到所谓"价更廉、物更美",物流企业才能战胜竞争对手。如果克服了此经营管理难题,物流企业最有可能中标。

当然,在以下特定的情况下,投标企业根据自身的发展需要,也可以慎重地采用低价竞争策略,例如:① 在一定时期内,投标企业需要现金流;② 在一定时期内,企业发展需要和一些知名公司合作,通过低价引入知名客户,这更符合企业的发展需要;③ 一定时期内,企业需要通过低价策略进行竞争,扩大市场份额;④ 招标物流业务与投标企业现有的物流业务可以叠加,通过规模效应降低成本,实现盈利。

价格竞争是一种效果明显、副作用也明显的竞争手段。不少企业使用该手段取得了重大成功,但也有不少企业使用该手段陷入了泥潭。

因此投标物流企业要对竞争形势和企业自身发展进行综合判断,慎重采用低价竞争策略。

(4) 综合竞争策略。

综合竞争策略是指将上述各种竞争策略或者其他竞争策略综合使用或者组合使用。在特定的招投标项目竞争中,投标企业应该充分挖掘和发挥自身的优势,在投标过程中发掘和展现一个又一个吸引招标企业的亮点,最终实现中标的目的。

(二) 物流公司投标时的主要工作

从投标人的角度来看,物流公司在参与项目投标时,需要做好以下几个方面的工作。

1. 申报资格

物流公司在获知招标公告或投标邀请,并决定参与投标后,应按照招标公告或投标邀请书中所提出的资格审查要求,向招标人申报资格审查,提供有关文件资料。资格审查是物流公司参与投标过程的第一关。

采用不同招标方式的物流项目,对潜在投标人的资格审查时间和要求也不一样。一般从国际招标投标的惯例来讲,在无限竞争性招标中,通常是投标前进行资格审查,也就是资格预审,只有资格预审合格的物流企业才可以参加投标;在有限竞争性投标中,通常是在开标后进行资格审查,并且这种资格审查往往作为评标的一个内容,与评标结合起来进行。对于我国物流项目的招投标工作,一般在允许物流企业参加投标前都要进行资格审查,但资格审查的具体内容和要求有所区别。

(1) 公开招标的资格审查要求。

公开招标的物流项目,一般要按照招标人编制的资格预审文件进行资格审查。物流企业需要准备的文件主要包括以下内容:投标人的组织与机构;近三年完成物流项目情况;目前正在履行合同的情况;过去两年经审计过的财务报表;过去两年的资金平衡表和负债表;下一年度财务预测报告;物流运营机械设备情况;各种奖励或处罚材料;与本合同资格预审有关的其他材料。

如果物流企业是联合体投标的,联合体的每一位成员都需要如实填报以上材料。

(2) 邀请招标的资格审查要求。

邀请招标一般是物流企业按照投标邀请书的要求,提交或出示企业的有关文件和资料,招标人通过审核,确定自己的经验和所掌握的有关物流企业的情况是否可靠,有无变化。通常物流企业需要准备的文件包括以下内容:投标人的组织与机构资质等级证书;近三年完成物流项目的情况;目前正在履行合同的情况;企业资源方面的情况,包括财务、管理、技术、人力资源、设备等情况;各种奖励或处罚材料;与本合同资格预审有关的其他材料。

物流企业要申报资格审查,就要向招标人提供有关资料,经招标人审核后,招标人会将符合条件的物流企业的审查材料,报项目招标投标管理机构复核。经复核合格的物流企业,就具备了参加投标的资格。

2. 购领招标文件并缴纳保证金

物流企业经资格审查合格后,便可向招标人申购招标文件和有关资料,同时要缴纳投标保证金。投标保证金是为防止投标人对其投标活动不负责任而设定的一种担保形式,是招标文件中要求投标人向招标人缴纳的一定数额的金钱。从国际招标投标的实际业务来看,投标保证金的数额一般较高,设定在投资总额的 2% 到 5%;从我国的招标投标实际业务来看,保证金的数额普遍较低,一般规定不超过 50 万元或者不超过投标总额的 2%等。

3. 参加现场踏勘和投标预备会

物流企业在拿到招标文件后,应进行全面细致的分析和调查研究,若有疑问或不清楚的地方需要招标人予以澄清和解答的,应在收到招标文件后的七日内以书面形式向招标人提出。

物流企业在去现场踏勘之前,应先仔细研究招标文件中的有关物流内容和各项要求,特别是招标文件中有关物流项目的工作范围、专用条款以及详细说明等,然后有针对性地拟定出踏勘提纲,确定重点需要澄清和解答的问题,做到心中有数。一般来说,招标人在招标文件发出后,就会着手考虑安排投标人进行现场踏勘等工作,并在现场踏勘中对投标人给予必要的协助。

物流企业在进行现场踏勘时,应重点关注以下几个方面:

(1) 物流项目的范围、性质以及与其他项目之间的关系。

(2) 物流企业参与投标的那一部分项目,与其他承包商或分包商之间的关系。

(3) 现场的交通、电力、水源等情况,是否存在一定的障碍。

(4) 现场的进出方式,现场附近有无食宿条件、设备维修条件及其他辅助条件等。

(5) 现场附近的治安情况。

投标预备会又称投标答疑会,一般会在物流企业现场踏勘之后的 1 至 2 天内举行。答疑会的目的是解决物流企业对招标文件和在现场踏勘中所提出的各种问题,并对物流项目进行更加详细的解释。

4. 编制和递交投标文件

物流公司在经过现场踏勘和投标预备会后,就可以着手编写投标文件,并递交投标文件。这个过程也称为递标,是指投标人在招标文件中要求的提交投标文件的截止日期前,将所有准备好的投标文件密封送达投标地点,招标人收到投标文件后应当签收保存,不得开启。投标人在递交投标文件以后,投标截止时间之前,可以对所递交的投标文件进行补充、修改或撤回,并书面通知招标人,但是,所递交的补充、修改或撤回通知,必须按照招标文件的规定编制、密封和标识,补充、修改的内容为投标文件的组成部分。

物流项目招标企业一般会在招标文件中对投标文件的封装提出具体的要求,因此物流企业要按照具体要求进行装订和封装,否则送达的投标文件的封装可能会五花八门,这不利于招标企业下一阶段的评标工作。通常情况下,投标文件使用A4纸(个别较大的图表可用A3纸)左侧装订,用不褪色的材料打印或复印,采用不可拆卸装订,封面要显得专业而不花哨,整体的观感要体现物流企业的价值。同时,投标文件所有内容还需制作成电子版,电子文件必须装于独立的信封内,然后密封封口并在封口上加盖投标企业公章,信封上注明"电子文件"和投标人名称。

对于所有投标文件,电子版需特别注明并经法定代表人签字确认,纸质版须逐页或骑缝加盖投标企业公章,或由企业法定代表人逐页签字,或由法定代表人授权的被委托人逐页签字方视为有效。其中,报价必须逐页由法定代表人或法定代表人授权的被委托人签字并加盖投标企业公章。所有投标文件要采用投标专用袋来封装,投标专用袋上要注明投标编号、投标单位名称等,投标专用袋封口处要注明:××××年×月×日××时××分前不得开启,或使用带有上述字样的小纸条封装袋口并加盖公章。

5. 出席开标会议

物流企业在编制递交了投标文件后,要积极准备出席开标会议。参加开标会议对投标人来说既是权利也是义务。一般来讲,投标人不参加开标会议的将被视为弃权,其投标文件将不予启封,不予唱标,不允许参加评标。物流企业在参加开标会议时,要注意其投标文件是否被正确启封、宣读,对于被错误的认定为无效投标文件或唱标出现错误,应当场提出异议。在出席开标会议和评标期间,如果招标人提出要求,需要对投标文件中的相关问题进行澄清,物流企业应当积极对有关问题进行说明、解释和澄清。投标文件有关问题的澄清,招标人可以采用向物流企业发出书面询问,由物流企业书面做出说明或澄清的方式,也可以采用召开澄清会的方式进行澄清。澄清会是招标人为有助于对投标文件的审查、评价和比较,而个别的要求投标人澄清其投标文件而召开的会议。招标人不管是发出书面询问或者是召开澄清会,最后物流企业对有关问题的澄清,都应以书面形式进行。所说明、澄清和确认的问题,经招标人和物流企业双方签字后,作为投标文件的组成部分。在澄清文件中,物流企业不得更改标价等实质性内容,而且在开标后和定标前,提出的任何修改声明或附加优惠条件,一律不得作为评标的依据。

6. 接受中标通知书并签订合同

评标后,物流企业被确定为中标人的,应接受招标人发出的中标通知书。而未中标的物流企业有权要求招标人退还其投标保证金。物流企业收到中标通知书后,应在规定的时间和地点与招标人签订合同。不过在合同正式签订之前,还应先将合同草案报招标投标管理机构审查,经审查无误后,招标人和物流企业才能完成合同的签订。一般来讲,中小型物流项目应在7天以内,大型物流项目应在14天以内,根据《合同法》等有关规定,依据招标文件的要求和投标文件的条件,双方签订合同,物流企业按照招标文件的要求,提交履约保证金或履约保函,招标人同时退还物流企业的投标保证金。如果物流企业中标后,在规定时间内没有和招标人签订合同,招标人在报请招标投标管理机构批准后,可取消其中标资格,并按规定不退还其投标保证金。此时招标人会考虑在其余投标的物流公司中重新确定中标人,并与之签订合同,或者进行重新招标。物流企业与招标人正式签订合同后,还应按要求将合同副本分送有关主管部门备案。

总体来看,物流企业在参与投标阶段,必须按照规定的流程,遵守规定的时间,满足招标文件的各项要求,进行公平、公正的竞争,并最终实现投标的成功。

(三) 物流项目投标标书编写工作

物流项目投标标书是物流企业在深入分析招标企业概况和物流服务需求情况后编制的正式竞标文件。对于物流企业来说,投标标书的编写工作是整个物流投标活动中最核心、最关键的部分,投标标书编制的质量将直接关系到投标结果,因此如果投标项目物流业务量较大、对企业发展意义重要,且企业内部缺乏高水平的标书编制人员,物流企业则应该考虑聘请相关专家协助完成投标标书的编制工作。一般投标标书由企业情况介绍、物流服务解决方案和物流方案报价三个部分组成。

1. 企业情况介绍

(1) 表达投标意向。

此部分内容主要是物流企业表示自愿投标,承诺以拥有的所有物流服务资源为招标企业提供所需的物流服务,表达与招标企业友好合作、共同成长的良好愿望。一般招标企业要求物流公司缴纳一定的投标保证金,以此为投标确认依据。

(2) 介绍企业情况。

此部分内容主要是对投标企业的发展现状、发展规划、企业综合实力、物流管理与运作水平、历史业绩、现在重点客户等情况进行全面描述,让招标企业对物流公司有一个比较全面、深刻的了解和认识。同时,物流公司还应提供相关的证明材料,如企业营业执照、工商税务证明、各种行业获奖证书等。

(3) 分析企业优势。

此部分内容主要是重点展示物流公司的优势和专长,充分证明物流公司有能力完成招标企业的物流项目。在分析物流公司自身的优势和专长时,要注意围绕招标企业的物流需求展开。通常情况下,论述的主要内容包括以下方面:

① 物流公司的经营管理团队;

② 物流公司的物流运作能力;

③ 满足招标企业所需的物流网络;

④ 先进的IT技术和物流信息网络技术;

⑤ 先进的仓储设施、装卸设备等;

⑥ 物流公司的资金实力或融资能力;

⑦ 与招标项目相关的其他优势资源等。

2. 物流服务解决方案

物流服务解决方案是物流公司针对招标企业的实际物流需求提出的招标物流项目整体实施方案。该方案是招标文件中的核心部分,是体现物流公司物流运作能力和管理能力最主要的内容,也是投标标书中最重要、最复杂的内容。

3. 物流方案报价

物流公司根据提供的物流服务类型和复杂程度,结合市场行情、企业操作和管理成本以及竞争需要,向招标企业提交物流服务报价表。一般在物流方案报价中,招标企业都会要求物流公司在服务报价表上逐页加盖企业印章，以表示该报价表具有法律效力并愿承担相应的法律责任。

三、物流项目投标标书的主要内容及编写

物流项目投标标书是物流公司编制的，表达投标意愿的，以及反映公司物流管理水平和物流运作能力的正式文件，也是招标企业评定物流公司能否中标的主要依据之一。因此，编制一份内容翔实、质量上乘、适合招标企业物流服务需求的投标标书是物流公司争取中标的核心因素之一。

（一）企业情况介绍

企业情况介绍主要包括物流公司的资质文件以及相关资料。在此部分的编写中，物流公司需如实提供资料，无须做过多的发挥，只要描述出企业的优势即可。

1. 企业资质

对物流公司而言，全面系统地展示公司的实力和资质，包括企业经营理念、管理风格、物流运作水平、未来发展趋势、各种行业资格证书、各级管理证书等，对树立企业的良好形象，提高招标企业的认可度以及增加中标概率是十分必要的。

在行业内知名度不太高或正处于成长阶段的物流公司，在参加物流业务招投标时，企业的资质介绍显得比较重要。在招投标过程中，招标企业出于慎重通常会对参加投标的物流公司进行资质审查，以确保入围的物流公司有能力完成招标项目中的物流业务。企业工商营业执照、纳税证明、银行信贷证明以及会计师事务所出具的企业财务状况证明材料等，都是关于企业资质情况的最好说明材料，在物流公司的投标文件中，此部分内容一定要包括。对于部分大中型物流公司来说，除了总部的工商营业执照以外，各地分公司的相关资料也应该包括进去，以通过此种方法证明物流公司的网络规模和经营实力。

除上述资料以外，最直观的企业资质介绍方法就是列举出各种资格证书（如各级政府部门颁发的重合同讲信誉证书、各行业协会颁发的会员证书、相关组织颁发的资格证书、ISO认证证书以及客户的各种表扬信等）。

2. 企业现状及未来规划

（1）物流公司发展现状。

能反映物流企业发展现状的资料和指标主要有：

① 展现企业财务现状的主要指标。能表现物流公司财务现状的主要指标包括企业资产总额、主营业务收入、主营业务利润、利税总额、现金流量、资产负债率、现金流量、年收入增长率、融资能力等。

② 展现企业运营状况的主要指标。能反映物流公司运营状况的主要指标包括公司自有或租用货运车辆的数量、公司自有或租用仓储设施的面积、仓储设施分布情况及作业能力、运营网点个数及分布情况、相关物流服务质量水平等。

③ 展现企业人力资源状况的主要指标。能反映物流公司人力资源状况的指标包括员工总人数、员工学历分布情况、高层管理人员工作履历及学历、体现企业管理水平的权威荣誉与奖项等。

(2) 物流公司发展规划。

物流公司发展规划通常分近期规划、中期规划和远期规划。一般而言，近期规划的时间段通常在2到3年，中期规划的时间段通常在3到6年，远期规划的时间段通常在6到10年。物流公司发展规划的主要内容主要包括未来的企业定位和发展目标、未来的企业发展战略、未来企业的物流网络建设规划、未来新业务开拓计划、未来企业发展方面的投资规划、未来企业的盈利计划等。

物流公司在编写发展规划的相关内容时，最好能重点突出与招标企业的发展规划或物流需求相一致的部分，这样更能引起招标企业的共鸣，产生意想不到的效果。比如，如果物流公司的网络区域发展规划与招标企业下一步的市场区域开拓规划相吻合、物流公司下一步运作体系的调整规划符合招标企业新的营销体系、物流公司信息系统的改进方案与招标企业的服务需求相吻合等，招标企业会认为物流公司将来能提供更好的物流服务，增加中标机会。

3. 企业其他情况介绍

(1) 信息系统平台介绍。

当前物流业务的核心是信息化，物流公司之间的竞争很大程度上也体现在信息化的竞争上，所以物流信息系统已成为物流公司从事物流运作不可或缺的重要手段。同样，在信息技术快速发展的今天，招标企业对物流公司的信息系统也有着越来越多、越来越高的要求，物流信息系统的功能设置与运作效率已成为物流公司参加大型物流项目招投标的重要前提条件之一，因此物流公司在标书的编写过程中，最好能介绍一下企业的信息系统平台。

物业公司的业务信息系统主要包括以下功能模块：

① 总体管理模块。物流信息化平台总体结构，包括系统网络结构、系统覆盖区域、系统功能结构、区域架构管理等。

② 仓储管理模块，包括入库扫描、储位设置、出库扫描、暂存出库、拆箱操作、调拨入库、盘点操作、查询等功能。

③ 客户自助管理模块，包括委托入库、委托出库、委托调拨、委托派送、委托盘点、报表查询等功能。

④ 客户服务管理模块，包括追踪签收、签收单管理、订单查询、异议处理等功能。

⑤ 实时反馈系统模块，包括实时查询系统、GPS系统组成、GPS系统功能、手机签收、查询功能、实时自动反馈系统、主动推送、分析报告系统等功能。

⑥ 其他支持模块，包括决策支持模块、财务管理模块、承运商管理模块等。

物流公司在进行物流信息平台功能介绍时，应依据招标文件中的相关要求，有针对性地进行详细介绍，说明现有的物流信息系统能够充分满足招标企业的物流服务需求。同时，物流公司可以适当地介绍物流信息平台的一些其他功能，说明该物流公司的信息系统不仅能满足招标企业的基本要求，还能在某些方面超越它的要求，增加竞争优势。

在实际操作的过程中，多数情况下，物流公司的物流信息平台很可能有些部分还达不到招标企业的要求，此时，则应详细介绍物流信息平台的升级方案。物流公司应及时对物流信息系统中不能满足客户需求的功能进行详细分析，评估该招标项目对企业的意义和中标的可能性。如果认为有必要，则物流公司还要及时对物流信息系统进行升级。一般来说，从开始招标到参与投标，再到评标、开标、定标，期间至少有数月的时间，在这段时间内，物流公司完全有足够的时间完成物流信息平台的功能补充与系统升级。当然，最稳妥的做法是：物流公司先在投标文件中按照招标企业的物流服务需求，对物流信息系统进行符合招标企业功能需求的介绍，同时做好信息系统完善和升级的准备，中标以后再对物流信息系统进行实际的功能补充与系统升级。

（2）现有客户运营情况介绍。

在大多数物流业务招投标项目中，招标企业通常要求物流公司列出现有的主要客户名单以及介绍相应的运作情况，以此判断物流公司的管理水平、物流运作能力和业务规模。招标企业这样做的目的主要有以下几点：

第一，通过分析投标企业现有客户的情况来判断物流公司的综合实力。比如，能为国内大型公司甚至跨国大型公司提供物流服务的企业，通常它的管理水平、物流运作能力和综合实力是比较值得信赖的；如果没有这样的客户，那么该物流公司的企业管理水平、物流运作能力和综合实力就不太强。

第二，招标企业可以通过调查走访投标企业的部分客户来直接了解该物流公司有关物流服务方面的实际情况。通常，招标企业对此类调查资料的信任度是比较高的。

第三，了解物流公司有没有与招标企业物流服务需求相类似的客户，以此来推断物流企业在此类物流业务方面的物流服务能力与企业实力。

一般来说，大型物流公司应该拥有部分国内大型公司或者跨国大型公司客户，在提供主要客户名单时，物流公司可以列出一些知名大客户，以及与招标企业物流服务需求相类似的客户名单。一般来说，大部分招标企业愿意与业内同行共同使用同一家物流公司，在对该投标企业的服务能力和服务水平放心的同时，也可以降低成本。不过也有一些招标企业，鉴于行业的特殊性，会担心泄密于同行，往往不愿意与有竞争关系的企业使用同一家物流公司。因此，是否需要列出与招标企业同行的客户名单，需要物流公司根据行业情况和招标企业态度做出判断，谨慎操作。

部分中小型物流公司可能没有国内大型公司或者跨国大型公司客户，一般来说，在参与重大知名工商企业的物流项目投标时，这是不利的。不过在此种情况下，中小型物流公司应在投标文件中把一些现有客户的物流运作情况做详细说明，并有重点地突出物流公司的优势，展现公司的物流运作水平和综合实力。同时从长远来看，中小型物流公司还是应该尽可能地开发部分国内大型公司或者跨国大型公司客户，即使合作的业务量不大或者合作项目不能盈利，但可以为参加其他的物流业务招标奠定基础，提供优势，增加中标的概率。

（3）成功案例介绍。

在投标标书的编写过程中，物流公司还可以提供以往类似成功案例的介绍，以此来体现物流公司操作招标物流业务的能力与水平。通常，物流公司可以认真撰写两三个类似的成功案例，不仅可以充分证明物流公司的物流业务运作能力与管理水平，还可以使招标企业相信物流公司拥有能够同时服务多个大客户的能力。

类似成功案例的选择很重要，通常优先选择知名度比较高的国内大型公司或者跨国大型公司客户,即使物流公司与知名客户合作的业务量不大,也应该优先选择这些知名企业。

在编写过程中,物流公司可以结合招标企业的物流业务服务要求,选取两三家知名客户,各有侧重地编制成功案例介绍,这样做可以使招标企业相信投标企业在物流服务方面的若干关键点上都有能力做好,增加中标的可能性。

例如,在某次招标投标过程中,招标企业的物流业务涉及干线运输、仓储管理和终端配送三个主要环节,那么参与投标的物流公司比较好的做法是:选择并介绍三个主要的大客户:第一个,重点介绍其干线运输方面的情况;第二个,重点介绍其仓储管理方面的情况;第三个,重点介绍其终端配送方面的情况。这样一来,三个成功案例就可以充分说明物流公司在这三个服务领域内都有比较成熟的操作能力和管理经验。因此,物流公司选择成功案例的标准,不是选择业务量最大的客户,而是结合招标物流项目的要求与特点,选择与之匹配的、业务类型相似的、知名度较高的客户。

(二)物流服务解决方案

物流服务解决方案在投标文件中占有十分重要的地位,在招标企业对投标文件的考核总分中要占一半左右的比重。因此,在对招标企业物流服务需求进行系统调查和研究分析的基础上,投标企业应组织人力物力,上下同心,甚至集招标项目组全体成员的智慧研究编制物流业务运作和管理方案,突出需要强调的因素,力求物流服务解决方案在质量方面超越竞争者。

编制物流服务解决方案的总体要求是以物流供应链和系统论为基础,在整合各方面资源的基础上设计出最合理、流畅的物流运作方案,并使管理体系和信息服务等相互配合,保证服务内容最广、服务水平最高、运作时效最快、运营成本最低,最大限度地满足客户的物流服务需求,甚至超越客户期望。

在实际操作中,物流服务解决方案的编制方法会因人而异,因企业而异,因行业而异,但通常情况下应包括以下主要内容。

1. 对招标项目物流服务内容及要求的理解

物流公司对招标文件中的物流服务需求进行系统分析及提出专业性意见,并对实际的物流服务形式和服务内容提出建议,以此显示出物流公司的专业水平。此部分内容最好能超越招标企业的物流服务需求。

2. 招标物流项目运作架构的总体描述

此部分内容较多,也是方案的重点,须有条理地详细说明,主要包括物流公司对招标物流业务运作全过程的总体描述,如组织架构、涉及的分公司、涉及的合作方以及运作过程关键点的分析等。

3. 项目实施的组织与管理

此部分内容主要包括成立项目小组统筹管理、建立考核评估机制以监控运作质量、定期与招标企业沟通交换意见、对终端客户满意度等的定期抽样调查等。

4. 物流运作体系的建立与完善

此部分内容主要包括物流运作体系的组成、运作模式以及车辆、人员、仓储设备、装卸设备、运营调度、运作管理等。

5. 物流信息对接与信息处理

此部分内容是指根据招标业务的需要,对物流公司现有信息系统的功能增加与系统升级、物流单证传递、数据采集、数据传输、数据加工处理以及与招标企业的信息系统对接等。

6. 运输仓库管理实施方案

此部分内容主要包括招标项目下的仓储体系及相关分拨中心构建、在库货品的库存管理、仓库作业流程与作业管理、运输线路的优化、批量批次的优化、终端配送方案选择等。

7. 订单处理与流转

此部分内容主要包括客户下单方式以及订单的传递与反馈、正常仓储配送情况下的单据流程、异常仓储配送情况下的单据流程、异常及紧急情况的处理预案等。

8. 货品在途在库控制

此部分内容主要包括物流公司相关人员(如客服人员、操作人员等)对在途在库货品的追踪、货品的风险控制(防火、防潮、防盗、购买保险)、GPS的应用、在库货品的定期盘点、盘点差异处理流程和方法、货品交接程序及控制手段等。

9. 客服部门的快速响应

此部分内容一方面是对招标企业的服务,包括物流公司客服人员全天候的快速响应、全天候的客服绿色通道以及定期进行客户满意度调查、信息的定期反馈、服务水平监控、客户信息保密制度、与招标企业客服人员的信息对接等;另一方面是对终端客户(招标企业的客户)的服务,包括终端客户的投诉处理、KPI考核指标体系和要求、可能的营销推广措施等。

10. 应急事件的处理与记录分析

此部分内容主要包括物流运作过程中应急事件的处理原则与预案、突发事件的处置原则与预案、异常事件的处理与预案以及相关事件处理的记录与分析等。

物流服务解决方案是投标文件中物流公司最有机会尽情发挥的部分,也是考查物流公司的企业经营理念、管理水平、物流运作能力、物流服务水平和物流方案编制水平的重要手段。它集中考察了投标企业理解问题的高度和深度,解决问题的思路和能力,同时也考察物流公司方案编制人员的文化水平和综合素质。因此,研究探讨物流服务解决方案的编制方法和思路,掌握物流服务解决方案的编制原则和要点,编制出超越竞争对手的物流服务解决方案,增加中标的可能性,对于物流公司来说具有非常重要的现实意义。

(三)物流服务报价

在投标文件的编制过程中,物流服务报价部分虽然内容篇幅较小,只有两三页的报价表和价格说明,但是分量很重。特别是国内的物流项目招标,招标企业对物流公司进行综合考评时,物流报价部分的考评分会占到总分的50%到60%,因此合适的物流报价对投标结果影响极大。同样制定合适的物流报价对物流公司的难度也极大,一个合适的报价,不仅要求对招标企业有足够的吸引力,而且能使物流公司获得一定的利润。

物流服务报价主要由直接运营费、间接费、计划利润、税金和不可预见费组成。直接运营费是指直接用于物流项目的费用,包括人工费、材料费、设备费、机械使用费、现场经费和分包项目费等;间接费指组织和管理物流项目所需的各种费用,包括企业管理费、财务费及其他费用;计划利润是指物流项目的预计利润;税金指国家税法规定的物流项目中营业税、城市建设维护税和教育经费附加等;不可预见费由风险分析确定,一般在投标时可按总成本的3%到5%考虑。在确定具体价格时,需要考虑外部竞争和内部成本两个方面的因素,较高的物流报价有利于投标企业产生较高的利润,但中标的可能性会随之降低;较低的物流报价可增加中标的可能性,但企业的利润会随之减少,甚至会出现亏本经营的情况。因此,投标报价体系最好能集中各方面的意见,由企业高层讨论权衡确定,避免出现由于报价原因导致不能中标或者中标后无利润的现象。

1. 确定物流服务方案价格

在实际的操作中,大型投标项目的物流报价是一项更加复杂的工作,涉及企业的经营战略、发展战略、企业客户群现状、盈利政策、企业年度目标等诸多方面。物流公司不同的经营战略、不同的企业发展阶段以及不同的经营状况等因素,在各自的层面上也决定了物流公司会制定不同的定价政策。

对于处于成长期的物流公司来说,企业的短期经济效益在多数情况下通常不是第一位的,企业的迅速成长、客户的快速积累、业务量的快速增长、物流网络的快速建设、物流运作能力的快速提升才是第一位的,此时物流公司更看重知名客户带来的品牌效应、分摊营运成本方面的作用以及形成基础业务量方面的作用,通常会更多给出基于竞争的报价;而处于成熟期的物流公司,由于企业发展已有一段时期,达到了一定规模,其通常会给出基于利润的报价。

因此,对于大型物流招投标项目来说,对企业发展现状、发展需求以及发展重点和发展趋势的总体把握和方向定位,肯定不是市场部经理或者市场部人员所能完成的,所以在通常情况下,大型物流业务投标标底价格都是由市场部或者营销部提出初步方案,由物流公司高层管理人员集体研究确定。

2. 物流服务方案报价

投标文件中的物流报价格式一般由招标企业界定。通常有两种,第一种是按招标企业指定的格式报价;第二种是招标企业不指定报价格式,投标企业可自行确定报价的格式。由于第一种情况更便于招标企业的评标工作,所以使用得多一些。

对于第一种报价方式,物流公司回旋的余地不大,只能在企业运作成本的基础上,结合竞争需要进行报价;对于第二种报价方式,物流公司可以根据实际情况提出几种价格方案,不同的价格水平对应于不同的服务质量(如时效、运输方式、增值服务项目等),由招标企业选择既能满足物流服务质量需求,又能让对方接受的较为合理的价格。此种报价方式在帮助招标企业降低物流成本的同时,还可以提高投标企业中标的可能性。

【实训任务实施】

实训项目:物流项目投标文件描述

一、实训任务

小王是一名物流管理专业的大学生,毕业后进入某物流公司工作,经过前期培训后,被分配至公司市场部从事物流项目招投标的相关工作。经过前期的练习,小王已经熟悉了招投标工作的基本法律,掌握了招投标工作的主要流程,并学会了对物流项目招标文件的描述和编写。本周,部门领导安排小王学习物流项目的投标文件,熟悉投标文件的内容,为做好物流项目的投标工作打下基础。

二、实训目标
1. 描述物流项目投标文件的主要内容。
2. 把握投标文件编写的关键要点。

三、实训操作
1. 认真学习并理解下面物流项目投标文件。
2. 找出投标文件包含的关键内容,完成表格填写见表3-3-1。

京东2018年河南省分公司大小件传站及上门接货业务投标方案

第一部分:公司简介

一、简介

浙江桔瓣科技有限公司成立于2017年6月22日,隶属心怡集团,是心怡科技股份有限公司全资子公司,致力于打造智能仓储配送一体化互联网平台,以信息技术为支撑,整合仓、运、配等社会资源,以科技驱动各方协同,为客户提供智慧供应链管理与优化解决方案。

桔瓣科技着力打造桔瓣云仓及桔瓣优送两大平台,将智能仓储与智能运配相结合,为客户提供B2B/B2C/C2C/O2O全供应链整合的仓配一体化服务,利用技术、管理、资源、服务等多方面优势,打通并优化供应链仓、运、配全链路,全面提升交付体验,并为客户赋能,使其获得可持续的竞争力;采用信息化、标准化、集约化的方式,建立智能物流服务体系,实现大物流领域的降本增效。

桔瓣优送智能运配服务平台,致力于为客户提供干线物流、城市配送、仓配一体等智能化整体解决方案,依托智能运配管理系统,整合丰富的货物资源及运力资源,实现精准匹配,以高效优质的服务,切实解决运配时效差、价格高、操作复杂、安全无保障、服务质量低等难题,使客户可专注于业务拓展。

1. 高效配送
- 专业城配管理系统,智能排线,10秒可处理1 000+订单;
- 海量车源,7×24小时运力保障,全时段响应各类需求;
- 异常自响应机制,快速救援系统,保障时效。

2. 精准送达
- 智能系统全程管控,有效避免窜货、窜店,确保送达准确率;
- TMS在途监控,随时随地查看车辆及货物位置及所处节点。

3. 安全保障
- 全程可视化监控,确保货物安全;
- 司机经实名认证、专业培训、严格筛选;
- 1 000万理赔基金,快速出险,3天极速理赔。

桔瓣科技目前业务已在杭州、济南、成都、重庆、长沙、郑州、上海、合肥、北京、武汉、贵阳、广州、深圳、西安、昆明、太原等国内各大枢纽级城市全面落地。

二、服务网络

2017 年进驻 9 个重点城市并辐射周边 500 千米的二三线城市；

3 年内实现全国开通 40 个一二线城市业,打通包括华北、西北、华中、华东、华南、西南区域的全链路配送服务；

具备多城实联运和区域覆盖能力。

三、合作客户

目前,我们已服务 10 个城市,近 10 万家小微物流企业及国家多家顶尖 3PL、制造业、电商,如强生、每日优鲜、良品铺子、完美、玫琳凯、安能、盼盼、卫龙等。

第二部分：投标报价

根据招标文件要求,由公司高层管理人员集体研究确定。

第三部分：投标方案

一、运营方案

1. 运力组建

(1) 根据项目对运力的需求制订运力筹备计划。

(2) 运力筹备人员对项目需求运力计划中规定的车型、车龄、数量进行筛选。

(3) 项目运营车辆确定完毕对相关司机进行资质审核,资质不相符的退回至运力筹备处,运力筹备处根据要求再次筛选司机；符合要求的进入岗前培训。

(4) 岗前培训：主要针对项目中注意事项及各个节点进行详细讲解,培训结束后对所有司机进行考核,考核未通过的重新学习；通过考核的根据项目要求将项目运力分为固定运力和储备运力。

(5) 分组结束后根据项目运作时间由项目调度传达上岗等待期及上岗前的准备工作。

2. 基础流程

类　　别	规　　则
操作流程	京东将运输计划提供至桔瓣科技项目处； 桔瓣科技城市项目处人员根据运输计划安排相应运力提供服务； 确认完毕的车辆信息桔瓣科技通过桔瓣优送系统反馈至京东； 所有货物派送结束后回传电子签单； 每月 5 日前核对上月运输费用,10 日之前桔瓣科技开具相关运输发票,15 日之前京东将对应运输费用公对公转账至桔瓣科技指定账号

续 表

类　别	规　则
运输时效	桔瓣科技运力了解所运行线路的在途时间节点,所有运输车辆严格按照时间节点定点运作,不得超出节点
异常	如因项目客户自身操作问题导致车辆不能准点运作,司机提前与项目经理以及项目客户电话报备; 司机如因不可抗拒力因素(如交通事故、自然灾害等)导致车辆不能准点运作,应提前与项目经理和客户报备,并需要拍照留底

3. 提货

类　别	提货规则
时效	提货前需先电话确认时间、地点和所需准备; 根据项目客户约定的时间按时提货,当项目客户临时变更提货时间时需积极配合
提货服务	司机在提货时办理好相应货物交付单据; 司机提货过程中需协助完成货物清点工作
交接	(提货现场)司机在提货装车前需核对现场货物数量与提货信息是否相同,有误时,需与现场工作人员或项目经理电话联系处理; (提货现场)司机提货时,当发现现场货物因为包装、质量等存在不符合公司收件规则时,需向项目经理电话报备,等待项目经理指令方可确定货物是否可以接收; 司机提货后,需与项目客户当面交接货物数量,交接完成后货管责任转移
异常	当提货过程中服务事项发生变更,以项目经理指令为准执行; 当提货返回交接时发现货物明细有误,司机需及时调换,并负全部责任

4. 配送

类　别	配送规则
交接	司机装货时需当面清点货物数量,确认物品和包装与派送面单信息是否一致,如有误当面处理; 配送完成客户签收后,货管责任转移;将面单客户联交予客户,上传电子签单在系统,剩余面单带回交予项目客户处
预约	配送前需与收件人电话确认收货地点和时间,如电话联系不上项目客户客服或项目经理; 如配送过程中收件人变更收货服务,司机应与项目经理电话确认,等待指令再运作; 如配送时遇自然灾害、交通事故等不可抗拒力因素影响配送时效,与收货人重新预约配送时间,报备项目经理和项目客户
配送服务	司机在配送服务过程中需协助货物卸货并清点件数; 司机不得在没有项目客户客服或项目经理授权确认的情况下将货物返回

续表

类 别	配送规则
时效	司机需在规定的时间内完成货物的配送,如有特殊原因导致无法按时送达,应第一时间联系收货人,并告知项目经理报备
验货	当配送货物要求开箱验货时,司机必须在得到项目客户客服或项目经理的确认指令之后方可让客户验货; 客户验货时,司机必须在场
签收	原则上送货时需店长签收,如收货人要求代收需代收人出示收件人的委托凭证; 收货人不在收货地时,征得收货人同意时交由代收人,收货人不同意代收,则返回货物,报备项目客户客服或项目经理; 收货人拒收货物时,必须整单拒收,在未得项目客户授权情况下不得部分签收

二、应急方案

(1) 高峰用车:我司会提前与贵司协商最大用车数量,提前按 1∶1.2 的比例储备运力,确保高峰用车需求。

(2) 车辆故障救援:车辆发生故障后,司机在 15 分钟之内上报项目经理,项目经理在 45 分钟之内安排就近车辆进行驳货救援。

(3) 项目经理驻场:项目运作中由我方派驻项目经理,遇到任何突发情况由项目经理及时反应及时处理,要求 30 分钟反馈,2 小时内汇报结果。

三、赔付承诺

(1) 损坏、灭失:凡是产生丢货,我司按投保额度进行先行赔付,并积极配合后期理赔工作。

(2) 投诉:经我司客服部核实后,予以每票最高 200 元进行处罚。

四、项目保障

(1) 担保:司机经过四证一卡审核,由永诚保险承保,有偿投保,确保客户在平台安全无后顾之忧。

(2) 海量运力:平台河南区域有注册会员司机 2 000 余名,拥有面包车、依维柯、4.2 米、6.8 米、7.6 米、9.6 米等各种车型的海量运力池,满足高峰用车需求。

(3) 个性化 sop:针对运作需求,制定个性化操作流程,并通过岗前培训、跟车指导、月度评估考核等制度严格执行标准流程,确保精准执行服务标准,提升服务。

(4) 全程可视:自主研发"TMS 系统",可实时可视,监控车辆在途情况,方便就近调度车辆。

(5) 发票:提供 10% 的物流运输增值税发票。

(6) 先行代付:司机运费实时结算;出险后由公司先行赔付,后理赔和追偿。

(7) 专属客服:设有专属客服和现场管理人员,任何事项可直接联系,30 分钟反馈,2 小时内处理。

(8) 增值服务:代收货款(一键代收)、电子签单、原单返回等。

第四部分：车辆行驶证

（略）

公司名称：浙江桔瓣科技有限公司

联系人：刘某

手机号：18888888888

邮箱：wen@juban.com

地址：河南省郑州市中牟县新安路普洛斯物流园A区A-1

日期：2018年8月13日

表3-3-1 物流项目投标文件主要内容描述

	主要内容	主要内容描述
1	企业情况介绍	
2	物流服务解决方案	
3	物流服务报价	

【任务小结】

招投标工作在现代社会被普遍运用，成为企业在国内外竞争的主要手段。本任务主要讲解了获取物流项目招标信息的主要渠道、物流项目投标的主要工作以及物流项目投标文件的主要内容和编写要点。

项目的招投标管理必将成为影响社会经济发展的一个重要因素，熟悉招投标工作，对物流项目进行合理有效的管理，促进物流行业的发展具有重要的意义。

任务四　熟悉物流项目的开标评标定标工作

 任务目标

通过本任务的学习，熟悉物流项目中标的流程和主要工作；了解物流项目招投标中开标、评标、定标的流程；掌握物流项目招投标中开标、评标、中标的主要工作，并学会分析落标的原因，熟悉提高中标的方法。

 重难点分析

评标工作的主要方法和特点，是重点和难点，学习中要认真理解工作流程和准确把握具体方法。

 教学建议

充分发挥师生双方在教学中的主动性和创造性，重视培养学生的创新精神和实践能力,重视价值观念和职业态度的正确导向。

【引导案例】

　　某工商企业决定对其产品干线运输的物流项目进行招标,具体由招标代理机构负责。招标代理机构在相关的媒体上发布了招标公告。公告发布后在截止日前,共有多家物流企业投标,并有 A 物流公司等 8 家经资格审查合格。招标代理机构成立了以王教授、赵总工程师、李总工程师、马总经济师、朱总经济师五人组成的评标委员会(其中朱总经济师是 A 物流公司的顾问)。A 物流公司为了获取该物流项目,向朱总经济师打听评标委员会的组成人员的名单,并送给朱总经济师人民币 5 000 元,朱总经济师欣然接受了 A 物流公司的礼品,替 A 公司向其他几位评标委员打招呼。在评标的过程中。朱总经济师还多次和 A 物流公司的领导吃饭、娱乐,并多次向 A 物流公司透露评标的具体情况。在朱总经济师的帮助和努力下,A 物流公司最终获得了该物流项目的服务权。

　　后东窗事发,有关部门经过调查取证,违规违法情况属实,依照《中华人民共和国招标投标法》的有关规定给予朱总经济师如下的处理:① 给予警告、没收赃款 5 000 元人民币并罚款 10 000 元的处罚;② 取消朱总经济师担任评标委员会成员的资格。

案例思考:
1. 评标的基本流程和主要工作是什么?
2. 评标委员会在评标过程中有何职能和作用?

一、物流项目开标

　　物流项目开标是指招标企业按照招标文件指定的时间、地点,邀请通过资格审查的物流企业参加,并当众对投标文件正式启封和宣读的行为过程。开标是物流项目招标投标程序中的一个法定环节,也是定标的第一个环节。因此,遵守良好的开标原则,按照正确的开标程序组织开标活动,是物流项目招标投标成功的重要保证。

(一)物流项目开标组织

　　物流项目的开标活动由招标企业组织并主持,其工作内容主要包括开标的时间、地点和参与者。

　　1. 开标时间

　　物流项目招标的开标时间,在提供给每一个物流企业的招标文件中是事先确定的,一般为提交投标文件的截止时间。把开标时间规定为提交投标文件截止时间的同一时间,目的是为了防止招标企业或者投标企业,利用提交投标文件截止日期以后,开标时间之前的这一段时间间隔做手脚,进行暗箱操作。比如,有些物流企业可能会利用这段时间间隔与招标企业串通,对投标文件的实质性内容进行更改等。关于开标的具体时间,在我国的招投标业务实际操作中可能会有两种情况:第一种情况是开标地点与接受投标文件的地点相一致,则开标时间与提交投标文件的截止时间也应当相一致;第二种情况是开标地点与提交投标文件的地点不一致,则开标时间与提交投标文件的截止时间会有一个合理的时间间隔。这也与国际通行的做法大体一致。比如联合国《贸易法委员会货物、工程和服务采购示范法》规定:开标时间应为招标文件中规定的提交投标文件的截止时间。世界银行采购指南规定:开标时间应该和招标文件中规定的提交投标文件的截止时间相一致或随后马上宣布,其中"马上"的含义可以理解为需留出合理的时间把投标标书从提交地点运送到公开开标的地点。

2. 开标地点

开标地点是指开标的具体空间场所。为了使所有投标企业都能按时到达开标地点,招标企业都会在招标文件中事先明确开标地点,招标企业如果确实有特殊原因,需要变更开标地点的,则应当按照规定对招标文件做出修改,并作为招标文件的补充内容,书面通知每一个提交投标文件的投标企业。因此,物流公司应当根据物流项目招标企业事先确定的开标地点,按时参加开标,并提前做好充分的准备,如根据情况选择适当的交通工具,并提前做好机票、车票的预订等工作。

3. 开标参与者

(1) 开标主持人。

为保证对所有参与投标的物流企业的公正性,一般情况下,开标工作由物流项目招标企业主持。如果是招标企业委托招标代理机构代理招标的,开标工作也可以由该代理机构主持。主持人按照规定的程序负责开标的全过程。其他开标工作人员办理开标作业及制作记录等事项。

(2) 开标参与人。

出席开标会是投标企业的法定权利,因此物流项目的招标企业会邀请所有参与投标的物流公司参加开标会。所有参与投标的物流公司参加招标会,既可以了解开标工作是否依法进行,对招标企业的中标决定起到一定的监督作用;又能了解其他投标企业的投标情况,在投标时做到知己知彼,确定自己中标的可能性,并有助于在事后分析中标与否的原因,为以后参与物流项目招投标工作做好基础。为了保证开标工作的公正性,物流项目招标企业一般还会邀请相关单位的代表参加,如招标项目主管部门人员、评标委员会成员、监察部门相关人员等。有些大型物流项目招标企业还可能委托公证部门的公证人员对整个开标过程依法进行公证。

(二) 物流项目开标原则

物流项目招标工作的开标一般采用公开开标制度,就是开标按照事先规定的时间和地点以公开的方式进行。这一制度在实际操作过程中,需要把握以下几个原则。

1. 开标应以公开的方式进行

物流项目招标工作的开标应该以公开的方式进行,允许所有投标企业参与开标会议。这一原则也符合招标投标工作的国际惯例,如在《联合国贸易法委员会货物、工程和服务采购示范法》中规定,招标实体应允许所有已提交投标文件的供应商或承包商出席开标会议。同时应保证未出席开标会议的投标企业获得开标信息的权利。在物流项目招标工作的开标活动中,为保证开标的公开性和公正性,招标企业还会邀请其他人员参与开标会议,如监察部门代表、新闻媒体代表等。但是,相关法律对于是否邀请投标企业以外的人员参加开标会议,并没有强制的规定,所以在招标投标实务中,招标企业会根据物流项目的具体情况和开标会议的费用情况考虑邀请其他人员参加开标会议。

2. 开标应按事先规定的时间和地点进行

我国招标投标工作的相关法律规定,开标应当按照事先规定的时间和地点进行。也就是说,招标企业应当按照招标文件规定的时间地点开标,开标过程中,投标企业少于三个的不得开标,招标企业应当重新招标;投标企业对开标有异议的,应当在开标现场提出,招标企业应当当场做出答复并制作记录。因此,在物流项目招投标实务中,首先,开标时间与地点必须事先在招标企业的招标文件中做出规定;其次,开标应该按照事先规定在招标文件中的时间和地点进行;另外,如果招标企业基于合理原因需要改变开标的时间与地点,那么应该按照有关规定修改招标文件,并以书面的形式通知每一个参与投标工作的物流企业。

3. 开标应遵循法定的程序

按照我国招标投标工作的相关法律规定,物流项目招投标工作的开标应遵循以下程序:一是开标应该由招标企业主持。如果招标企业是委托招标代理机构代理招标的,招标企业也可以委托招标代理机构来主持招标仪式。二是招标主持人需要安排投标人或者其推选的代表检查投标文件的密封状况。在开标时,由投标企业或者其推荐的代表检查投标文件的密封情况,也可以由招标企业委托的公证机构检查投标文件的密封情况并予以公证。三是投标文件必须当众开封。在对投标文件进行检查并确认无误后,招标企业需要安排工作人员当众开启在提交投标文件的截止时间前收到的所有投标文件。四是招标企业需要当众唱标。招标企业需要宣读所有被开启的投标文件的主要内容,主要是指参与投标的物流企业名称和投标价格。

4. 开标应开启所有投标标书

在物流项目招投标工作的开标过程中,对所有有效投标文件的开启和宣读,既是招标企业的权利,也是招标企业的义务。因此,所有投标文件被开启的物流企业的名称、地址和投标价格等信息,都会在开标时向所有出席开标的人员宣布。我国的招标投标相关法律也规定,招标企业在招标文件要求提交投标文件的截止时间前,收到的所有投标文件,开标时都应当众予以拆封、宣读,而在投标截止时间之后收到的投标文件,则按照无效投标文件处理,无须开封并予以退回。这一法律规定也意味着没有开封且没有在开标时宣读的投标文件,均不应在之后的评标阶段予以考虑。

5. 开标应记录开标过程

物流项目招投标工作的开标过程应当记录并存档备查。如果参与投标的物流企业没有出席开标会议,他是否有权获得有关开标会议的记录,我国的招标投标相关法律并未对此做出相关规定,但根据国际惯例,招标企业可以根据投标企业的请求提供开标记录。例如,《世界银行采购指南》要求将开标记录呈报世界银行,并可以根据提交投标文件而未出席或委派代表出席开标会议的供应商或承包商的请求,告知其开标记录。

(三) 物流项目开标流程

1. 递交投标文件

开标当日,招标企业会有专人在开标地点负责接收物流公司递交的投标文件,且需要办理签收手续。物流公司提前递交的投标文件也应当办理签收手续,并由招标企业当日携带至开标现场。在招标文件规定的截止时间之后递交的投标文件不得接收,由招标企业原封退还给物流公司。在截止时间前递交投标文件的物流公司少于3家的,招标无效,开标会应宣布结束。招标企业应当依法重新组织招标。

2. 代表签到

物流企业应当派代表按照规定的时间和地点出席招标企业的开标会议。物流企业的代表应当本人填写开标会签到表,并由招标企业专人负责核对代表的身份,通过对授权委托书和有效身份证件的核查,确认物流公司授权代表的有效性,并留存授权委托书和身份证件的复印件,同时还应当核查各物流公司出席开标会议的代表人数。对于无关人员,不允许进场。

3. 仪式开始

主持人宣布开标会正式开始,并宣布相关的开标人、唱标人、记录人和监督人员。开标人一般为招标企业或招标代理机构的工作人员;唱标人可以是招标人或招标代理机构的工作人员,也可以是参与投标的物流企业代表;记录人由招标企业指派,物流企业的出席代表同时会记录唱票内容,出席开标会的有关监督人员同时需要进行现场监督;记录人按照开标会议记录的要求记录整个过程。主持人还需要介绍主要参会人员,包括到会的招标企业代表、招标代理机构代表、物流企业代表、监督人员和公证机构人员等。

4. 介绍招标文件情况

主持人介绍招标文件、补充文件或答疑文件的组成和发放情况,同时强调主要条款和招标文件中的实质性要求,并请参与投标的物流公司确认。宣布招标文件规定的递交投标文件的截止时间,以及各参与投标物流公司实际送达的时间,在截止时间后送达的投标文件当场宣布废标。另外,对于密封不符合招标文件要求的,主持人应在招标监管人员或公证人员的见证下,当场宣布废标,不得进入评标。

5. 开标并唱标

一般来讲,在开标会议上,是按照参加投标物流公司投标文件送达时间的逆顺序开标并唱标。开标由指定的开标人在监督人员及与会代表的监督下当众拆封,拆封后应当检查投标文件组成情况并记入开标记录,然后开标人将物流公司的投标书和投标书附件,以及招标文件中可能规定需要唱标的其他文件,统一交给唱标人进行唱标。唱标内容一般包括物流解决方案、质量标准、服务承诺、方案报价、投标保证金、主要参与人员等。唱标时在递交投标文件截止时间前收到的,物流公司对投标文件的补充、修改内容;如果在递交投标文件截止时间前,收到物流公司撤回其投标的书面通知,则不再对其投标文件唱标,但须在开标会议上说明。招标企业对招标物流项目设有标底的,唱标人需当场公布标底。

6. 会议记录签字确认

在物流项目招标投标工作的开标过程中,开标会议记录应当如实填写开标过程中的重要事项,主要包括开标时间、开标地点、出席开标会的各单位及人员、唱标记录、开标会议程序,以及其他开标过程中出现的需评标委员会评审的情况,有公证机构公证人员出席的还应记录公证结果。参与投标物流企业的授权代表应当在开标会议记录上签字确认,对记录内容有疑义的部分可以注明,但同时需对没有异议的部分进行签字确认。

7. 文件封存送评标区

对开标会议记录等资料封存,并把物流解决方案、方案报价等评标委员会评审需要的文件,准备送至评标区进行评标,主持人宣布开标会议结束。

二、物流项目评标

(一) 物流项目评标概述

评标是物流项目招标企业根据招标文件的要求,对所有开标后的投标文件进行审查和评比的过程。评标由招标企业组织进行,是招标企业的单独行为。

1. 物流项目评标组织

物流项目评标的组织由招标企业代表和有关经济、技术等方面的专家组成,其具体形式为评标委员会,在招投投标工作实践中也叫评标小组。评标委员会由招标企业负责组建,成员名单一般应于开标前确定,并且需在中标结果确定前保密。

我国招标投标工作的相关法律法规还规定:依法必须进行招标的项目,其评标委员会由招标人的代表和有关技术、经济等方面的专家组成,成员人数为五人以上单数,其中招标人、招标代理机构以外的技术、经济等方面的专家不得少于成员总数的 2/3。评标委员会的专家成员,应当由招标人从有关行政主管部门及其他有关政府部门确定的专家名册,或者招标代理机构的专家库内相关专业的专家名单中确定。确定专家成员一般应当采取随机抽取的方式。与投标人有利害关系的人不得进入相关项目的评标委员会。入选评标专家库的专家必须具备以下条件:

(1) 从事相关专业领域工作满八年,并具有高级职称或同等专业水平。
(2) 熟悉有关招标投标的法律规定。
(3) 能够认真、公正、诚实、廉洁地履行职责。
(4) 身体健康,能够承担评标工作。

同时,评标委员会的组成人员还应当了解和熟悉以下内容:物流项目招标的目标;招标物流业务的范围和性质;招标文件中规定的主要技术要求、标准和商务条款;招标文件规定的评标标准、评标方法和在评标过程中应当考虑的其他相关因素。

2. 物流项目评标原则

(1) 公平公正的原则。

物流项目评标过程应遵循公平、公正的原则。评标活动应依法进行,任何单位和个人不得非法干预或影响评标过程和结果。在评标实际操作中,应做到平等竞争、机会均等,对任何投标企业均应采用招标文件中规定的评标办法,统一用一个标准衡量,保证所有参加投标的物流企业能平等地参加竞争。对于投标企业来说评标办法都是客观的,不存在带有倾向性的、对某一方有利的或不利的条款,所有物流企业中标的机会都是均等的。

(2) 客观公正、科学合理的原则。

在物流项目评标的过程中,物流企业投标文件的审核、评价、比较和分析,要客观公正,不带个人成见,不以个人的主观好恶为标准,真正在投标文件的响应性、技术性、经济性等方面做到客观评价。采用的评标方法,对评审指标的设置和评分标准的具体划分,都要在充分考虑物流项目的具体特征和招标企业的合理意愿基础上,尽量避免和减少人为的因素,做到科学合理。

(3) 实事求是,择优选择的原则。

在评标时,对所有物流企业投标文件的评审,要从实际出发,尊重现实,实事求是。评标活动既要注重全面,也要关注重点。任何一个招标项目的物流业务都有自己的具体内容和特点,招标企业作为合同一方主体,对合同的签订和履行负有其他任何单位和个人都无法替代的责任,在其他条件同等的情况下,应该允许招标企业选择更符合项目特点和自己招标意愿的物流企业中标。评标办法可根据具体情况侧重价格、质量、信誉、服务等个别重点,在全面评审的基础上做出合理取舍,择优选择。

3. 物流项目评标流程

物流项目评标一般采用评标会议的形式进行。参加评标会的人员为招标企业或其代表、招标代理机构人员、评标组成人员、相关监督与管理人员等。参与投标的物流企业不能参加评标会,评标会一般由招标企业或其委托的代理机构召集,由评标组织负责人主持。

物流项目评标会的主要流程如下:

(1) 开标会结束后,参与投标的物流企业退出会场,参与评标的相关人员进入会场,由评标组织负责人宣布评标会开始。

(2) 评标委员会成员审阅各个物流企业的投标文件,主要检查确认投标文件是否实质上响应招标文件的要求;投标文件正副本之间的内容是否一致;投标文件是否有重大漏项、缺项;是否提出了招标企业不能接受的保留条件等。

(3) 评标委员会成员根据招标文件中评标办法的规定,对未被宣布无效的物流企业投标文件进行评议,并对评标结果签字确认。

(4) 在物流项目评标期间,评标委员会可以要求投标的物流企业,对投标文件中不清楚的问题做必要的澄清或者说明,但是澄清或者说明的内容不得超出投标文件的范围。所澄清或说明的问题,应当采取书面形式,经招标企业和投标物流企业双方签字后,作为投标文件的组成部分列入评标依据范围。在澄清或说明过程中,不允许投标的物流企业变更或寻求变更方案价格、质量标准、服务水平等实质性内容。开标后,投标物流企业对方案价格、质量标准、服务水平等实质性内容提出的任何修改声明或者附加条件,一律不得作为评标委员会评标的依据。

(5) 评标委员会对评标结果进行校核,按照优劣或得分高低排出参与投标物流企业的顺序,并形成评标报告,经招标投标管理机构审核,确认无误后,即可据评标报告确定出中标候选人,评标工作结束。

(二) 投标文件审查

评标委员会在正式评标之前,要对所有物流企业提交的投标标书进行初步审查,以确定投标标书是否符合招标企业的要求。初步审查既是评标的准备阶段,又是对投标标书的初步评审。因此,对投标文件的审查又称为初审,主要包括以下内容。

1. 投标文件是否响应招标文件

在详细评标之前,评标委员会要审查每份物流企业的投标标书是否实质上响应了招标文件的要求。实质上响应的投标文件应该与招标文件要求的全部条款、条件、规格相符,没有重大偏离的现象。评标委员会决定投标标书的响应性,只能根据投标标书本身的内容，不得寻求外部证据，并且投标的物流企业不得通过修正或撤销不合要求的内容，从而使其投标标书实质上响应招标文件。如果投标标书实质上没有响应招标文件的要求，评标委员会将予以拒绝，按废标处理。废标主要表现为以下几种情况：

（1）投标标书中物流方案的报价明显低于其他投标标书。在评标过程中，评标委员会发现某物流企业的方案报价明显低于其他投标企业的报价，或者在招标企业设有标底时，明显低于标底，使得其报价可能低于其成本的，应当要求该投标物流企业做出书面说明，并提供相关证明材料。如果物流企业不能合理说明或者不能提供相关证明材料的，由评标委员会认定该物流企业以低于成本报价竞争，其投标应作废标处理。

（2）参与投标的物流企业资格条件不符合国家有关规定和招标文件要求的，或者招标企业要求其对招标文件进行澄清、说明的，而拒不按照要求对投标文件进行澄清、说明的，评标委员会可以否决其投标，按废标处理。

（3）评标委员会在评标过程中，会根据招标企业的招标文件要求，审查并逐项列出物流企业投标文件中的全部偏差，如果投标文件中存在以下情况，就属于重大偏差，需按废标处理：

① 没有按照招标文件要求提供投标担保，或者所提供的投标担保有瑕疵。
② 投标文件没有投标企业授权代表签字和加盖公章。
③ 投标文件载明的投标项目完成期限超过招标文件规定的期限。
④ 明显不符合招标企业物流业务需要的技术规格、技术标准的要求。
⑤ 投标文件载明的货物包装方式、检测标准和方法等，不符合招标文件的要求。
⑥ 投标文件附有招标企业不能接受的其他条件。
⑦ 不符合招标文件中规定的其他实质性要求。

2. 投标文件是否合格

在评标委员会对物流企业投标文件的初步评审中，除了评审投标文件是否实质性响应招标文件，还应评审投标文件的具体内容是否合格，主要包括以下几个方面：

（1）投标标书的有效性。评标委员会需要审查投标企业名称是否与资格预审名单一致；递交的投标保函金额和有效期是否符合招标文件的规定；如果以招标企业的标底衡量有效标时，物流企业的方案报价是否在规定的标底上下百分比幅度范围内。如果出现偏差，则该投标标书按废标处理。

（2）投标标书的完整性。物流企业递交的投标标书是否包括了招标文件规定应提交的全部文件。比如，除方案报价外，是否按要求提交了工作进度计划表、物流业务解决方案、合同付款计划表、主要需要设备清单等招标文件中要求的所有材料。如果缺少某项内容，可能就无法进行客观公正的评价。因此，该投标标书需按废标处理。

（3）投标标书与招标文件的一致性。如果物流项目招标企业的招标文件指明是"反应标"（又称应答标），则投标标书必须严格对招标文件的每一空白格做出回答，不得有任何修改或附带条件。如果投标物流企业对任何栏目的规定有说明要求的，只能在原标书完整应答的基础上，以投标致函的方式另行提出自己的建议。对原标书私自做任何修改或注明的，都将与招标企业的招标要求不相一致或违背，也应当按废标处理。

（4）投标价格计算的正确性。在对物流企业投标标书的初步评审阶段，评标委员会不详细研究各方案报价金额是否合理、准确,仅审核是否有计算统计错误。若出现的错误在规定允许的范围内,则可由评标委员会予以改正,并请物流企业签字确认,若物流企业拒绝改正,不仅按废标处理,而且按投标企业违约对待。当错误值超过允许范围时,则按废标处理。修改报价统计错误的原则如下:

① 如果数字表示的金额与文字表示的金额有出入时,以文字表示的金额为准。

② 如果单价和数量的乘积与总价不一致,要以单价为准,若属于明显的小数点错误,则以标书的总价为准。

③ 投标文件副本与正本不一致的,以正本为准。

只有经过初步审查,合格的物流企业的投标标书才有资格进入下一轮的详细评审。因为评标委员会排除了一些废标,和对方案报价错误进行了某些修改,所以在对合格的投标标书按报价由低到高重新排序时,可能和开标时的名次排序不太一致。一般情况下,评标委员会将把新排名中的前几名作为初步备选的潜在中标人,并在下一步的详细评标阶段,把他们作为重点的评审对象。

(三) 评标内容与方法

1. 评标内容

评标是一项关键而十分细致的工作,它直接关系到参与投标的物流企业能否得到最有利的投标。在通常情况下,评标内容主要包括以下几个方面:

(1) 方案报价评审。

对物流企业投标标书中方案报价的审核,目的在于鉴定各投标价格的合理性。方案报价评审不仅要对各方案报价数额进行比较,还要对主要物流内容和主要物流项目业务单价进行分析,并对方案价格组成各部分比例的合理性进行分析。

一是方案报价构成分析。用招标企业标底价与投标物流企业标书中的各单项合计价、物流项目的单价以及总价进行比照分析,对差异比较大的地方,找出其产生的原因,从而评定方案报价是否合理。

二是不平衡报价的变化幅度分析。虽然允许投标的物流企业为了解决前期资金流通的困难,而采用不平衡报价法投标,但是不允许有严重的不平衡报价,否则会大大提高招标企业前期的付款要求。

三是资金流量的分析。评标委员会需要审查投标物流企业在方案报价中所列数据的依据,以便进一步复核投标企业的财务实力和资信可靠程度,分析投标物流企业的资金流量与其物流项目进度之间的相互关系,确定投标物流企业资金流量的合理性。

四是投标企业提出的财务方面的建议和优惠条件分析。如果投标物流企业在投标文件中,对招标企业有财务方面的建议和优惠条件,如延期付款、垫资开展物流项目运营等,评标委员会需要估计接受其建议的利弊,特别是接受财务方面建议后,可能对招标企业带来的风险。

(2) 方案技术评审。

对物流企业投标标书中方案技术的评审,目的在于确认备选的中标企业完成本招标物流项目的技术能力以及其所提供方案的可靠性。与前期资格评审不同的是,这种评审的重点在于评价参与投标的物流企业将怎样实施本招标业务。评审主要包括以下内容:

一是物流方案的总体布置。着重评审布置的合理性,如果项目方案是分阶段实施的,还应评审各阶段之间的衔接方式是否合适;如果招标企业在物流业务招标的同时还有其他招标业务,则还要评价如何避免与其他招标项目中标人之间的作业干扰。

二是物流方案的实施计划。评标委员会首先要看实施计划是否满足招标企业的要求,其次要评价实施计划是否科学和严谨,以及是否切实可行。评审时要依据物流服务解决方案中计划配置的运输设备、运营能力、人员安排、自然条件、业务量大小等诸多因素,将重点放在业务循环和运营组织是否能满足高峰时的强度要求,从而确定方案的总体实施计划是否建立在可靠的基础上。

三是物流方案的运营方法和技术措施。主要评审物流方案各部分所采取的方法、技术与组织措施。包括所配备的设施设备性能是否合适、数量是否充分;采用的运营方法是否既能保证服务的质量,又能保证服务的速度;相关安全措施是否可靠等。

四是材料和设备。规定由中标物流企业提供或采购的材料和设备,是否在质量和性能方面满足招标文件中的标准和设计要求。必要时可要求投标的物流企业进一步报送主要材料和设备的样本、技术说明书、型号、规格等资料,评审委员会人员可以从这些材料中审查和判断其技术性能是否可靠,以及是否达到设计要求。

五是技术建议和替代方案。如果投标物流企业在投标标书中向招标企业提出有关的技术建议和可供选择的替代方案,评标委员会应进行认真细致的研究,评判是否会影响物流业务的服务要求。在认真分析建议或替代方案的可行性和技术经济价值后,考虑是否可以部分或全部采纳。

(3) 方案管理和技术评审。

对投标物流企业提出的物流服务解决方案管理和技术的评审,重点放在物流企业实施方案的具体组织结构和保障措施方面,即对主要运营方法、运营设备以及方案实施进行评价。对所列运营方案设备清单进行审核,审查物流企业拟投入本项目的设备数量是否符合招标企业物流业务的要求;以及运营方法是否先进、合理,是否满足招标文件的要求;对目前项目实施缺少的设施设备,是采用购置还是租赁的方法来解决的等。此外,还会对物流企业拥有的运营设备在其他物流项目上的使用情况进行分析,预测能转移到本运营项目上的时间和数量,是否与实施计划的需求量相一致,同时还重点审查物流企业所提出的质量保证体系的方案措施是否能满足物流业务的要求。另外,还会了解物流企业对本项目所配备管理人员和技术人员的数量、资质、工作经验等,是否符合招标企业的要求。

(4) 法律商务评审。

对投标物流企业商务和法律方面的评审主要包括以下内容:

① 投标标书与招标文件是否有重大实质性偏差,投标人是否愿意承担合同记载的全部义务。

② 合同文件某些条款修改建议的采用价值。

③ 审查商务优惠条件的实用价值。

总之,评标委员会对物流企业投标文件内容的评审,除对物流方案报价进行比较外,还应考虑其他有关因素,经综合考虑后确定选取最低价格的投标。因此,在实际操作中,通常并非以方案报价最低作为选取标准,而是将各种因素转化成货币价值进行综合比较,最终选取成本最经济的投标方案。

2. 评标方法

物流项目招标投标工作中，评标方法包括经评审的最低投标价法、综合评估法，或者法律和行政法规允许的其他评标方法。经评审的最低投标价法一般适用于具有通用技术、性能标准或者招标企业对技术、性能没有特殊要求的物流招标项目。根据经评审的最低投标价法，能够满足招标企业的实质性要求，并且经评审的最低投标物流企业应当推荐为中标候选人。不易采用经评审的最低投标价法的物流招标项目，一般应当采取综合评估法进行评审。根据综合评估法，最大限度地满足招标企业招标文件中规定的各项综合评价标准的投标物流企业，应当推荐为中标候选人。

(1) 经评审的最低投标价法。

① 方法特点。

经评审的最低投标价法，是指评标委员会对符合招标文件规定的服务标准和满足招标文件实质性要求的物流企业投标，按照招标文件规定的评标价格调整方法，将物流方案报价以及相关商务部分、物流服务解决方案部分的偏差做必要的价格调整和评审，即将价格以外的有关因素折算成货币或给予相应的加权计算，以确定最低投标价或最佳投标。经评审的最低投标价的投标物流企业，应当推荐为中标候选人，但是投标价格低于成本的除外。

物流项目招标企业进行招标的目的，是在完成招标的过程中，获得一个最经济的物流企业投标，投标价格最低不一定是最经济的投标，而经评审的投标价格最低才是最经济的投标，所以在能够满足招标文件的实质要求条件下，即投标物流企业能顺利完成招标企业的物流业务服务内容，采用评标价最低投标是科学的。经评审的投标价格是评标时使用，不是给中标物流企业的实际支付价格，在与中标企业签订合同时，还是以中标企业的投标报价作为合同价，实际支付价格仍为投标物流企业的投标报价。

经评审的最低投标价法，一般应用于对其服务技术、性能无特殊要求的物流招标项目。此方法的优点是程序简单，评标时间短，无须耗费大量的人力、物力；缺点是使人们对具体服务质量、后期技术支持等方面存在一定质疑，或许会生一些争议，对招标企业造成一些负面影响。

② 方法应用优势。

经评审的最低投标价法，是物流项目招标中应用最多的评标方法。该方法具有满足招标文件的实质性要求、经评审投标价格最低、投标价格低于成本的投标除外等特点，所以该方法一方面有明确的评标程序，可以保证评标结果的合理性和科学性；另一方面也能防止投标物流企业以牺牲项目质量为代价，盲目地以非理性的低价获取中标。所以，经评审的最低投标价法是一个全面、完整的评标方法，在实际操作中有着广泛的应用。

从国际来看，低价中标已成为一种市场趋势。经评审的最低投标价法在美国、西欧等经济发达国家和地区已经实施了几十年，在世界银行等国际金融机构出资的项目和外商等资金投资的项目中，普遍采用的都是经评审的最低投标价法。虽然在这些项目的具体评审原则和方法上不尽相同，但是低价中标已成为一种国际化的市场趋势。

从国内来看，低价中标的优势更加突出。物流项目招标投标的根本目的，是招标企业通过竞争实现投资的节省,保证预期投资效益的实现。虽然经评审的最低投标价法在我国使用的时间不长,并且只是在部分地区、部分行业和部分项目上使用,但是据有关数据统计,不同地区、不同行业的不同项目招标过程中,采用经评审的最低投标价法的项目,都能够下降10%左右的企业的投资。这种节省不单单是资金的节省,还反映了整个社会的廉洁程度、信息公开程度和经济运行效率水平,所以在招标时采用低价优先的原则,也能为社会的其他项目建设起到良好的示范作用。

从市场竞争来看,低价中标是一条必由之路。随着我国社会主义市场经济的发展,像钢铁、石油、煤炭、粮食等关系国计民生的重要产品,价格都已经先后开放,由市场来决定。相比较而言,物流行业是服务性行业,物流项目的服务价格也应该完全由市场来决定,这是社会主义市场经济的客观要求,是经济发展的必然结果。所以低价中标是物流招标投标工作的必由之路。

从遏制腐败来看,低价中标是一项标本兼治的有效措施。物流行业按照经评审的最低投标价法进行竞争,中标企业靠的是以物流企业运营实力为基础的价格,关系再好,价格高了,也难以中标;没有关系,价格有竞争力,同样可以中标。实行价格优先的原则,这就从根本上改变了中标的决定因素。低价优先原则所压缩的利润水平,也减少了实施腐败行为所需的金钱基础。找了关系也不一定能中标,中了标还不一定能赚回实施腐败所付出的代价。两个方面的共同作用,将从根本上消除物流项目中腐败行为发生的内在动力。

从市场主体来看,低价中标是强化内部管理、规范市场行为、增强风险意识的重要手段。采用经评审的最低投标价法后,利润水平被有效压缩,物流企业如果疏于管理,还有可能亏本,加上同行企业之间的竞争,必将迫使物流企业不得不建立自己的物流成本核算体系,并从建立企业成本入手,强化内部管理,提高经营水平。经过一段时间后,最终也将有利于物流行业整体水平的提高和国际竞争力的加强。

(2) 综合评估法。

① 综合评估法的概念。

综合评估法是指在物流项目评标过程中,评标委员会对参与投标物流企业所提交投标文件中包含的物流方案报价、物流服务解决方案、方案管理者的资历和业绩、企业资质和信誉等多种因素进行综合评价,从而使最终确定的中标人能最大限度地满足招标文件中规定的各项综合评价标准的投标评定方法。

采用综合评估法,物流项目招标企业不仅可以考虑投标的价格因素,而且可以考虑投标价格以外的其他评价因素,因此它是一种行之有效的评标方法。但是,在采用这一评标方法时,由于将价格以外的因素作为评标标准有可能会影响到物流招标的竞争性和经济效益,降低人们对招标工作公正性的信心,因此,在使用此评标方法的实际操作中,需要在两个方面多加注意:一是招标企业可以采用哪些价格以外的评标标准;二是如何保证在采用这些评标标准时的公平性和公正性。

② 综合评估法评估内容。

在使用综合评估法时,评标委员会需要综合评估投标文件中的各项内容是否同招标文件中的各项文件、资料和技术要求相一致。不仅要对价格因素进行评价,还要对其他因素进行评价。主要包括以下几个方面：

一是方案价格。评标委员会需要评审物流企业投标文件中物流方案报价数据计算的准确性和预算报价的合理性。

二是物流服务方案设计。评标委员会需要评审物流服务方案组织设计是否齐全、完整、科学、合理，包括组织方法是否先进，实施计划及措施是否科学，运输设备是否齐全，相关运营配置是否合理等，整体方案是否能满足招标企业对于物流业务的相关要求。

三是投入的技术及管理力量。评标委员会需要评审物流企业拟投入该物流服务项目的主要管理人员和技术人员的数量、资历、经验等情况。

四是服务质量。评审委员会需要评审方案服务质量是否达到国家或行业规定的标准，是否符合招标企业的要求，服务质量保证措施是否切实可行，相关指标保证措施是否安全可靠。

五是信誉和业绩。评标委员会需要评审投标物流企业的物流业务运营经历、近期承包物流业务的履行情况；是否承担过类似的物流业务；是否获得过政府、行业或其他第三方的奖励等情况，以及企业的服务态度、经营作风、组织管理和社会形象等。

③ 综合评估法分类。

综合评估评标方法按其具体分析方式的不同，又可分为定性综合评估法和定量综合评估法。

定性综合评估法又称评议法，在实际操作中的做法是：评标委员会对物流企业投标文件中的方案报价、方案组织设计、服务质量、运营运输设备、企业业绩、企业信誉等多种评审指标，分项进行定性比较分析，综合考虑，经过评估后，选择其中被大多数评标委员会成员认为各项条件都比较优良的投标物流企业为中标人。定性综合评估法的特点是不量化各项评审指标。它是一种定性的优选法，采用定性综合评估法，一般要按从优到劣的顺序对各投标物流企业排列名次，排列第一名的即为中标人。这种评标方法能深入地听取各方面的意见，其优点是评标过程简单，评标时间短；缺点是没有进行量化评定和比较，评标的科学性相对较差。

定量综合评估法又称打分法。打分法是根据物流业规模大小、复杂程度、服务侧重点不同等因素，分别对投标物流企业的方案报价、服务质量目标、运营组织设计、相关优惠条件、企业投入资源、企业业绩、企业资质、企业财务状况等指标赋予一定分值，评标时，评标委员会成员根据评分标准对各种投标物流企业进行评价，得分最高者即为中标者。这种评标方法对评价指标进行量化评估，评标的科学性更强，但是评标过程复杂，评标时间长。

不论采用哪种评标方法，在评标结束后，评标委员会要根据评审的情况得出评标结论，推荐2～5家物流企业作为候选中标单位（推荐的企业数量一般由招标企业事先确定），并按排序顺序以书面报告的形式上报招标企业。在报告中，评标委员会应对推荐的各中标候选单位的情况进行说明，同时说明各中标候选单位的优势和存在的不足，为招标企业做决策时提供参考。

三、物流项目中标

物流项目中标也叫定标，是指物流项目招标企业在评标的基础上，最终确定中标的物流企业,或者授权评标委员会直接确定中标物流企业的行为过程。这个过程对于招标企业来说,就是定标的过程;对于投标企业来说,就是中标的过程。

(一)物流项目中标程序

从物流企业的角度,中标就是投标成功,争取到了招标物流项目的服务合同。为保证竞争的公平、公正,维护竞争的成果,确保招标企业和投标企业都能正确地履行自己的权利和义务,物流项目中标程序主要有以下几个步骤。

1. 确定中标候选企业

评标委员会完成评标后,根据招标企业的具体要求,向招标企业提出书面的评标报告,并推荐合适的物流企业作为中标候选企业。

2. 确定中标企业

招标企业根据评标委员会的书面评标报告和推荐的中标候选企业确定中标的物流企业,招标企业也可以授权评标委员会直接确定中标物流企业。

3. 发送中标通知书

中标企业确定后,物流项目招标企业应当向中标的物流企业发出中标通知书。中标通知书对招标企业和中标企业都具有法律效力,中标后招标企业改变中标结果的,或者中标企业放弃中标项目的,都应当依法承担责任。

4. 签订合同

在中标通知书发出的法定期限内,物流项目招标企业应当和中标的物流企业,按照招标文件和中标企业投标文件签订书面合同,同时招标企业和中标企业不得再签订背离合同实质性内容的其他协议。就是要用法定的形式肯定招标的结果,或者说招标企业和中标企业双方都必须尊重竞争的结果,不得随意改变。

5. 提交履约保证金

按照招标企业的招标文件要求,需要中标企业提交履约保证金的,中标物流企业必须缴纳。保证金是采用法律的形式促使中标人履行合同义务的一项特定经济措施,也是保护招标人利益的一种措施。

6. 合同履约

中标的物流企业应当按照合同履行义务,完成中标项目的物流服务。中标的物流企业不得向他人转让中标项目,也不得将中标的物流业务分解后再分别向他人转让,这是中标企业必须的履约义务。如果中标企业可以任意毁约、背弃合同,招标投标工作便成为一种没有实际结果的交易形式。同时要禁止中标企业转让中标项目的行为,谁中标由谁来完成中标项目,并不能由他人代替,更要防止在转让时产生的种种弊端,所以必须禁止转让中标项目。

如果中标物流企业按照合同约定或经物流项目招标企业同意,可以将中标物流业务的部分非主体、非关键性工作分包给他人完成,但不得再次分包,分包项目由中标企业向招标企业负责,接受分包的企业承担连带责任。这项规定表明,即使分包是允许的,但是也有严格的条件和明确的责任规定。

(二)物流项目中标条件

在物流项目的招标投标工作中,中标物流企业的投标应当符合能够最大限度满足招标文件中规定的各项综合评价标准,或能够满足招标文件的实质性要求,并经评审的投标价格最低(但是投标价格低于成本的除外)才能中标。在确定中标企业之前,招标企业不得与中标企业就投标价格、投标方案等实质性内容进行谈判。

评标工作结束后,评标委员会一般会推荐2~5家物流公司作为中标候选单位。推荐的数量由招标企业事先确定。需要说明的是,排名最靠前的候选中标企业不一定是最终的中标企业。由于选择的理由和考虑的角度不同,招标企业有可能会选定一家或几家排名靠前但不是第一的候选企业中标。招标企业也可以授权评标委员会直接确定中标企业。

对于比较重要的大型物流招标项目,在实际的业务操作中,一般是物流项目招标企业采用会议的形式,企业领导会同评标委员会全体成员对各中标候选单位的特点和能力进行综合评价,最终确定中标物流企业,同时以会议纪要的形式备案、归档。

(三)中标通知与合同签订

在物流项目定标之后的有效日期内,招标企业需向中标物流企业发出书面的中标通知书,中标通知书实质内容应当与中标企业投标文件内容相符,中标通知书连同中标企业的书面回函都具有构成业主与承包人之间的合同关系。同时中标通知书应在其正文或附录中包含以下内容:完整的文件清单,其中含已被接受的投标书;招标企业和投标企业之间对原来提交的投标书所做修改的确认协议,这些修改包括计算上的错误、修改或删除的某些条件等,中标通知书上还应记载合同价格、履行保证金的递交及正式签订合同的事宜等。

自中标通知书发出一定日期内,物流项目招标企业应当按照中标通知书的规定,并依据招标文件的要求与中标物流企业签订业务合同。除不可抗力外,中标企业拒绝与招标企业签订合同的,招标企业可以不退还其投标保证金,并要求其赔偿相应的损失;招标企业拒绝与中标企业签订合同的,应当双倍返还其投标保证金,并赔偿相应的损失。签订业务合同时,双方在沟通、协调一致的基础上,可对合作内容进行局部修改与适当补充。

对于招标投标过程中,投标企业缴纳的投标保证金,未中标的物流企业,招标企业在定标后一定日期内,将投标保证金一次性返还;中标的物流企业,一般将投标保证金抵扣物流服务质量保证金。

四、物流项目落标分析

在物流项目招投标实践中,有些物流企业虽然实力雄厚,市场竞争力也很强,但在投标中却屡屡受挫,因此很有必要分析落标原因,以便帮助更多的物流企业顺利进入招投标市场,赢得更多的物流招标项目。

(一)项目落标原因分析

一般来说,物流企业投标落选主要有三大原因。

1. 招标文件研究不透,标书内容不全

由于目前我国物流行业招投标制度刚刚起步,还没有对进入招投标市场的物流企业实行资格审批制度,因而政策方面的要求较少。因此,投标书就成了物流企业能否顺利进入招投标市场并取得物流项目最重要的书面文件。在具体操作中,许多企业在制作投标书时,不仔细阅读《投标人须知》《招标书》《报价须知》等有关招标内容,对招标人的要求不做全面细致的研究,往往偏重于一些重要技术要求,而忽视了其他一些要求。因此,即使服务方案很好,价格也很合理,也会因为对招标书的一些重要要求没有明确响应而成为废标,连初选的资格都没有,更谈不上中标了,白白丧失了很多机会。

2. 盲目报价,缺乏基本报价技巧

许多企业对实行招投标的目的缺乏正确认识,认为实行招投标的目的就是节省资金,因此在进行项目报价时,为了能中标,便一味地压低价格,甚至不惜以亏损价进行竞标。这种脱离实际的报价,不仅会让评标人员对项目后期的服务质量能否得到保证产生怀疑,同时以低于成本的价格进行推销,违反了《反不正当竞争法》,往往引起恶意竞争,这对企业的长期发展不利,也失去了实行招投标的本义。有的企业则正好相反,认为采用招投标的招标企业一般都有资金实力、支付能力强、信誉好,有利可图,就存在侥幸心理,不对竞争对手的报价进行分析和研究,而是盲目抬高价格,这在竞争激烈的招标过程中,其结果是显而易见的。

3. 营销策略滞后,不能适应新形式要求

实行招投标的一个重要目的,就是杜绝以往项目采购中存在的"暗箱操作""高价购买"等现象,减少腐败行为,提高项目采购的透明度和规范性。因而,物流项目招投标遵循"公开、公平、公正"的原则,每个环节都有严格的操作程序和很高的透明度。由于有些物流企业对这些情况把握不准,在招投标中仍然使用过去的营销策略,通过拉关系、托人情、请客送礼等种种不正当手段去进行竞争,严重影响了招投标的正常秩序,造成了不良影响,与实行招投标的初衷相背离,致使许多本来很有竞争优势的厂家,因使用不正当竞争手段,而被招标单位取消投标资格。

(二)提高项目中标的方法

针对在物流项目招投标中落标的现象,物流公司可以从三个方面做好工作,提高中标概率,赢得更多的物流招标项目。

一是规范操作,全面响应。规范操作对于投标方来说非常重要。物流企业在参与投标之前,要认真阅读和研究招标企业发出的招标文件,按照招标书的具体要求,规范操作;要对招标企业的招标资料进行逐条研究,充分领会每个条款的内涵,全面了解招标人的意图,对每一项要求都要做出明确响应。

二是认真测算,谨慎报价。报价是物流项目投标中非常关键的一项内容,因而物流企业要认真对待,谨慎报价。可以先根据本企业提供本项目物流服务的实际成本费用,加上合理利润,再参照市场同类项目服务的价格,以及竞争对手可能的报价,进行综合考虑,再经过仔细测算后进行报价,争取报出一个各方面都能接受的最合理价格。

三是转变观念,抓住机遇。实行物流项目的招投标采购,对众多物流企业,特别是中小型的物流企业来说,是一个难得的发展机遇,因此要尽快适应新形式、新要求,掌握招标工作的基本知识和基本操作程序,学会在新形式下参与竞争的方式,及时了解物流项目招投标的有关信息,并积极参与竞争,在竞争中不断发展和锻炼自己。

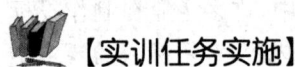【实训任务实施】

实训项目:物流项目投标文件描述

一、实训任务

小王是一名物流管理专业的大学生,毕业后进入某物流公司工作,经过前期培训后,被分配至公司市场部从事物流项目招投标的相关工作。经过前期的练习,小王已经熟悉了招投标工作的基本法律,掌握了招投标工作的主要流程,并学会了对物流项目招标文件、投标文件的描述和编写。本周,部门领导安排小王学习物流项目招投标中定标的工作内容,熟悉开标和定标的工作流程,为做好物流项目的投标工作打下基础。

二、实训目标

1. 描述物流项目招投标中开标和定标的工作流程。
2. 把握开标和定标的主要工作内容。

三、实训操作

1. 认真学习并理解下面两段资料。
2. 结合所学知识,掌握开标、评标、定标的流程和工作,完成表格填写(见表3-4-1)。

资料一:评标委员会和评标办法暂行规定(节选)

第三章　评标的准备与初步评审

第十五条　评标委员会成员应当编制供评标使用的相应表格,认真研究招标文件,至少应了解和熟悉以下内容:

(一) 招标的目标;

(二) 招标项目的范围和性质;

(三) 招标文件中规定的主要技术要求、标准和商务条款;

(四) 招标文件规定的评标标准、评标方法和在评标过程中考虑的相关因素。

第十六条　招标人或者其委托的招标代理机构应当向评标委员会提供评标所需的重要信息和数据。

招标人设有标底的,标底应当保密,并在评标时作为参考。

第十七条　评标委员会应当根据招标文件规定的评标标准和方法,对投标文件进行系统的评审和比较。招标文件中没有规定的标准和方法不得作为评标的依据。

招标文件中规定的评标标准和评标方法应当合理,不得含有倾向或者排斥潜在投标人的内容,不得妨碍或者限制投标人之间的竞争。

第十八条　评标委员会应当按照投标报价的高低或者招标文件规定的其他方法对投标文件排序。以多种货币报价的,应当按照中国银行在开标日公布的汇率中间价换算成人民币。

招标文件应当对汇率标准和汇率风险做出规定。未做规定的,汇率风险由投标人承担。

第十九条　评标委员会可以书面方式要求投标人对投标文件中含义不明确、对同类问题表述不一致或者有明显文字和计算错误的内容做必要的澄清、说明或者补正。澄清、说明或者补正应以书面方式进行并不得超出投标文件的范围或者改变投标文件的实质性内容。

投标文件中的大写金额和小写金额不一致的,以大写金额为准;总价金额与单价金额不一致的,以单价金额为准,但单价金额小数点有明显错误的除外;对不同文字文本投标文件的解释发生异议的,以中文文本为准。

第二十条　在评标过程中,评标委员会发现投标人以他人的名义投标、串通投标、以行贿手段谋取中标或者以其他弄虚作假方式投标的,该投标人的投标应作废标处理。

第二十一条　在评标过程中,评标委员会发现投标人的报价明显低于其他投标报价或者在设有标底时明显低于标底,使得其投标报价可能低于其个别成本的,应当要求该投标人做出书面说明并提供相关证明材料。投标人不能合理说明或者不能提供相关证明材料的,由评标委员会认定该投标人以低于成本报价竞标,其投标应作废标处理。

第二十二条　投标人资格条件不符合国家有关规定和招标文件要求的,或者拒不按照要求对投标文件进行澄清、说明或者补正的,评标委员会可以否决其投标。

第二十三条　评标委员会应当审查每一投标文件是否对招标文件提出的所有实质性要求和条件做出响应。未能在实质上响应的投标,应作废标处理。

第二十四条　评标委员会应当根据招标文件,审查并逐项列出投标文件的全部投标偏差。

投标偏差分为重大偏差和细微偏差。

第二十五条　下列情况属于重大偏差:

(一)没有按照招标文件要求提供投标担保或者所提供的投标担保有瑕疵;

(二)投标文件没有投标人授权代表签字和加盖公章;

(三)投标文件载明的招标项目完成期限超过招标文件规定的期限;

(四)明显不符合技术规格、技术标准的要求;

(五)投标文件载明的货物包装方式、检验标准和方法等不符合招标文件的要求;

(六)投标文件附有招标人不能接受的条件;

(七)不符合招标文件中规定的其他实质性要求。

投标文件有上述情形之一的,为未能对招标文件做出实质性响应,并按本规定第二十三条规定作废标处理。招标文件对重大偏差另有规定的,从其规定。

第二十六条　细微偏差是指投标文件在实质上响应招标文件要求,但在个别地方存在漏项或者提供了不完整的技术信息和数据等情况,并且补正这些遗漏或者不完整不会对其他投标人造成不公平的结果。细微偏差不影响投标文件的有效性。

评标委员会应当书面要求存在细微偏差的投标人在评标结束前予以补正。拒不补正的,在详细评审时可以对细微偏差做不利于该投标人的量化,量化标准应当在招标文件中规定。

第二十七条　评标委员会根据本规定第二十条、第二十一条、第二十二条、第二十三条、第二十五条的规定否决不合格投标或者界定为废标后,因有效投标不足三个使得投标明显缺乏竞争的,评标委员会可以否决全部投标。

投标人少于三个或者所有投标被否决的,招标人应当依法重新招标。

第四章 详细评审

第二十八条 经初步评审合格的投标文件,评标委员会应当根据招标文件确定的评标标准和方法,对其技术部分和商务部分做进一步评审、比较。

第二十九条 评标方法包括经评审的最低投标价法、综合评估法或者法律、行政法规允许的其他评标方法。

第三十条 经评审的最低投标价法一般适用于具有通用技术、性能标准或者招标人对其技术、性能没有特殊要求的招标项目。

第三十一条 根据经评审的最低投标价法,能够满足招标文件的实质性要求,并且经评审的最低投标价的投标,应当推荐为中标候选人。

第三十二条 采用经评审的最低投标价法的,评标委员会应当根据招标文件中规定的评标价格调整方法,对所有投标人的投标报价以及投标文件的商务部分做必要的价格调整。

采用经评审的最低投标价法的,中标人的投标应当符合招标文件规定的技术要求和标准,但评标委员会无须对投标文件的技术部分进行价格折算。

第三十三条 根据经评审的最低投标价法完成详细评审后,评标委员会应当拟定一份"标价比较表",连同书面评标报告提交招标人。"标价比较表"应当载明投标人的投标报价、对商务偏差的价格调整和说明以及经评审的最终投标价。

第三十四条 不宜采用经评审的最低投标价法的招标项目,一般应当采取综合评估法进行评审。

第三十五条 根据综合评估法,最大限度地满足招标文件中规定的各项综合评价标准的投标,应当推荐为中标候选人。

衡量投标文件是否最大限度地满足招标文件中规定的各项评价标准,可以采取折算为货币的方法、打分的方法或者其他方法。需量化的因素及其权重应当在招标文件中明确规定。

第三十六条 评标委员会对各个评审因素进行量化时,应当将量化指标建立在同一基础或者同一标准上,使各投标文件具有可比性。

对技术部分和商务部分进行量化后,评标委员会应当对这两部分的量化结果进行加权,计算出每一投标的综合评估价或者综合评估分。

第三十七条 根据综合评估法完成评标后,评标委员会应当拟定一份"综合评估比较表",连同书面评标报告提交招标人。"综合评估比较表"应当载明投标人的投标报价、所做的任何修正、对商务偏差的调整、对技术偏差的调整、对各评审因素的评估以及对每一投标的最终评审结果。

第三十八条 根据招标文件的规定,允许投标人投备选标的,评标委员会可以对中标人所投的备选标进行评审,以决定是否采纳备选标。不符合中标条件的投标人的备选标不予考虑。

第三十九条 对于划分有多个单项合同的招标项目,招标文件允许投标人为获得整个项目合同而提出优惠的,评标委员会可以对投标人提出的优惠进行审查,以决定是否将招标项目作为一个整体合同授予中标人。将招标项目作为一个整体合同授予的,整体合同中标人的投标应当最有利于招标人。

第四十条 评标和定标应当在投标有效期结束日 30 个工作日前完成。不能在投标有效期结束日 30 个工作日前完成评标和定标的,招标人应当通知所有投标人延长投标有效期。拒绝延长投标有效期的投标人有权收回投标保证金。同意延长投标有效期的投标人应当相应延长其投标担保的有效期,但不得修改投标文件的实质性内容。因延长投标有效期造成投标人损失的,招标人应当给予补偿,但因不可抗力需延长投标有效期的除外。

招标文件应当载明投标有效期。投标有效期从提交投标文件截止日起计算。

第五章 推荐中标候选人与定标

第四十一条 评标委员会在评标过程中发现的问题,应当及时做出处理或者向招标人提出处理建议,并做书面记录。

第四十二条 评标委员会完成评标后,应当向招标人提出书面评标报告,并抄送有关行政监督部门。评标报告应当如实记载以下内容:

(一)基本情况和数据表;

(二)评标委员会成员名单;

(三)开标记录;

(四)符合要求的投标一览表;

(五)废标情况说明;

(六)评标标准、评标方法或者评标因素一览表;

(七)经评审的价格或者评分比较一览表;

(八)经评审的投标人排序;

(九)推荐的中标候选人名单与签订合同前要处理的事宜;

(十)澄清、说明、补正事项纪要。

第四十三条 评标报告由评标委员会全体成员签字。对评标结论持有异议的评标委员会成员可以书面方式阐述其不同意见和理由。评标委员会成员拒绝在评标报告上签字且不陈述其不同意见和理由的,视为同意评标结论。评标委员会应当对此做出书面说明并记录在案。

第四十四条 向招标人提交书面评标报告后,评标委员会即告解散。评标过程中使用的文件、表格以及其他资料应当即时归还招标人。

第四十五条 评标委员会推荐的中标候选人应当限定在一至三人,并标明排列顺序。

第四十六条 中标人的投标应当符合下列条件之一:

(一)能够最大限度满足招标文件中规定的各项综合评价标准;

(二)能够满足招标文件的实质性要求,并且经评审的投标价格最低;但是投标价格低于成本的除外。

第四十七条 在确定中标人之前,招标人不得与投标人就投标价格、投标方案等实质性内容进行谈判。

第四十八条 使用国有资金投资或者国家融资的项目,招标人应当确定排名第一的中标候选人为中标人。排名第一的中标候选人放弃中标、因不可抗力提出不能履行合同,或者招标文件规定应当提交履约保证金而在规定的期限内未能提交的,招标人可以确定排名第二的中标候选人为中标人。

排名第二的中标候选人因前款规定的同样原因不能签订合同的,招标人可以确定排名第三的中标候选人为中标人。

招标人可以授权评标委员会直接确定中标人。

国务院对中标人的确定另有规定的,从其规定。

第四十九条　中标人确定后,招标人应当向中标人发出中标通知书,同时通知未中标人,并与中标人在30个工作日之内签订合同。

第五十条　中标通知书对招标人和中标人具有法律约束力。中标通知书发出后,招标人改变中标结果或者中标人放弃中标的,应当承担法律责任。

第五十一条　招标人应当与中标人按照招标文件和中标人的投标文件订立书面合同。招标人与中标人不得再行订立背离合同实质性内容的其他协议。

第五十二条　招标人与中标人签订合同后5个工作日内,应当向中标人和未中标的投标人退还投标保证金。

资料二:开标、评标、定标工作流程

一、开标程序

1. 主持人宣布开标会议开始,介绍参加开标会议的单位名单及工程项目的有关情况;

2. 请投标人或其推选的代表检查投标文件的密封情况,是否完好无损,是否被非法启封,经确认无误后,统一在"投标文件验封确认表"上签字;

3. 宣读招标文件规定的评标原则、评标办法;

4. 由招标代理人员当众拆封,宣读投标人名称、投标价格和投标文件的其他主要内容,并将开标过程完整地进行记录;

5. 与会的投标单位法定代表人或授权代表在记录表上签字,确认唱标内容;

6. 宣布开标会议结束,投标单位等候安排,进入评标阶段。

二、评标流程

1. 评标委员会评标工作由评标委员会负责。

评标委员会由招标单位的代表和有关工程技术、经济方面有经验的专家组成,成员为5人以上的单数,其中技术、经济方面的专家人数不得少于成员总数的2/3,专家由招标人从省、市人民政府有关部门提供的专家名册或者招标代理机构的专家库内的相关专业的专家名单中确定,与投标单位有利害关系的人员不得进入评标委员会,评委均以个人的身份参加工作,不代表所在的工作单位。

2. 评标方法。

3. 评标活动。

评委依据招标文件中的评标标准对投标文件各项评价比较,综合投标单位的设计方案和对招标文件满足的程度、以往的工作业绩和信誉等情况,对每一份投标文件进行综合评价,给出评分,评委会根据评委打分的统计结果,对投标文件排序,推荐中标候选人。

4. 评标报告。

评标委员会完成评标后,应当向招标人提交书面评标报告,并由全体评委签字,评标

报告应包括以下主要内容：

(1) 工程说明及招标情况；

(2) 开标情况，包括开标的时间、地点、参加开标会议人员及唱标情况；

(3) 评标情况，包括评标委员会的组成及评标委员会人员名单、评标工作的依据及评标内容等；

(4) 对投标文件的意见汇总和打分情况；

(5) 依据评标办法推荐的中标候选人排名；

(6) 问题澄清及其他相关附件。

三、定标

1. 招标人根据评委会推荐的合格中标候选人名单，指定排名第一的中标候选人为中标人；

2. 经评标确定中标人后，招标代理机构应在规定的时间内向中标人发出中标通知书，并同时将中标结果通知所有未中标的投标人，按照招标文件规定退还未中标的投标人的投标保证金。中标结果在招标文件确定的网站公示两个以上工作日。招标代理机构应在中标通知书发出之日起 3 日内，组织招标人与中标人签订项目设计合同。

表 3-4-1 物流项目开标评标定标流程和工作描述

	主要内容	主要流程	主要工作简述
1	开标		
2	评标		
3	定标		

【任务小结】

招投标工作在现代社会被普遍运用，成为企业在国内外竞争的主要手段。本任务主要讲解了物流项目开标、评标、定标的主要流程和具体工作，物流项目评标的基本方法，物流项目投标中常见的落标原因和提高中标概率的方法。

项目的招投标管理必将成为影响社会经济发展的一个重要因素，熟悉招投标工作，对物流项目进行合理有效的管理，促进物流行业的发展具有重要的意义。

项目四 物流客户投诉管理体系

1. 了解物流投诉管理部门的职能。
2. 了解物流客户投诉的处理方法和流程。
3. 掌握改进客户服务的方法和策略。
4. 掌握客户赔偿的处理和争议解决方式。

1. 具备物流客户投诉分析的能力。
2. 具备物流客户投诉预防性管理的能力。
3. 具备解决物流客户赔偿的能力。

1. 智慧化物流时代,秉持工匠精神。
2. 提高职业素养,选用物流经典案例,贯彻"用身边事教身边人"。

注:本项目知识目标、能力目标与《物流管理职业技能等级标准(中级)》中对应的知识点、技能点有机融合,实现课证融通,为物流管理职业等级技能证书的考取打下基础。

	工作领域	工作任务	实操考点	理论考点
《物流管理职业技能等级标准(中级)》	物流市场开发与客户服务	客户投诉及异常处理	1. 能分析客户投诉的原因; 2. 能描述客户投诉的处理方法和流程; 3. 能描述物流客户投诉预防的措施	1. 掌握客户投诉的处理流程; 2. 掌握客户沟通的策略和技巧

任务一 建立物流客户投诉管理体系

 任务目标

通过本任务的学习,了解物流客户投诉管理体系的内涵;明晰建立物流客户投诉管理体系的要素;掌握物流投诉管理部门的职能以及物流客户投诉管理的整个流程。

 重难点分析

本任务重点是掌握物流投诉管理部门的各个职能以及物流客户投诉管理流程。

 教学建议

本任务可采用互动教学,多情景,多形式的互动体。在教学过程中,通过教师提供的具体案例来组织教学,目的是让学生在积极思考中理解知识点难点,并加深学生对物流客户投诉管理部门及流程的理解,最终得以掌握本任务知识。

 【引导案例】

物流行业面临信任危机

现代物流被誉为企业的"第三利润源",有专家预计,杭州市潜在的物流市场达 300 亿元,因此,不少企业开始瞄上这块蛋糕。杭州市现代物流协会秘书长钱超英说,该协会成立两年来,目前会员企业已达 60 家。

但由于投诉和纠纷不断增加,各物流企业缺少有关投诉管理办法,同时又没有相关的物流行业规范,使得纠纷难以妥善解决,杭州市物流行业面临一定的信任危机。

3月17日,曹先生的20件保温材料经由"千一物流"托运至建德,货是送到了目的地,途中却丢了3件。据"千一物流"处理此事的宋先生说,由于驾驶员是新手,在运送途中汽车颠簸导致捆绑绳子松动而丢失。为此,曹先生不愿支付运费。而托运企业毫无解决的诚意,他们认为,既然不付运费,双方托运合同就不成立,双方谈赔偿就没有了基础。

于女士向杭州市工商局投诉称,4月中旬,她通过上海圆通速递有限公司杭州分公司邮寄两台打印机,但打印机在途中丢失。在消协调解未果的情况下,双方要通过司法途径解决。于女士的同事说:"物流企业有义务将所托运的物品安全送达目的地,造成货物破损、遗失,物流企业应该承担责任。我们曾碰到类似情况,一份合同通过快递运送时被快递企业弄丢了,对方说,按规定只赔邮寄费的双倍,对于由此带来的其他损失却不愿意承担责任。""如果你不对托运物品做保价托运,那么,我们只能赔你邮寄费用的两倍。"上海圆通速递有限公司杭州分公司处理此事的赵先生说:"任何物流企业(托运货品时导致货品)遗失是不可避免的。我可以明说,快递企业整体素质是不太好的。"

杭州市工商局发现，两个月以来此类投诉非常多。有关人士指出，物流行业相关规范缺失以及物流企业缺少相应的服务理念和投诉管理机制，成为物流业投诉高发、投诉难以解决的主要原因之一。这样就大大降低了物流客户对物流行业的满意度和信任度，也成为我国物流业发展的绊脚石。

案例思考：

如果物流企业没有"客户至上"的服务理念，忽视客户的抱怨和投诉，缺少相应的投诉管理机制和解决办法，不能及时地处理解决，结果会是什么？

【任务知识储备】

一、物流客户投诉

（一）物流客户投诉的内涵

物流客户投诉是指客户在办理物流业务或在接受物流服务的过程中，通过各种途径反映其对产品或服务不满，从而提出书面或口头上的异议、抗议、索赔，并要求解决问题和追求责任的行为。

物流企业无法阻止客户的投诉，这与我们不能阻止客户对物流企业的期望是一个道理。客户的投诉是源于对企业的信任，企业只有妥善处理和解决客户的投诉，才能使客户更加信任物流企业。

（二）有效处理物流客户投诉的意义

1. 客户投诉的信息是物流企业资源

客户是企业的生存之本、利润之源，他们表现不满给了企业与客户深入沟通、建立客户忠诚的机会。同时，一切新服务举措的开发无一不是对客户需求的一种满足，而物流企业需要通过对客户的牢骚、投诉等不满意举动的分析来发现新的需求，并以此为源头提升企业自身。客户投诉不满之中往往蕴含着巨大的商机，正确地分析客户的不满可以使企业更轻易抓住商机，提高业绩。

同时，客户投诉的信息如果能被正确对待和处理，那么将是企业内非常有价值的资源。客户投诉的内容五花八门、千奇百怪，但其中可能隐藏着我们容易忽视但又非常有价值的信息，可以帮助我们在物流服务设计、工作流程、服务规范等方面进一步改进。

2. 投诉是客户帮助物流企业提升管理的重要途径

有一些客户投诉，实际上并不是抱怨物流客户服务，而只是向我们讲述对我们企业服务的一种期望，或者是提出他们真正需要的是一种什么模式的服务。因此投诉不可简单地认为是告状和报复，而是客户对服务存在异议做出反应的一种表现形式，我们要意识到投诉是客户帮助企业提升管理的重要途径，以便于我们从中找出服务的不足、管理的漏洞，找准问题的关键。根据客户的投诉，我们可以及时发现企业存在的问题，能够防止客户被竞争对手抢走。企业成长是一个渐进式的过程，而客户投诉就是这个过程的一面镜子，可以随时看出企业的发展状况。

3. 有效处理投诉可将投诉所带来的不良影响降至低点

有效处理投诉可以挽回客户对企业的信任，从而有效地维护企业的自身形象，使企业的良好口碑得到维护和巩固。相反,有些企业由于投诉解决不当,与客户闹上法庭,最终有的企业胜诉,有的企业败诉,但不管结果如何,对企业的品牌信誉都会带来很大的影响。可能我们的服务有问题,会有投诉,如果有很好的处理方法,最终会挽回客户对企业的信任。如果一个企业对投诉采取消极态度,就会打击客户的积极性,对企业的信任就没有了。

【相关链接】

绝大部分客户在被服务的过程中产生一些怨气或不满的时候,他们不会直截了当地向企业说出来。来自美国华盛顿的一项数据显示:5%的客户会说出来——投诉;96%的客户会默默地离开。而这96%的客户会把不满倾诉给亲朋好友,每一个不满的客户将至少告诉10~20个人。

二、物流客户投诉管理体系

在客户投诉中,我们常常发现:造成投诉升级的原因并不是客户服务人员工作不努力,而是企业没有建立有效的客户投诉管理体系,或是处理流程太烦琐,或是后台不能提供快速有效的支持,或是采取的补救行动未达到客户满意等。所以,有效的投诉管理,除了要加强和提高一线服务人员的自身素质、重视对投诉的处理外,更需要从观念上、制度上、流程上来加强对投诉的系统管理,因为过程和结果不是一两个人可以控制的,它是企业整个系统运作的结果。

对于物流企业来说,正确的做法是系统地看待投诉问题,建立一套完善的投诉管理体系,明确组织内各级工作人员对投诉承担的职责和权限,制定一系列投诉处理的工作流程和标准,让每一个投诉都纳入体系管理,得到妥善解决,让投诉管理变成一项增值业务,让不满意的客户变成忠诚客户。

(一) 建立有效的物流客户投诉管理体系

所谓管理体系,按 ISO 9000:2000 版国际标准的定义是:"建立方针和目标并实现这些目标的体系。"那么,投诉管理体系就可以定义为:"建立投诉方针和目标并实现这些目标的相互关联或相互作用的一组要素。"物流客户投诉管理具有综合性的特点,一是涉及企业业务管理、人员管理、流程管理、公关传媒等多个方面,二是投诉的处理不仅仅是客户服务部门的职责,三是投诉管理的内容涉及投诉预防、投诉受理、投诉处理、投诉分析四个方面。

物流企业应充分认识到:从客户投诉的预防、受理到处理,是为企业节约成本挽留老客户的经营过程,再通过投诉分析挖掘出商机,寻找市场新的卖点,使投诉成为服务利润链的发力点和企业潜在利润的中心,也就是从投诉管理转向投诉经营的过程。

有效的物流客户投诉管理体系主要包括以下几个环节。

1. 物流客户投诉预防

投诉管理工作中,最重头的环节在于投诉预防工作;所谓防范胜于救灾,重视投诉预防,将客户的不满屏蔽于最小阶段,从而避免问题的升级以及降低企业的投入成本。在《扁鹊的医术》这个故事中包含了一个深刻的道理,即事后控制不如事中控制,事中控制不如事前控制。对于物流企业来说,明智的办法即在问题最轻微时采取行动,而不是亡羊补牢。

投诉预防应从识别并处理好客户抱怨做起。抱怨是客户不满意的一大信号,企业应在发现的最初期就把它处理好,无论是在销售和服务的任何一个环节中,无论在现场还是热线电话中,调动企业内每一位员工的主观能动性,鼓励其处理好每一起接触到的客户不满或抱怨,这种积极作用有赖于企业建立良好的文化与合作氛围,这也是进行抱怨管理时所需要做的一项工作。

一项调查结果显示,在所有不满意的客户中,69%的客户从未提出过投诉,26%的客户不满时向身边的服务人员提出过,5%的客户由于抱怨未得到解决而向客户服务部门进行投诉;通常1位客户的抱怨,代表着另外24位没有向企业抱怨的客户的心声。由此看出,如果企业致力于管理好客户的抱怨,对企业来说,将可以在问题初期挽回大部分不满客户,还可以降低由于投诉引起的损失赔偿的增加。所以,做好投诉的预防也是一项能够降低成本的管理手段。

2. 物流客户投诉受理

做好投诉受理,也是一个准确识别客户和准确识别需求的过程。

一是物流企业要有一个平台,建立客户联络中心。二是要有畅通的渠道,如投诉电话、电子邮箱、客户回访等。三是要有规范的处理流程,从记录、受理、处理、分析到反馈都流程化;核心工作就是如何将客户的信息完整地收集进来,然后通过标准化的、人性化的管理将不同的客户、不同的需求进行分流、处理。这个分流并非没有监控和跟进,而是有系统和流程保障,使客户问题由最有资源和最有能力处理好的部门快速地处理好,以提高客户满意度,降低客户流失率,从而提升服务竞争力,并避免企业危机问题的发生,还可以给企业增加商机。

3. 物流客户投诉处理

客户投诉处理是一项集心理学、法律知识、社会文化知识、公关技巧于一体的工作,既要体现服务人员道德修养、业务水平、工作能力等综合素养,又要对投诉者所提问题给予妥善解决或圆满解答。在对投诉进行处理的时候,不应只由一个部门解决问题。在处理调查、分析原因和寻求对策的整个过程中,必须依靠不同部门乃至整个企业的协同。

投诉应进行层级化管理,通常可分为一般投诉、严重投诉和恶性投诉。应对不同的投诉设定严格的定义,并依此设定不同的处理流程,在物流企业建立共享投诉管理制度,以保证给处理人员或部门以统一口径及处理思路。对于高层级的投诉,应投入更多关注和更多资源去处理,并在适当的时候启动危机预警和危机公关。

投诉处理应注重时效性,什么时间与客户联系、什么时间完成方案等时效的硬性约束是非常有必要的,以保证处理过程高效和服务口碑的建立。投诉回访制度的建立可起到监督和闭环管理的双重作用。

投诉处理的全过程不仅包括客户方面的快速处理,还包括追根溯源、落实责任,并在处理过程中对问题进行落实,同时后期的投诉分析要为企业提供更科学、更准确的改进依据。

4. 物流客户投诉分析

客户投诉是企业了解客户的真正需求、贴近市场的机会,进行投诉分析的目的是从具体的投诉中发现一些异常的问题。从客户投诉分析中,可以挖掘出有价值的东西,进而将信息资源变为知识资产。具体来说,企业可以从客户投诉中检视产品或服务的错误,从客户投诉中寻找商机。因此,投诉分析可为企业提供持续改进的方向和依据,还可以通过投诉问题分析改进企业的质量管理体系,作为市场调查数据加以充分利用,挖掘客户潜在需求。

客户投诉是联系客户和企业的一条纽带,是一条很重要的信息通道。实践表明:开发一个新客户的成本是留住老客户的5倍。企业要想保住老客户,必须在企业内部建立良好的客户投诉管理体系,并不断研究从投诉管理走向投诉经营的方向,这样不但能够使客户的抱怨得到很好的处理,而且使其真正的价值最大化。对客户投诉时所提供的信息能够有效地利用有助于企业的不断改进。

(二)物流客户投诉管理体系的特征

从客户的角度来看,遇到投诉问题他们通常关心三件事:一是他们需要知道去哪里投诉,二是他们需要知道如何投诉,三是他们需要相信自己的投诉会得到正确的处理。如果企业不能提供以上的信息,客户的选择只有两种:如果是可以忍受的一般问题,他们选择一走了之,但从此不再回来;如果是无法忍受的严重问题,他们会直接投诉到主管部门、消费者协会甚至是他们所能想到的公共媒体,造成投诉升级。

因此,一个有效的客户投诉管理体系要具备以下特征。

1. 系统性

系统性是指建立一个以投诉管理方针为核心,以运作流程和规范为基础,合适的员工及资源协同配合的管理体系,按照策划、实施、检查和处置的闭环对投诉进行管理。

【相关链接】

海尔的四条投诉处理方针。

第一条:一个不漏地记录客户反映的问题;

第二条:一个不漏地处理客户反映的问题;

第三条:一个不漏地跟踪复审处理结果;

第四条:一个不漏地把问题反映到设计生产经营部门。

2. 透明性

(1)确保让客户知道如何投诉的相关信息。

确保让客户知道如何投诉的相关信息主要有:

① 在报刊、营业网点、宣传资料上公布投诉电话;

② 和客户联系的一切资料上都提供投诉方法;

③ 支票、发票和收据上的备注;

④ 制作一本"如何投诉指南"的小册子,免费派发;

⑤ 网站开通动态的客户投诉栏目,收集抱怨和投诉意见;

⑥ 在投诉受理点公开张贴投诉流程和投诉须知的信息;

⑦ 及时通知客户投诉的进展情况和处理结果。

(2)企业还应让相关部门和员工了解投诉的信息。

投诉的信息应在企业的内部通过适当的方式得到沟通,以便投诉处理过程能够得到充分理解和有效执行。

① 采用多种沟通方式。通过电话、面谈、通知、会议、简报等方式,将投诉信息及时准确地

传递到相关的部门和人员,如投诉当事人、责任部门、技术支持部门、管理部门、主管领导等。

② 建立投诉信息的定期沟通制度。定期发布投诉情况汇报和分析简报;向全体员工通告重大的、典型的投诉案例,让员工引以为戒;在每月的经营质量分析例会上公布上月的投诉情况总结、原因分析、采取的改进措施等,促进相关部门不断改进,采取预防措施;就重复出现的重大投诉案例进行专题讨论,制定防范措施;等等。

③ 重大问题的进一步行动。当投诉显示的问题可能影响到许多其他的客户时,企业应采取进一步的行动,以防止问题进一步扩大。这包括对社会公众发出警示,通知所有客户、免费修理、召回更换、退货甚至赔偿等措施。

3. 便利性

一个有效的投诉管理体系应该是方便易行的,客户在企业的供应链上任何一点都可以容易地投诉。为此,企业应做到以下几点:

(1) 提供常见的投诉渠道。

① 在营业网点或办公区域设立投诉受理点或是投诉接待处,由专人负责接待投诉;

② 提供多种投诉渠道,如口头、书面、电话、网络等;

③ 设立免费投诉电话;

④ 24 小时受理投诉;

⑤ 简化投诉流程,不需提供太多的证明材料;

⑥ 积极快速的反应。

(2) 降低投诉时间和成本。

使用一些方法尽量降低投诉的成本,节省客户的时间,如设立 800 免费投诉电话,或是随业务资料给客户贴有邮票的免费回函信封,在选择投诉受理点时考虑客户的地理位置和交通等因素,通过网络建立投诉电子信箱,或是通过企业门户网站设立服务平台,方便客户在线交流等,减少时间和空间的距离,方便客户解决问题。

4. 公平性

投诉管理体系要确保客户和引发投诉的员工在解决投诉的过程中得到公平对待,对投诉的调查和处理要客观公正。无论是新客户还是老客户,是大客户还是普通客户,是当面投诉还是电话投诉,都应一视同仁,公平对待;同时对于被投诉的企业内部员工,也要保证他受到公平的对待,他有权知道投诉的真相,并对投诉进行申诉。

(三) 建立物流客户投诉管理体系的要素

1. 物流客户投诉管理体系的制度保证

为了确保投诉管理体系的有效实施,物流企业首先需要从制度上加以保障,制定有效的投诉管理制度。

(1) 制定一套投诉处理的标准。

物流企业处理客户投诉,一定要按照相同的标准,让每一个投诉事件的处理具有一致性。如果同一类型的客户投诉,因为投诉书处理人员的不同而有不同的态度、做法与结果,势必损害企业形象,让客户丧失信心。

(2) 制定一套处理投诉的作业流程。

为了让客户服务人员能以公平、一致的态度对待所有投诉,也为了提高投诉处理的效率,物流企业必须根据本身的规模、业务状况、投诉的方式和类型,归纳出处理投诉的作业要领,并编制成册。既可以作为投诉处理的依据,还可以作为教学训练的教材。

(3) 制定奖惩政策。

服务出现差错,造成失误的客户服务人员找借口推卸责任;其他客户服务人员为求和气不愿指出责任人,这些都会影响补救的效率和效果。物流企业需要制定针对性的奖惩措施,对敢于指出他人错误的客户服务人员给予奖励,对主动承认自身错误并积极采取补救措施的客户服务人员不追究其责任,对隐藏甚至是抵赖自身错误的客户服务人员给予严厉的处罚等。

(4) 实施专项培训制度。

有关统计数据表明,物流企业受理的投诉中有65%是直接为客户提供商品或服务的客户服务人员接到的。客户服务人员服务水平的高低,直接影响客户的满意度和服务补救的效果。所以,对客户服务人员进行专项培训,使其掌握客户投诉处理的知识和技能,是非常重要的。培训的重点包括口头沟通技巧、倾听客户投诉、如何向客户道歉、分析客户问题、采取行动以及变通规则等。

(5) 建立适当授权制。

客户服务人员在接到投诉后常感到有心无力,很多事情都不能做主。为了提高客户服务人员在现场快速反应的能力,物流企业有必要对客户服务人员进行适当的授权,让他们在一定程度上具有解决客户问题的权力。同时授权可以增强客户服务人员的责任感,提高其工作的积极性、主动性和创造性。

2. 建立物流客户投诉管理部门

建立物流客户投诉管理部门,要求做到对每一起客户投诉及处理都要做出详细的记录,包括投诉内容、处理过程、处理结果、客户满意度等。使用计算机等辅助设备管理客户投诉的内容,不断改进客户投诉处理方法,并将获得的信息传达给其他部门,使之有效、全面地收集统计和分析客户意见,立即反应,做出明确适时的处理,并不断地总结经验,吸取教训,为将来更好地处理客户投诉提供参考。

一个投诉管理部门应由两个并列的部门组成:运作部门,在接到投诉时及时做出回应;支持部门,帮助确定和消除问题出现的原因,确保客户知道到哪里投诉、如何投诉以及监督投诉是否按照已有的程序处理。

(1) 运作部门。

① 输入。

● 筛选。对投诉进行分类,交由适当的部门处理。

● 记录。对每份投诉进行信息处理。

● 分类。根据事先选好的类别,对投诉进行编码,从而确定问题范围。

② 答复。

● 调查。检查内部记录,电话调查,书面信件,专业调查。

● 明确的答复(投诉处理中最重要的一步)。根据投诉处理规范、法律责任、投诉人的期望、妥协折中、必要的第三方仲裁,做出明确的答复。

● 做出回复。准备好最终回复内容并传达出去。如果做出的回复和客户的期望不符,写清申诉程序。如果回复是口头的,谈话内容应该有所记录。

③ 输出。
- 分配。在最短的时间内把最终的答复送到投诉人那里。
- 存储和挽救。把整个投诉过程整理在案。

(2) 支持部门。

① 支配。
- 内部的后续工作。设立和监督答复时间及质量标准,纠正标准背离。
- 参考的后续工作。把时间、质量标准运用到其他部门、领域和其他企业或代理的答复上。

② 管理。
- 统计。在政策分析中使用统计学,对投诉处理办公室的表现进行评估。
- 政策分析。通过对数据的解释来发现投诉客户的问题、关键事宜的根本原因所在,提出解决方案。
- 评估。评估投诉处理办公室制定的实施目的完成情况。
- 计划。计划应当包括投诉满意的目标设定,实现目标的工具等,其中客户投诉办公室优先享有员工培训、消费者教育等权利。
- 责任义务。把投诉处理和预防投诉的责任落实到具体的个人和办公室。
- 建立奖励或惩罚体系。鼓励正确的投诉处理,避免以后其他问题的出现。
- 挑选、授权和培训员工。挑选具备一定人际关系技巧的员工,赋予他们权力,做出及时处理问题的决定,对他们进行胜任投诉处理工作所需的技术技能培训。

3. 物流客户投诉管理机构及职能

如图4-1-1所示,物流企业的投诉管理机构及职能通常可以分为四个层次。

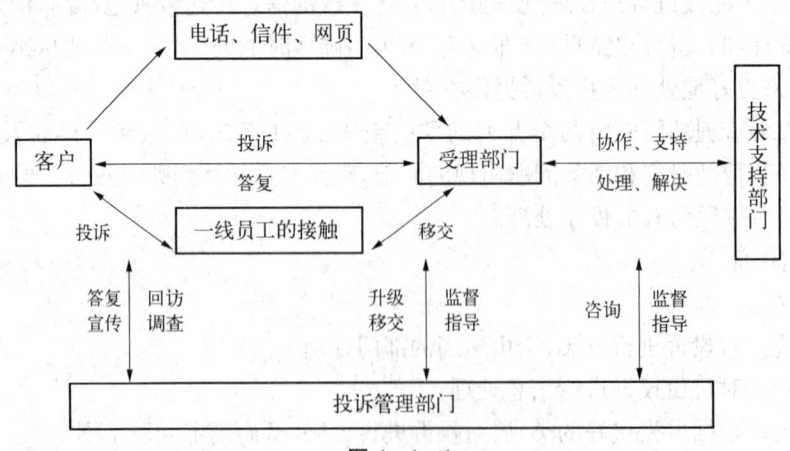

图4-1-1

(1) 有机会和客户接触的一线员工,如导购员、客户服务人员、送货人员、安装维修人员等,他们往往是第一时间听到客户的不满和接受客户投诉的人,因此他们的职责是:① 主动征求客户的意见。② 受理客户的投诉,并对投诉做出答复或将信息移交给投诉受理责任部门。

- 客户来投诉、咨询时,第一个当面接待者即为首问负责人,特指直接面对客户受理各类咨询和投诉者,如送货员、营业员、客户接待室值班人员和客户直接来企业投诉的第一接待者(全体员工)。
- 客户来电话投诉、咨询时,第一个接听电话者即为首问责任人。客户来信、来函投诉、咨询时,指定收信部门和个人即为首问责任人,无指定部门和个人的,负责拆阅者即为首问责任人。

(2) 指定的投诉受理部门,如投诉咨询服务中心、客户服务部、售后服务部等,他们的职责是:① 负责设置和管理投诉渠道,确保投诉渠道方便可行、畅通无阻。② 负责受理、记录、调查核实、及时答复客户的投诉。③ 负责处理和解决客户的问题,联系和协调相关部门制定投诉解决方案。④ 负责将重大和疑难投诉问题移交相关管理部门进行升级处理。

(3) 技术支持部门,如技术开发部、生产部、网络运行部、工程建设部、系统维护部等,他们的职责是:① 负责处理和解决客户投诉的问题,为受理部门提供建议、指导和技术支持。② 负责配合受理部门进行调查研究,确定和分析事故原因、提出解决方案。③ 负责投诉后采取纠正措施和预防措施。

(4) 投诉管理部门,如质量管理部、总经理办公室、市场经营部、服务督查部等,他们的职责是:① 负责策划、建立和维护良好的客户投诉管理体系。② 负责宣传企业的投诉方针、投诉方式和投诉渠道。③ 负责协调督查、管理和指导投诉受理部门、技术支持部门及相关人员的工作。④ 负责升级处理和答复重大的客户投诉。⑤ 负责客户投诉的回访,定期调查客户满意的信息,对投诉信息进行统计分析。⑥ 负责投诉管理体系的定期内部审核、管理评审和持续改进工作。

图 4-1-1 是一个例行的投诉管理结构层次,对于小型的物流企业来说可以不必如此复杂,如可将投诉受理部门和管理部门合为一体。

4. 物流客户投诉管理流程

要实现投诉目标,离不开一系列投诉流程。流程是一组将输入转化为输出的相互关联或相互作用的活动。物流客户投诉管理流程是组成投诉管理体系的主体部分,加强对流程的控制,可以保证管理体系达到预期的目的。

物流客户投诉管理的实质就是一个将客户投诉转化为客户满意的过程,因此投诉管理的核心必然和投诉处理直接相关,可分为投诉正常管理流程和升级管理流程。

(1) 物流客户投诉正常管理流程。

① 采取投诉正常管理流程的时机。
- 投诉的事项有明确的文件规定或工作指南可以正常处理时;
- 投诉的信息清楚无误,足以做出判断时;
- 受理人有足够的权限可以进行处理时;
- 客户接受企业预定的解决方案时。

② 投诉步骤。
- 受理投诉,记录内容;
- 判断投诉是否成立;
- 分析投诉原因,确定责任部门;

- 提出处理方案；
- 实施处理方案；
- 客户回访；
- 总结评价。

（2）物流客户投诉升级管理流程。

① 采取投诉升级管理流程的时机。
- 处理投诉所需采取的行动超出了受理员工规定的权限；
- 可能对企业的声誉或经济造成重大影响的投诉；
- 客户不接受受理员工提出的解决方案。

② 为何需要投诉升级管理流程。
- 快速的行动对投诉处理非常重要，升级处理流程可以避免投诉处理因为某些人为因素而停滞不前。
- 当投诉处理人和客户发生分歧时，升级处理流程可以了解对立的情况，避免小的投诉演变成大问题。
- 升级处理流程使企业能够有足够的资源来处理严重复杂的投诉。

③ 投诉升级管理流程。

投诉升级管理流程，如图4-1-2所示。

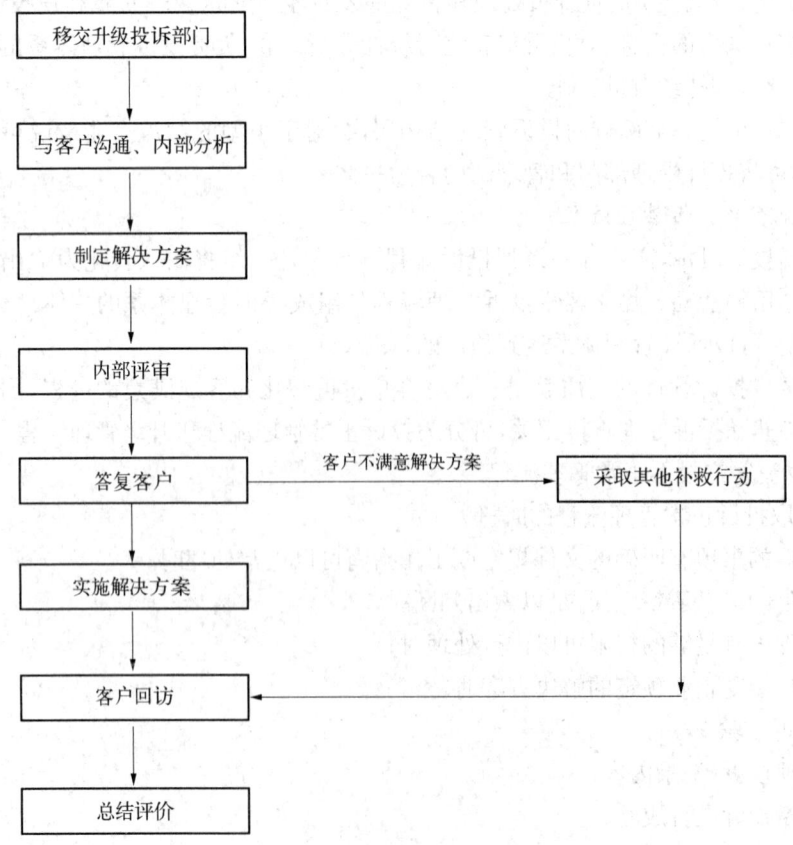

图4-1-2

5. 物流客户投诉管理文件

建立投诉管理体系应有规范化的文件,它能够对员工的行为起到规范和指导作用,使组织的投诉管理活动有章可循、有法可依、有据可查,还可作为从事投诉管理的员工的培训教材。

一个系统的投诉管理体系文件至少应该包括四个部分:投诉管理方针和目标;投诉管理手册;投诉管理流程、规范、作业指导书等;投诉记录。

(1) 物流客户投诉管理手册。

投诉管理手册是投诉管理体系的纲领性文件,描述了投诉管理的组织承诺、组织结构、职责和权限、管理原则和主要流程或规范,是全面阐述企业投诉管理体系的指南和作业工具书。投诉管理手册的结构和形式没有统一的标准,可根据组织的具体情况自行设计,对不是很复杂的组织来说,投诉管理手册可以将其他的投诉文件如投诉方针、目标、核心流程、服务规范、作业指导书、记录表格等包括进来,合订成册。

一般来说,投诉管理手册的常见结构如下:封面;批准页;手册说明;手册目录;企业概况;投诉方针和目标;投诉管理机构图;职责和权限;投诉管理核心流程、服务规范汇编;投诉指南(投诉途径、电话、地址、联系人等信息)。

(2) 物流客户投诉管理作业文件。

① 投诉管理作业文件概述。

投诉管理的作业文件是为实现投诉管理方针和目标而必备的支持性基础文件,是投诉管理文件体系的重要组成部分,它既可以成为投诉管理手册的一部分,也可以单独成篇。作业文件是在组织的实践基础上,总结组织以往的成功经验,将业务活动中一些经常发生的、约定俗成的、明确规定的事项形成标准化、规范化的文件,为投诉管理的科学化、规范化、标准化打下基础,使投诉处理有法可依、有章可循。作业文件作为广大员工在日常工作中的操作指导书,可以有多种形式,如流程、规范、作业指导书、指南、规定、检查标准等。

常见的投诉管理作业文件有:投诉处理服务规范;投诉受理服务规范;投诉赔偿标准;客户回访工作服务规范;客户沟通服务规范。

② 投诉记录。

收到每一位客户的投诉都应留下记录。投诉记录应该客观真实地反映投诉过程的信息,作为进行投诉追溯和数据分析的重要依据。投诉记录的形式可以多种多样,可以是表格形式、文字报告形式,也可以是照片、录像、录音等形式。应结合组织的规模、类别和产品服务特性,认真地策划和编制投诉记录,以提高管理体系运作的有效性。

a. 投诉记录的编制要求。

● 系统、完整、统一。为便于管理,应系统地策划投诉记录,信息完整、统一编号、统一格式。

● 简便、实用,具有可操作性。记录格式应方便员工使用,不必过于烦琐和复杂。

● 正确、清楚,具有可追溯性。确定责任人,要求正确地填写,清楚地记录,不得涂改、失真,以便于追溯。

b. 常见的投诉记录的类型。

● 投诉登记表;

- 投诉分类统计表;
- 投诉原因分析报告;
- 客户投诉处理表;
- 客户投诉处理通知书;
- 客户投诉回访记录;
- 客户满意度调查表;
- 纠正和预防措施通知单。

6. 物流客户投诉的基础设施

(1) 物流客户投诉基础设施的分类。

① 工作场所及相关设施。

工作场所及相关设施,指投诉管理过程所涉及的建筑物、办公场所以及配套的水、电、气设施,组织应重点考虑从方便客户的角度出发如何选择投诉网点的设置,接待来访客户的场所布置等。

② 过程设施。

过程设施指受理投诉时使用的硬件设备,如电脑、办公软件、投诉管理系统软件、传真机、电话、网络等,组织应重点考虑如何利用IT技术工具来提高工作效率,如设计专门投诉信息管理系统、网上投诉系统、800免费电话等。

③ 支持性服务设备。

支持性服务设备,如出去调查、检修用的运输车辆、电话、手机等通信工具,复印机等办公设备。

(2) 客户投诉基础设施的管理要点。

组织首先应根据投诉管理的需要,识别出所必需的工作场所、设备、设施和配套服务,保证充分、适宜的配置并形成配备标准。

【相关链接】

宅急送客户呼叫中心

宅急送快递公司始终以最先进的信息技术,作为其不断成长的动力和保证。宅急送曾率先搭建了"宅急送物流信息网络平台",开单、查询、结账等业务可轻松在网上完成;货物条码跟踪技术和车辆全球定位系统(GPS)的采用,使客户能够快速、准确地跟踪货物信息;而香港汇卓科技公司为宅急送提供的呼叫中心的投入使用,使客户与公司联系更加便捷。宅急送公司正从一个以卡车为主的传统快递公司向以信息技术为牵引的现代化快运企业飞速发展。汇卓科技协助建立的宅急送呼叫中心具备以下功能:一是成为宅急送与客户联系的统一渠道,客户只要拨打一个统一的客户服务电话号码,就可获得所需服务;二是提高客户服务的等级,使客户服务工作和客户服务管理规模化、规范化;三是降低呼叫中心的综合运营成本,提高资源利用率。

尽管目前国内物流企业所能提供的服务种类越来越丰富,但是,单纯依靠增加人员车辆、强调服务纪律等已经不能满足客户服务的要求。呼叫中心在与客户沟通、更好地了解客户需求、获取商机、提供业务咨询、接受投诉等方面发挥着越来越大的作用。

7. 物流客户投诉客户服务人员的岗位标准和要求

物流客户投诉管理是一项专业性和挑战性并重的工作。一个高效的投诉管理体系的运作依赖于一批高素质、符合要求的员工，特别是和客户有机会接触的客户服务人员，他们的一句话、一个动作甚至一个眼神都可能影响投诉处理的效果。因此，要对客户服务人员进行如下培训：

（1）物流业务知识和商品知识培训。

受理投诉的客户服务人员应该了解本企业的产品和服务的性能、用途、维修、保养、价格、售后服务承诺等知识，除此之外还应该了解基本的生产和服务流程，否则无法对客户投诉的内容做出判断，也无法理解客户投诉的原因及给客户可能造成的麻烦，当然也就无法解决客户的问题。可以想象，如果客户投诉时遇到一位一问三不知、说了三遍还是一脸茫然的受理客户服务人员时，该是如何的火冒三丈了。

因此，每一位有机会接触客户的员工和受理投诉的客户服务人员都应该接受基本的产品和业务知识培训后才能上岗，同时在每一次推出新产品和新的服务项目之前，也应该进行相关的业务培训。

（2）法律、法规知识培训。

处理客户投诉的员工所应了解的法律知识包括合同法、消费者权益保护法以及和企业业务相关的行业法规、规章制度等，这对投诉的正确处理，维护客户和企业双方的利益都大有帮助。

（3）企业内部政策、制度、服务意识等方面的培训。

这类培训主要包括质量意识和服务意识；企业投诉管理方针、目标、原则等；投诉管理体系的内容，如操作流程、服务规范、投诉指南、职责和权限规定等。

（4）服务礼仪培训。

① 重要的第一印象。

在人与人的交往中，第一印象在短短的5秒钟就形成了，它决定了你的职业形象和专业程度。假如客户觉得你的修饰和穿着不够职业化或不得体，客户会认为你缺少对他的尊重。

一个良好的服务人员形象应该是全方位的，应从衣着、发型、面部表情、饰物、肢体动作、语气、语言等方面打造自己。

● 女士上班着装以保守为宜，以职业装最好。女士着装以套裙为宜，不宜无袖露肩，裙子不宜过短，最好是长至膝部，避免紧身、性感暴露的服饰，丝袜一定要高于裙子下摆。如果有首饰，不宜超过三件，最好不要佩戴发出响声的饰物。可以化淡妆。

● 男士上班着装应正式，西装、领带、皮鞋是传统的服饰。衬衫一定要注意合身，不要穿肩过宽或领口过紧的衬衫；袖子应在西装上衣袖口之外，露出1.5厘米。穿西装要注意脚下的皮鞋一定要擦亮，最好穿深色袜子，切勿穿肉色的袜子。

● 男士还要注意保持头发洁净，每天梳理并且保持平整不乱，脸要刮干净，胡须修剪整洁，手和指甲保持清洁，有口气的话要喷一些口气清新剂。

② 办公仪态要求。

企业的各个部门是企业的窗口，展示了企业的文化和形象，因此，工作人员应从以下几方面进行培训：

微笑是人与人之间的润滑剂，能增加友善和增进沟通，体现热情和魅力，使他人变得愉快。一个郁闷的客户面对始终微笑的服务人员时，也会变得愉快起来。但面对一个愤怒异常的投诉客户时不可微笑，否则客户会觉得你态度不认真或不把投诉当回事。同时将"请""谢谢""对不起"等礼貌用语挂在嘴边，有助于你和客户建立良好的关系。

③ 电话礼仪要求。

接电话的四个原则：
- 电话铃响在3声之内接起；
- 电话机旁准备纸笔进行记录；
- 确认记录下的时间、地点、对象和事件等重要事项；
- 告知对方自己的姓名和工号。

(5) 沟通技巧培训。

投诉处理就是一个沟通的过程，而且是和一群不满、愤怒甚至于失去理智的人的沟通，这就要求员工要具有高超的沟通技巧以处理好和客户之间的关系。沟通的方法和技巧往往比内容更加重要。沟通的技巧可以通过训练并在实践中加以练习而获得。

① 目光沟通。

"眼睛是心灵的窗户"，要在与他人沟通时信心十足并显得彬彬有礼，就应该抬起头，注视对方，并注意经常改变你的目光的凝视方向，和对方目光的交流可以强调某个观点并建立信任。

- 在与对方交谈时，先注视对方一会儿，然后把目光移开，以表示你正在倾听，而不要一味地盯着对方，否则会给对方造成压力。
- 说话时放松自然地看着对方，表现出你对对方有兴趣并尊重对方。

② 做出反应。

在倾听客户谈话时，除了目光交流外，同时要有语言上的回应，如"是的""我非常理解"等句子，中间不要随意打断对方说话，等对方说完话后三秒钟再做出回答，不要抢话。

③ 肢体语言沟通。

你的身体举止传达着你对别人的看法，懒散表明你漠不关心，过于紧张和生硬表明你缺乏自信。

- 和客户保持一定的距离，给其留有足够的空间，保持一种无威胁性、坦诚的身体姿态；过分地逼近客户会激怒他，使他更加不满。
- 不要抱着双臂面对客户不要嚼口香糖或吃东西，这些行为传递了一种你满不在乎、无所谓的态度，会大大地激怒客户。
- 手势也是传递信息的重要工具，不要用手对客户指指点点。

三、物流客户投诉管理的跟踪评价

(一) 物流客户投诉管理过程的监视和测量

采取措施对投诉处理过程进行监视，可以证实投诉管理体系是否实现预期的效果。当发现过程未能达到预期的效果时，应采取有效的纠正措施，以确保投诉管理体系按预定的目标运行。监视和测量方法包括方案评审、对投诉客户回访、客户满意度调查、神秘客户调查、投诉目标的定期计算等。

1. 方案评审

对涉及升级投诉的一些较复杂和重大的投诉,应建立解决方案的评审制度,以确保方案的合理性、公平性和有效性。未经评审的方案不得采取行动。参加评审的人员可以包括企业的高层领导、技术支持部门、责任部门等人员,必要时可邀请客户参加评审。

2. 客户回访

对投诉处理后的客户进行回访是投诉处理过程中的一个重要环节。回访可以帮助企业对投诉处理服务质量进行控制,了解客户对投诉处理的满意程度,发掘客户内心的真正需求,同时还能将投诉转化为另一次销售机会。

据研究显示,那些对投诉的处理感到满意的客户,50%的人会重复购买,得到满意解决的投诉者往往比那些从来不投诉的客户更容易成为企业的忠诚客户。

3. 客户满意度调查

仅仅依靠投诉渠道,企业无法全面了解客户是否满意,因为有95%的不满意客户不会采取投诉行动,所以企业应通过定期调查客户满意度来挖掘隐藏在客户内心的不满因素。通过对客户满意度的监测、分析和评价,以发现客户对企业的满意程度,经过进一步的分析和评价,找出客户不满意的原因,从而为企业提供持续改进的机会和方向,使企业的发展进入良性循环。

客户满意度的调查程序一般包括以下内容:

(1) 确定评价项目。

影响客户满意度的因素很多,如产品的质量、安全性、送货时间、员工的服务态度等,企业不能对每一个影响因素都进行测评,可以根据自身的情况分析并判定影响客户满意的决定性因素,然后对这些因素进行测评。

物流客户满意度的测评项目有:

① 客户服务水平方面。主要有缺货频率、送货出错率、客户满意度、平均交货期、订单处理时间、准时送货率、订单完成稳定性、客户保持率、每个客户服务成本、信息沟通水平。

② 配送功能方面。主要有配送安全性、配送成功控制、产品可得性、拣货准确性。

③ 运输功能方面。主要有运输能力、运输经济性、运输车辆满载率、在途时间、运输准确性、商品是否损坏。

④ 库存功能方面。主要有库存能力、库存周转率、收发货物能力、库存结构合理性。

⑤ 采购功能方面。主要有交付期、付款条件、订单处理、与供应商的关系。

⑥ 流通加工功能方面。主要有工艺合理性、技术先进性、流通加工程度。

⑦ 企业形象方面。主要有员工素质、经营理念、市场信誉、社会责任。

(2) 确定测评等级。

客户的满意与不满意是针对特定时间内的特定时间而言的,客户的满意程度可划分为很满意、满意、一般、不满意、非常不满意等多个等级,亦可以将等级换算成得分,如表4-1-1所示。

表 4-1-1　客户满意度测评等级评分表

等级 分数	很满意	满　意	一　般	不满意	非常不满意
5分制	5	4	3	2	1
10分制	10	8	6	4	2

(3) 进行抽样设计。

进行抽样设计必须按照随机性的原则,根据抽样要求选择分层抽样、整群抽样、多级抽样和多级混合抽样等不同的抽样方法。一般步骤如下:

第一,针对要调查的客户满意度项目,确定被调查的客户满意度。

第二,对可能参与测评的客户进行定性、定量研究,尽可能明确识别客户的属性、类别、分布和变动情况,以便准确选择调查对象,测评各类客户的满意水平。

第三,确定抽样方案,样本的抽取数量要适宜。

第四,选取客户,列出清单。选取最终客户的基本条件是近3年购买并使用(接收)过本企业的产品和服务。

(4) 问卷设计。

客户,即接受产品或服务的企业或个人,可分为内部客户和外部客户。外部客户可分为最终客户和中间客户。客户满意度的调查对象不包含潜在客户。内部客户是制造产品并向客户提供服务的员工,内部客户的满意是外部客户满意的保证。问卷调查可包括对内部客户和外部客户的调查。

问卷要尊重客户,调查的内容应避免使客户为难,不要占用客户太多的时间,要体现出客观性和科学性。其内容一般包括产品或服务名称、测量方法模型表、客户的具体意见或其他建议、客户姓名、联系方式。

设计调查表的要点:

① 简短的开场白说明调查目的。

② 最好把完成问卷的益处向客户表达清楚,以便其认真完成问卷调查。

③ 问卷应简明扼要易于完成。

④ 如果可能,应把回答设计成直接画勾的选项。

⑤ 给其他评语留下空间。

⑥ 应对答卷人表示感谢。

⑦ 应把问题按逻辑顺序排列,主题分组并在具体问题前说明清楚。

⑧ 把是非题或判断题放在前面,自由发挥的题留在后面。

(5) 实施调查,收集汇总。

客户满意度的调查和收集可采用下列方法和渠道:

① 问卷调查。

② 上门(街头)访问,当场取回/寄回问卷。

③ 座谈会。

④ 电话调查。

⑤ 网上征询。
⑥ 客户投诉抱怨。
⑦ 消费者组织的信息。
⑧ 各种媒体的信息。
⑨ 行业研究的结果。
⑩ 订单业绩分析。

(6) 统计数据、分析评价。

企业将收集的客户满意度数据汇总后,应运用统计技术分析评价。分析评价方法一般可以通过纵向分析、横向分析和客户满意度数学模型分析进行。纵向分析是将客户满意度调查结果与前期比较,分析提高或下降的原因,进一步持续改进;横向分析是将调查结果与竞争对手对比分析,衡量本企业客户满意度的水平,从而得到持续改进及发展的目标和方向。

(7) 采取改进措施。

利用调查的结果,找出存在的问题并分析原因,确定持续改进的措施,落实到相关的责任部门。

4. 神秘客户调查

监视和测量投诉处理过程的另一种有效的方法是,雇用一些人装扮成客户来测试企业的投诉处理水平。"神秘客户"是指接受过相关培训或指导的个人,以潜在消费者或真实消费者的身份对任意一种客户服务过程进行体验与评价,然后通过某种方式详细客观地反馈其消费体验。例如,美国肯德基快餐公司为提高各个分店的管理和服务水平,专门培训了一些人扮成"神秘客户",不定期地进入店内进行体验评分。物流企业也可采取这种方式,如假扮成要投诉的客户,通过电话提出各种问题和抱怨,看客户服务人员如何应答等。

(二) 物流客户投诉的信息分析和利用

企业收集、整理和分析有关投诉的数据,对有建设性意见的信息进行加工利用,从而为企业在产品开发、营销、客户服务等方面提供决策依据。

1. 确定、收集与投诉有关的数据

这类数据包括以下方面:
(1) 受理投诉的数量、种类、严重程度。
(2) 处理投诉耗费的成本。
(3) 处理投诉不正确的次数,处理投诉超过时限的次数。
(4) 重复出现类似投诉的比例。
(5) 客户满意度。
(6) 投诉处理客户满意率。

2. 把投诉信息转化为资源

对于企业来说,谁能首先在客户的投诉中发现并解决问题,谁就能比竞争对手更有效地赢得客户,占领先机。对投诉信息进行数据分析,一方面可以掌握产品和服务质量的变化趋势,及时采取补救措施和预防措施,防止投诉的再次发生;更重要的是投诉信息可以成为企业了解客户需求变化、改进工作的重要信息资源,通过对这些数据的整理、统计、分析,挖掘出隐藏在深处的客户要求。比如通过对客户投诉内容频次的分析,可以调整服务改进的重点;通过对被投诉员工集中趋势的分析,可以调整员工的培训计划和重点;通过对客户投诉原因的分析,可以进一步完善业务流程和技术改造,调整产品开发和产品改进的计划等。

【实训任务实施】

实训项目:认知客户投诉管理体系的机构职能及处理正常投诉的管理流程

一、实训目标

增强感性认识,锻炼动手能力,模拟客户投诉管理体系的机构职能及处理正常投诉的管理流程。

二、实训要求

1. 实训之前要熟练掌握本任务物流客户投诉管理体系的各个知识点,做好相应的知识准备。

2. 以小组为单位提交模拟脚本,并在小组内进行角色分工。

3. 授课教师可根据各小组提交的脚本质量和模拟表演水平评分,并计入学期总成绩。

三、实训准备

各小组可根据自己的情景设定,制作人员角色标签、客户投诉管理体系中各部门标签等;各小组自制物流客户满意度调查表或物流客户投诉及服务跟进评价表等。

四、实训任务

进行情景模拟练习。假如有一名客户因为收到货物时发现货物发生毁坏,因而向公司投诉,请展示解决投诉的整个过程;也可自行增加其他情节。

五、实训操作

每小组在教师指导下,先按流程需要每个人分别扮演客户、一线人员如送货员工、客户服务人员、技术支持部门人员、投诉管理部门人员,然后在全班进行模拟表演。

六、技能训练评价

表 4-1-2 技能训练评价表

专业:		班级:		被考评学员:		
考评时间		考评地点				
考评内容	认知客户投诉管理体系的机构职能及处理正常投诉的管理流程					
考评标准	内容	分值	自评 (20%)	小组互评 (30%)	教师评议 (50%)	考评得分
	查阅资料的内容正确、完整	20				
	参与讨论的积极性	20				
	项目任务完成情况	40				
	有团队合作精神	20				
	综合得分					

续 表

指导教师评语：

【任务小结】

本任务主要从物流客户投诉管理体系的内涵、建立管理体系的要素、投诉管理过程的跟踪评价等三个方面展开，描述了建立物流客户管理体系的主要内容，重点强调了客户投诉管理部门的职能和投诉管理的流程，为接下来的各任务的学习做好铺垫。

任务二　物流客户投诉的分析和处理

任务目标

在了解客户投诉的内容和原因后，物流企业需要做的就是运用不同投诉的方法和策略去处理客户的投诉，让客户满意。掌握有效处理物流客户投诉的处理方法、技巧以及处理流程是本任务的学习目标。

重难点分析

本任务的重点内容为处理客户投诉的方法与处理投诉的流程，难点是运用所学知识掌握如何去真正处理好每一个投诉。

教学建议

本任务建议采用启发法与课堂讨论法相结合。通过案例引起学生兴趣，并在案例分析过程中让学生充当其中的角色，更深切地去体会客户与服务者的关系，从而理解并掌握物流客户投诉的处理过程。

【引导案例】

TNT 全球速递公司重视投诉

TNT 全球速递公司把处理投诉作为一项任务，它拥有一个全球范围的报告系统，无一例外地显示出所有的失败细节，并且每周深入跟踪并分析原因，帮助发现在包裹传送系统中关键性的不满意问题。TNT 公司接受了美国技术调研机构的调查研究，结果证明，如果 TNT 公司收到一份投诉,那么可能存在 27 份没有表达的抱怨。中国香港地区总裁阿德里安·霍尔采取全面评价所有失败的态度,不光只看收到的抱怨:"要从沉默的 27 人中争取更多的顾客。"各经理人将公司找出的总体缺失,转为适合各部门改进的个别资料,进而定义出员工应采取何种明确行动以求改进。

TNT 公司是如何获得这一点的呢?公司成立了一个强有力的员工小组,他们竭尽全力使顾客满意。他们这样做是为了把顾客放在首位,向公司每位员工强调要反映顾客投诉的问题;而且授予员工处理投诉的权利并要求他们每周对投诉的数量进行追踪,但不以降低投诉数量为目标。

霍尔曾经询问一个雇员他的工作是什么,员工回答道:"运货小弟"。这名员工 53 岁,他认为把自己看作小弟更能发现顾客的需求。因此,霍尔将"运货小弟"变为"质量服务代表"。霍尔为这些新产生的服务代表设立目标,并为这项工作建立数量和质量方面的绩效考核系统,每年霍尔都会考核他们是否符合资格。

通过关注投诉数据,公司客户服务的水平显著提高,准时递送率提高到 96%,跨城快递准确率达到 97%,邮件丢失率下降了 78%,延误期下降了 86%。另外,旷工率也有了明显下降,大多数的质量服务代表开始为他们的表现和服务感到自豪,同时也降低了员工的流动率。总之,现在 TNT 公司在整个中国香港成千上万个邮件运输的准时率平均达到 96.4%。更值得一提的是,在实施计划后,TNT 公司的税前利润,在两年内提高了 81%。TNT 公司充分证明了听取顾客投诉可以建立良好的市场连锁反应。

案例思考: TNT 公司为什么要向公司每位员工强调要反映顾客投诉的问题?

 【任务知识储备】

一、物流客户投诉的内容

物流企业因其特殊性决定了在日常业务操作中会有客户投诉,如何处理客户投诉并将投诉转为营销活动,也就是通常所说的危机公关,自然也就成为企业共同关注的话题。客户投诉的内容因提供的产品或服务的不同而不同,因承诺达到的标准不同而不同。其主要内容包括以下几点。

(一)合同投诉

合同投诉即订单投诉,指在执行过程中,没有按合同中所规定的数量、质量、规格、价格、时间、地点、方式等执行,而给对方造成一定的影响和损失,从而提出解决要求。由于有合同依据,合同投诉解决起来较为容易。作为物流企业,若的确没有按合同规定提供产品或服务,应主动解决,不要等客户提出投诉后再解决。

(二)质量投诉

质量投诉主要因产品质量不好、规格不全、技术不符合标准、故障等原因引起。质量投诉的主要依据有国家标准、行业标准、协议约定标准等。

(三)服务投诉

服务投诉主要是指对服务质量、态度、方式、技巧方面的投诉。

(四)物流环节投诉

物流环节投诉是指在物流服务过程中,因环节的衔接、影响等造成商品损失,从而引起客户不满的投诉。

【相关链接】

国家邮政局关于2018年8月邮政业消费者申诉情况的通告

2018年8月,国家邮政局和各省(区、市)邮政管理局通过12305邮政行业消费者申诉电话和申诉网站共处理消费者申诉119 942件。申诉中涉及邮政服务问题的5 135件,占总申诉量的4.3%;涉及快递服务问题的114 807件,占总申诉量的95.7%。受理的申诉中有效申诉(确定企业责任的)为4 655件,比上年同期下降67.1%。有效申诉中涉及邮政服务问题的429件,占有效申诉量的9.2%;涉及快递服务问题的4 226件,占有效申诉量的90.8%。消费者申诉均依法依规做了调解处理,为消费者挽回经济损失520.2万元。8月份,消费者对邮政管理部门有效申诉处理工作满意率为98.9%,对邮政企业有效申诉处理满意率为97.8%,对快递企业有效申诉处理满意率为98.1%。2018年8月消费者对快递服务问题有效申诉情况见下表。

2018年8月消费者对快递服务问题有效申诉情况

序号	申诉问题	总申诉件数	有效申诉件数
1	投递服务	30 461	1 639
2	快件丢失或短少	22 565	968
3	快件延误	26 435	736
4	快件损毁	16 842	520
5	收寄服务	4 809	173
6	代收货款服务	1 001	118
7	违规收费	3 213	57
8	其他	9 481	15

二、物流客户投诉的原因

物流企业在为客户服务的过程中,造成客户投诉的原因是多方面的,基本原因概括起来有以下几个方面。

(一)物流企业的原因

1. 物流企业服务质量存在缺陷

国内外一些优秀的物流企业都意识到服务的重要性,如顺丰、海尔、联邦快递都意识到服务的重要性,以周到、优质的服务作为自己的竞争优势。但一些小型物流企业没有意识到这一点,在服务质量上存在一定的缺陷。

(1)服务态度不佳。例如,不尊敬客户,缺乏礼貌;企业员工有不当的身体语言,对客户表示不屑的眼神,无所谓的手势,面部表情僵硬;对经常性工作感到厌烦时,对客户的需求表现出无所谓、漠不关心或是冷淡;对所有客户都采取一成不变的、机械式的服务模式等等。

(2) 服务作业不当。包括专业知识不够、服务技巧不足、售后服务不到位等多方面的内容。例如,缺少专业知识,无法回答客户的提问或是答非所问;对客户的初次投诉处理不当,造成二次投诉。

2. 物流企业的诚信问题

现代物流业属于新兴行业,其诚信的建立同企业自身一样几乎从零开始。大多数客户会对物流企业抱着试探和比较的心理,而物流企业要赢得长久的客源,必须培养自己物流市场的诚信度,如果能达到客户的要求,令其满意,物流企业不但可以赢得回头客,而且培育了整个物流市场的诚信。若无法达到客户要求,使其不满意,客户则必然另选其他。然而很多物流公司为了争取客户,做出一些无法实现的承诺,这些空洞的承诺会带来大量客户的投诉。于是,一些本来前景看好的物流企业从此公信力名存实亡。

(二) 客户自身的原因

物流服务行业里,客户投诉的最基本原因是对物流企业提供的产品或服务不满。

1. 结果不满

结果不满是指客户认为物流企业的服务没有达到他们预期的目的,没有产生应有的利益或价值,如物流公司的送货延误、货物包装破损、商品以劣充好等。结果不满的关键特征是客户遭受了经济损失。

2. 过程不满

过程不满是指客户在接受产品和服务的过程中感受到的不满意,如果物流服务人员言行粗鲁无理、仓储环境恶劣、配送货物不及时、搬运粗暴、物流手续烦琐、客户服务电话无人接听等。过程不满的关键特征是最终的结果虽然符合要求,但客户在过程中感觉受到了精神上的伤害。

由于服务性产品的特殊性,服务结果和服务过程相伴而生,因此结果不满和过程不满往往很难截然分开,而且客户的投诉也往往是对结果和过程同时不满。区分客户投诉的原因,可以帮助我们采取正确的应对和补救措施,对结果不满和过程不满的投诉往往采取不同的处理方式。

(三) 不可抗力因素

由于不可抗力因素,如天气、战争、罢工、事故等造成延误、损失等,从而引起客户投诉。

(四) 政府监管和社会原因

1. 政府监管的原因

物流作为一种新兴产业,虽然隶属于第三服务业,但是国家和政府对物流企业还没有设立完善的管理机构。一旦出现物流客户服务方面的投诉,还不能够迅速地出台、使用相关配套的解决方案。这正从反面说明,当前的政府监管还不到位。

2. 法制不健全

法律规定滞后经济发展,法律存在空白点,出现问题莫衷一是。例如,精神损害赔偿的问题,社会公众的基本法律常识不足,等等。

3. 社会信用缺失

某些不良物流企业和经营者欺诈客户,得逞后人去楼空,换个地方继续行骗,造成客户对物流企业有戒备心理,增加了沟通难度。

三、物流客户投诉处理原则

客户投诉处理是物流企业预防和减少客户投诉的内容之一。有效地处理客户投诉,预防和减少客户投诉,应把握以下几项原则。

(一) 预防原则

客户投诉物流企业往往是物流企业的组织不健全、管理制度不完善或疏忽大意引发的,所以防患于未然是客户投诉管理最重要原则。这一原则要求物流企业必须改善管理,建立健全各项规章制度;加强企业内外部信息交流,提高全体员工的素质和业务能力;树立以客户为中心的全心全意为客户服务的工作态度。

(二) 及时原则

客户投诉出现后,企业必须迅速采取行动,因为每个投诉者都希望他们的投诉举报信息发出后,能得到及时快速的处理。为此,在接到客户投诉后,企业一定要即事即办,各相关部门应通力合作,迅速做出反应,尽快解决,切不可以各种理由拖延处理时间或推卸责任;否则会进一步激怒投诉客户,使事情进一步复杂化。

(三) 责任原则

对客户投诉处理过程中的每一个环节,都需重视明确部门、各类人员的具体责任与权限,以保证投诉得到及时妥善的解决。分清造成客户投诉的责任部门和责任者,分清客户投诉得不到及时圆满解决的责任。为此物流企业需制定出详细的客户投诉处理规定,建立必要的投诉处理机构,制定严格的奖惩措施。

(四) 记录原则

记录原则是指对每一起客户投诉都需要进行详细的记录,如投诉内容、投诉处理过程、投诉处理结果、客户反应、惩罚结果等。通过记录,可以为物流企业吸取教训、总结投诉处理经验、加强投诉管理提供实证材料。

我们只有把握好客户投诉处理的基本原则,建立健全客户投诉处理工作机制,才能有效提高客户投诉处理的质量与水平,才能不断提高客户的满意度,促进物流企业平稳健康发展。

四、受理物流客户投诉的技巧

受理投诉,是企业对过失或瑕疵的一种弥补措施,也是提高客户满意度的一个重要途径。客户的素质和期望不同,投诉的原因也不尽相同,但投诉的目的不外乎两种:精神上得到补偿,如希望受到重视和尊敬,发泄心中的不满;物质上得到补偿,如希望得到更多的高效服务。要想成功地处理客户投诉,先要找到最合适的方式与客户进行交流。

(一) 认真倾听,弄清原委

保持谦虚的态度认真听取客户的叙述,全面了解客户所投诉的事情或问题,听明白客户在投诉什么,为什么要投诉。专心倾听,对客户表示理解,并做好记录,以示对客户的尊重和对所反映的问题的重视。

(二) 表示理解,不与争辩

倾听完毕,可以对客户说:"我理解您现在的心情,我们一定会认真核实并处理这件事情。"当客户情绪激动时,更要保持平和的心态和语气,绝不能与客户争辩对错。当客户的认识和理解有误时,不宜当场纠正,更不能责怪客户。应站在为什么会导致客户产生误会的角度,从自身工作上找原因。

1. 认同客户的感受

客户在投诉时会表现出烦恼、失望、泄气、愤怒等各种情绪,客服人员不应当把这些表现理解成对个人的不满。客户的情绪是完全有理由的,理应得到极大的重视和最迅速、合理的解决。所以要让客户知道你非常理解他的心情,关心他的问题。

2. 安抚和解释

首先要站在顾客的角度想问题,顾客一般不会无理取闹,对于顾客反映的问题,要先想一下,如果自己遇到这个问题会怎么做,怎么解决,所以要跟顾客说,"我同意您的看法""我也是这么想的",这样顾客会感受到你是在为他处理问题,同时也会让顾客更多地信任你。要和顾客站在同一个角度看待问题,如说"是不是这样子的呢""您觉得呢"。还有在沟通的时候称呼也是很重要的,一个客服对同事要以"我们"来称呼,和顾客也可以用"我们"来说,"我们分析一下这个问题""我们看看……"这样会显得更为亲切,对顾客也要以"您"来称呼,不要一口一个"你",这样既不专业,也没礼貌。

(三) 理解客户

从思想上认识到客户向你投诉不是找你的麻烦,而是对你信任的表现。要把客户的投诉当成促进个人提高业务素质、促进企业提高服务和管理水平的一种载体,发自内心地欢迎和感谢客户的批评和抱怨。受理投诉后,应向客户表示:"这确实是我们工作的疏忽,给您带来的损失,我们一定想办法弥补。非常感谢您给我们提出的宝贵意见。您指出了我们服务中的差错和不足,帮助我们及时发现并纠正。"

1. 诚恳地道歉

不管是什么样的原因造成顾客的不满,都要诚恳地向客户致歉,对因此给顾客造成的不愉快和损失道歉。如果我们已经非常诚恳地认识到了自己的不足,顾客一般也不好意思继续不依不饶。

2. 提出补救措施

对于顾客的不满,要及时提出补救的方式,并且明确地告诉顾客,让顾客感觉到我们在为他考虑,为他弥补,并让他感受到我们很重视他的感觉。一个及时有效的补救措施,往往能让顾客的不满变成感谢和满意。

另外,有时候我们会在道歉时感到不舒服,因为这似乎是在承认我们有错。其实,"对不起"或"很抱歉"并不一定表明我们或公司犯了错,而是主要表明我们对客户不愉快经历的遗憾和同情。不用担心客户因得到我们的认可而越发强硬,认同只会将客户的思绪引向问题的解决。

五、物流客户投诉处理方法

(一)处理物流客户投诉的基本方法

1. 耐心倾听

耐心倾听是解决问题的前提,要成功处理客户投诉,要先处理客户的情绪,改变客户的心态。一个情绪激动的投诉者无法进入"解决问题"的状态,因此,客服人员要使对方的情绪逐渐稳定下来,才能很好地处理投诉问题。

2. 表示道歉

听完客户的倾诉,消除客户的怨气后,客服人员要真诚地向客户表示道歉,如"对不起,发生这样的事,我真的很抱歉。""很抱歉,我们让你感到失望了。""抱歉给您带来了不便。"很多客服人员在没有给客户机会解释细节,还没有弄清事情真相,没有消除客户怨气,不知道为什么道歉的情况下,就开始道歉,这对客户来说是无效的。

正确的方法应该是在消除客户怨气后再向客户道歉。其实,"对不起"和"很抱歉"并不一定表明我们或公司犯了错,而是主要表明我们对客户不愉快经历的遗憾与同情,让客户知道企业对他的遭遇表示遗憾,企业很在意他的烦恼,使其感到自己反映的问题受到了重视,人格受到了尊重,这会让顾客更加认同企业。

另外,道歉要恰当,不是无原则的道歉,要在保持企业尊严的基础上道歉。道歉的目的一是为了承担责任,二是为了稳定客户的情绪,换取客户的理解和信任,最终使投诉的客户成为满意的客户,从而留住客户。

3. 仔细询问,了解问题所在

要准确地了解客户所反映的问题,澄清所出现的问题,明确对方的谈话内容,将你所理解的问题重复一遍给对方听,如"您是不是说……"对于投诉的内容觉得不是很清楚的地方,要请对方进一步说明,但措辞要委婉。要做详细的投诉记录,详细且如实填写"客户投诉登记表",便于解决问题方案的提出。

4. 提出解决问题的方案

客服人员在通过倾听,并仔细询问将问题明确之后,要判断问题的严重程度及客户有何期望,找出合理的解决方法。不要轻易许诺,尤其是超出自己责权范围的承诺。如果客户不接受你的办法,询问他有什么提议或希望解决的方法,存在的争议在哪里,然后进一步协商解决,以期圆满解决顾客投诉;如果客户要求确实过分且经过努力无法满足其要求,则通过法律途径来解决客户投诉。

5. 执行解决方案

当双方都同意某个解决方案之后,就必须立即执行。如果是客服人员权限内可处理的,就迅速利落、圆满地解决。若不能当场解决或是权限之外的问题,必须明确告诉对方不能立即解决的原因,处理的过程与手续,通知对方所需时间及经办人员的姓名,并且请对方留下联系方式,以便事后追踪处理。在客户等候期间,处理人员应随时了解投诉处理的过程,有变动必须立即通知对方,直到事情全部处理结束为止。

6. 跟踪服务

解决方案执行后,客户投诉解决者要通过追踪服务,向客户了解解决方案是否得到执行,是否有用,是否还有其他问题,以避免客户产生更大的不满或二次投诉。追踪服务可以强调公司对客户的诚意,打动顾客和给顾客留下深刻印象,进而留住公司的客户。

7. 分析总结

客户投诉处理结束以后,企业还需要全面加强对这起客户投诉事件的分析,尤其是对有效投诉的分析,并以此来改进工作方式,提高工作水平,加快企业发展。

(二) 特殊物流客户投诉的处理方法

1. 易怒的客户

此类客户脾气比较暴躁。处理方法:针对这样的顾客,要"以柔克刚",多沟通,让客户知道自己的错,或者了解是什么原因造成的问题等,妥善地解决。这类客户最容易成为忠实的口碑传播者,所以我们不要吝啬自己温暖的语言和道歉。

2. 古怪的客户

此类客户性情难以琢磨。处理方法:由着他的性子来。越是来闹的客户,越方便客服与客户进行"感情"交流,在恰当的时间进行恰当的沟通往往可以增加客户被品牌客服行为"折服"的概率。

3. 霸道的客户

此类客户经常强词夺理。处理方法:霸道的人应该说也属于要占小便宜的人。因为贪图小便宜,所以他们喜欢表现自己"上帝"的地位,来"拿"认为他们该拿的。应对此类客户,讲道理是讲不通的,可以通过侧面来证实自己的实力和不卑不亢的职业精神。

4. 文化素质差的客户

此类客户不懂得欣赏。处理方法:这样的客户文化素质差,不懂得欣赏或使用产品,客服接触这样的客户一般都不是很顺利,遇到此类客户投诉,甚至还要被骂,但不要急,他们缺少的只是对产品或服务的认识和认可,可以根据其需要着重对其服务。

5. 喋喋不休的客户

此类客户总是说个没完。处理方法:针对这种客户的投诉,我们要听他的唠叨,要让他感受到,只要听到他的唠叨我们就能完美地解决事情。这类客户在精神上得到了满足,再按照公司的售后服务制度去做事情,如果处理得好,这样的客户会到处给公司免费做广告。

六、物流客户投诉的处理流程

一般来说,物流企业处理客户投诉的流程包括以下几个步骤(见图 4-2-1)。

(一) 道歉

让客户知道,是因为给客户带来的不便而道歉。即使这并不是我们的过错,也不管这是谁的过错,我们所要做的第一件事就是向客户道歉。我们还得告诉他们,我们将完全负责处理客户的投诉。

(二) 记录客户投诉内容

了解事件的真实情况后,详细记录客户投诉的全部内容,包括投诉者、投诉时间、投诉对象、投诉要求等。

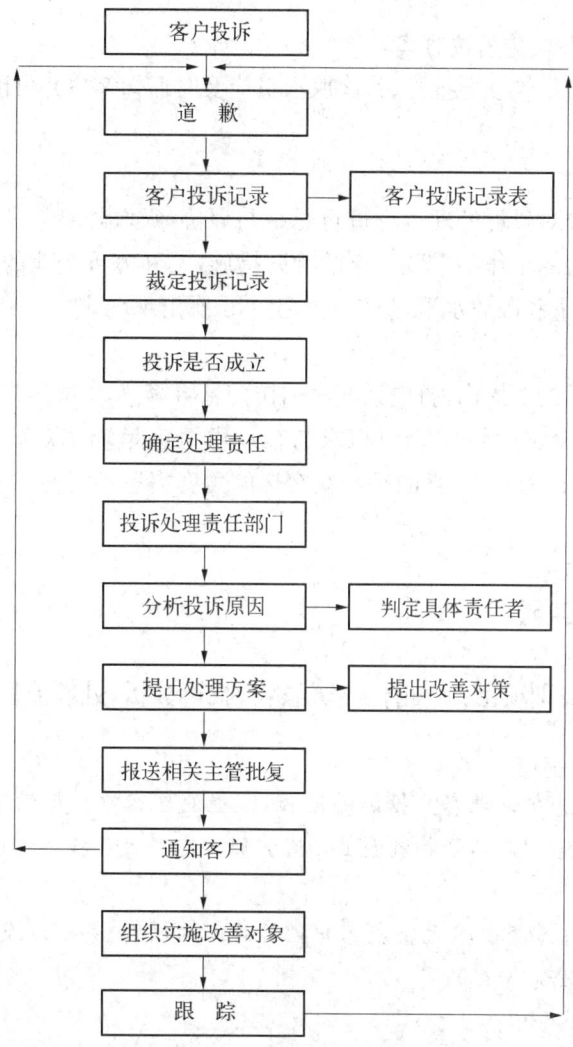

图4-2-1 客户投诉处理流程

(三) 判定投诉性质

先确定客户投诉的类别,再判定客户投诉理由是否充分,投诉要求是否合理。如果投诉不能成立,应迅速答复客户,委婉地说明理由,求得客户谅解,消除误会。

(四) 确定投诉处理责任

如果客户的投诉是有效投诉,客服人员应按照客户投诉内容分类,确定相关的具体受理单位和受理负责人。属于合同纠纷交企业高层主管裁定;属于运输问题,交货运部门处理;属于质量问题,交质量管理部门处理。

(五) 调查分析投诉原因

客户服务人员应依据实际情况,参照客户投诉要求、投诉要点,查明客户投诉的具体原因及造成客户投诉的具体责任部门及个人。

(六) 提出解决方案

客户服务人员应依据实际情况,参照客户投诉要求,给出解决投诉的具体方案,如退货、换货、赔偿等。

（七）通知客户并实施解决方案

投诉解决方案经主管领导批复后,客服人员应及时通知客户并付诸实施,收集客户的反馈意见。

（八）总结评价

客户服务人员应对投诉处理过程进行总结与评价,吸取经验教训,并提出改善对策,帮助相关部门在以后的工作中采取一定的预防措施,不断完善企业的经营管理和业务运作,提高客户服务质量和服务水平,防止类似投诉再次出现。

（九）跟踪回访

在解决了投诉后的一周内,打电话或写回访信息给客户,了解客户是否满意。一定要与客户保持联系,尽量定期拜访客户,以求与客户建立起良好的联系,这样客户才有可能觉得,这个公司以客户为核心,真的是站在客户的角度去思考问题。这样,客户的忠诚度就会极大地回升。

【实训任务实施】

实训项目：认知体验物流客户投诉分析、处理流程

一、实训目标

增强感性认识,模拟处理客户投诉的流程,掌握处理客户投诉的客户心理分析、不同投诉方式的服务策略,以此增强物流企业的客户服务人员处理投诉的能力。

二、实训要求

实训之前要熟练掌握本单元物流客户投诉处理的原则、策略以及处理物流客户投诉的流程等知识点,做好相应的准备。

三、实训准备

事先拟好各自小组的情景模拟脚本,并在小组内进行任务分工。

四、实训任务

6人组成一个投诉处理小组,选出一名人员分工,以小组为单位开展实训。

五、实训操作

每小组在教师指导下,由各组组长牵头,先设计物流客户投诉的案例,再按需要进行角色分工,分别扮演投诉处理人员和客户等,最后在全班进行模拟表演。（在实训中可以进行角色互换）

六、技能训练评价

表4-2-1 技能训练评价表

专业：		班级：		被考评学员：
考评时间		考评地点		
考评内容		认知体验物流客户投诉分析、处理流程		

续　表

	内容	分值	自评 (20%)	小组互评 (30%)	教师评议 (50%)	考评得分
考评标准	查阅资料的内容正确、完整	20				
	参与讨论的积极性	20				
	项目任务完成情况	40				
	有团队合作精神	20				
	综合得分					
指导教师评语：						

【任务小结】

物流客户投诉的分析和处理是本项目中的重要内容。本任务从分析物流客户投诉内容入手，分析物流客户投诉的原因，为物流企业客户服务人员掌握接受物流客户投诉处理的技巧和方法提供了确切的依据，进而引出处理物流客户投诉的流程。

任务三　物流客户投诉的预防问题

任务目标

通过本任务的学习，熟悉物流客户服务流程；掌握物流客户投诉的预防管理；具备对客户投诉预防性管理的能力。

重难点分析

如何创建物流企业文化及改进客户服务方法、策略及服务质量是难点，容易出现概念混淆、理解困难等情况。

教学建议

建议教学过程中注意调动学生的学习积极性，运用讲授法、讨论法等教学方法。

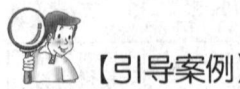
【引导案例】

佐川急便株式社的优质物流服务

佐川急便株式会社是日本著名的综合性第三方物流企业,是全球100强物流企业之一。公司每年货物运量约为11亿个标准箱,业务范围覆盖中国、中国香港、美国、新加坡、越南、菲律宾、马来西亚等国家和地区,在中国的北京、上海、西安、深圳等市已陆续设立国际货运代理和仓储公司,并已决定在近几年内以保利佐川物流有限公司为控股公司,逐步在中国设立几十个物流网点,以实现网络化物流服务。

1. 透彻理解客户物流服务需求,为客户创造满意价值

佐川急便能够针对不同行业的客户需求提供灵活、高效的物流服务,提供365天24小时运作的全方位服务体制。佐川急便建立的佐川物流中心是一种不同行业能够利用的复合型物流中心,它能够适应每个季节的业务增减,灵活地调整有关物流经费(包括物流加工空间和员工)。这种柔性反应可以使客户为了有效控制繁忙期间的有关成本而随时增减其作业面积。佐川物流中心还能够每天灵活地安排有关作业人员,根据客户所需要的业务内容,随时安排所需要的人员。在实际操作上,能够有效并及时地调节"空间"和"人员"。

2. 拥有完备的物流网络、先进的物流运营经验和管理体系

在过去几十年内不断积累经验,改进运营和作业方法,形成一套综合性第三方物流业务流程和运营经验,并形成相应的现代物流企业管理制度。在轻工、纺织和电子行业拥有广泛的客户群,并拥有丰富的现代物流经营管理经验和具有国际先进水平的计算机物流信息管理系统。

3. 拥有先进的物流技术手段和设备

随着现代物流产业向着网络化供应链式物流服务的发展,佐川急便结合自己积累的物流实际业务经验,研发了拥有完全自主知识产权并具有国际先进水平的"E-Global"计算机物流信息管理系统,可保证对物流业务实行全程化跟踪管理、EDI和电子结算等服务,充分满足客户的相关需求,并大大提高物流运作效率和可靠性。同时通过信息系统网和遍布日本的物流基地构成完备的物流体系,为客户提供全面支援和服务,使客户能随时掌握商品和原料的库存量,从而控制从订货到出库的流程。

此外,佐川急便株式会社还根据客户的需求,研发了其他先进的物流技术和设备。例如CTI(Computer Telephony Information)系统:实时自动高速处理客户委托电话以及货物受理员与配送车辆之间的联系、发送和打印委托内容数据的系统;货物送达信息自动发送系统:为了提高货物行踪报告服务质量,佐川急便的所有配送车辆均装备有专用通信系统,在货物送达后,该系统即刻自动向主电脑发出送达信息,由此可实时向客户提供配送状况信息。

4. 完善的业务流程

佐川急便可以在分析客户运作现状的基础上,定做个性化方案,设计的物流系统可以在较短时间内同客户系统相链接。佐川急便与日本冻餐行业的"老大"Nichirei(日本冷冻

食品)融为一体,以快速、准确的速度与 Nichirei 设在日本各地的冷藏保温存储网络一道,为客户提供一流的冷藏运输服务。

案例思考:物流客户投诉最好的预防措施是什么?

【任务知识储备】

一、提高员工满意度,有效减少客户投诉

(一)员工满意度

企业盈利主要是由具有高忠诚度的客户决定的,而客户忠诚度是由客户满意度决定的,客户满意度则是由企业服务的价值决定的,企业的服务价值最终又要靠富有工作效率并对公司忠诚的员工来创造,员工对公司的忠诚则要取决于其对公司是否满意。员工满意是指员工对企业实际感知的效果与其期望值相比较后所形成的感觉状态,是员工对其需要被满足程度的感受。员工满意是员工的一种主观的价值判断,是员工的一种心理感知活动,是员工期望与员工实际感知相比较的结果。

员工满意度是指员工对企业的实际感受与其期望值比较的程度,即员工满意度等于其实际感受与期望值的比值。员工满意度又称雇员满意度,是企业的幸福指数,是企业管理的"晴雨表",是团队精神的一种参考。

员工满意度既体现了员工满意的程度,又反映出企业在满足员工需要方面的实际结果。满意是个相对的概念:超出期望值满意,达到期望值基本满意,低于期望值不满意。员工在特定的工作环境中,通过其对工作特征的自我认识,确定其实际所获得的价值与预期所获得的价值之间的差距。差距大,满意度低;反之,差距小,满意度高。设想,一位一肚子苦水、整天怨声载道的员工,怎么能为客户提供优质、满意的服务?特别是当员工长期处于一种不满意的情绪之中时,这种情绪就必然会反映在平时的客户服务中,最终结果是员工离开企业,同时也给企业造成了一些无法挽回的损失。

及时了解员工心理和生理两个方面对企业环境因素的满意度并做适应性改变,有助于降低员工流失率,提高企业经济绩效。

【相关链接】

票务代理将西南航空公司视为自己的公司

畅销书《我为伊狂》讲的是美国西南航空公司的某位票务代理遇到一位误了班机的乘客,该乘客要乘坐这次航班参加一次非常重要的商务会议,由于误机该客户找到了这位票务代理帮忙,于是这位票务代理向公司申请专门调拨了一架轻型飞机,将客户送往目的地。

这位票务代理并不是对所有客户都会这样做,之所以对这位客户这样做,是因为票务代理通过电脑查到这位客户在近七年里,每年都乘坐飞机 300 多次,每年可以给航空公司带来 18 000 美元的收入。

为什么这位票务代理会将西南航空公司视为自己的公司？是因为这位票务代理凭自己出色的表现，在工作一年后就像西南航空公司的所有员工一样拥有了公司的股份，他感到代理西南航空公司的票务让他非常满意。

（二）提高员工满意度的作用

物流企业要更好地为外部客户服务，首先必须明确为"内部客户"——企业所有的内部员工服务的重要性。员工只有满意了才能对工作投入更大的热情，从而创造出更大的客户满意，才能保证企业的持续生存和发展。企业应设计有效的报酬和奖励制度，并为员工创造良好的工作环境，尽可能地满足内部客户的内外在需求。

1. 高工作效率由满意的员工创造

满意的员工心情愉悦，对企业产生归属感、责任感，有主人翁意识，对工作投入更大的热情，从而达到更高的工作效率。而低水平的员工满意度会导致员工情绪的低迷或过分紧张，不利于个人工作效率的提高，还将直接影响企业团队的战斗力。

【相关链接】

和谐信任的企业文化创造 Google(谷歌)神话

Google 在短短的几年时间里，由名不见经传的小公司发展成为世界最知名的搜索引擎公司，在于公司拥有众多高效率的优秀员工，而员工的高效率则来源于员工的高满意度。Google 为员工提供了自由和信任的工作环境，员工可以带他们心爱的小狗去办公室，可以在企业的饭堂里免费吃午餐和晚餐，甚至可以在不耽误工作的条件下用上班时间打曲棍球。员工在这种自由和信任的环境下快乐地工作，创造出了"Google 神话"。

2. 员工满意度高会增加企业的效益

员工满意度高的企业人员流动率低，减少了由于人员流动频繁给企业带来的损失；满意度高的员工以更大的热情投入到工作中，创造了更高的工作效率，更高的工作效率意味着更大的利润。随着员工满意度的增进，他们的知识和经验可以向客户提供更好的服务，所以客户也就更倾向于对这个企业忠诚。

3. 员工满意可以增强企业凝聚力，降低企业人员流动率

满意的员工对企业会产生归属感，形成对企业的心理依赖，不会轻易离开，因而员工满意度高的企业人员流动率是比较低的，而且企业凝聚力很强，每个人都有强烈的归属感。

（三）影响员工满意度的因素

影响员工满意度的因素有许多，归纳起来主要有工作环境、工作群体、工作内容、企业背景及管理水平 5 个方面。

1. 工作环境

工作环境包括员工工作空间质量、作息制度、福利待遇满意度。其中福利待遇中的薪酬是决定员工满意度的重要因素，它不仅能满足员工生活和工作的基本需求，而且代表了企业对员工所做贡献的尊重与感谢。

2. 工作群体

工作群体是指员工间合作的和谐度,如上级的信任、支持、指导,同事的相互理解和了解等。

3. 工作内容

工作内容是指员工工作兴趣相关度和工作强度,比如工作与性格、兴趣是否相吻合,是否符合个人职业发展目标,是否能最大限度地发挥个人的能力,从自己的工作中获得快乐;对工作强度的要求和容忍度因人而异,一方面强调是否能满足个人工作的需要,另一方面则强调是否超出了个人所能承受的负荷量。

4. 企业背景

企业背景是指员工对企业的历史、企业文化、战略政策的理解和认同程度。组织参与感(如意见和建议)得到重视,参加决策,企业发展与个人发展得到统一,有成就感和归属感,对企业发展的前景看好等,都会提升员工满意度。

5. 管理水平

管理水平是指企业管理制度是否健全,是否完善。企业是否做到了以员工为中心,管理者与员工的关系是否和谐,员工参与和影响决策的程度如何等,这些都对员工满意度有着很大的影响。

(四) 提高员工满意度的方法

提高物流企业员工的满意度绝不能仅仅依靠金钱,开放式的交流、充分授权以及员工教育和培训都是很好的方法。

1. 创造良好的内部环境

(1) 创造公平竞争的企业环境。

公平体现在企业管理的各个方面,如招聘时的公平、绩效考评时的公平、报酬系统的公平、晋升机会的公平、辞退时的公平,以及离职时的公平等。

公平是每个诚实的员工都希望企业具备的特点之一。公平可以使员工脚踏实地工作,使员工相信付出多少就会有多少公平的回报在等着他。公平的企业使员工满意,使员工能够心无杂念地专心工作。工作中,员工最需要的就是能够公平竞争。

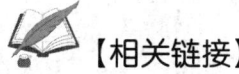【相关链接】

松下用人之道

松下企业重点推行资格制和招聘制,大大增加了人事管理的公平性和透明度,提高了员工的竞争意识和组织活力。企业首先在内部提出某个需要公开招聘的职位,各类员工均可应聘,但必须提出自己的工作计划,参加类似设计比赛的竞争活动,并接受相应的资格测验。经过各项定量的考评之后,最终确定相应的人员。为了配合资格制和招聘制的实施,松下还改革了工资制度,工资总体上分为资格工资和能力工资,使人事考评公开化。

(2) 创造追求进步的企业环境。

物流企业不断追求进步表现为:重视培训、重视员工的职业生涯发展。

社会发展速度越来越快,工作中所需的技能和知识更新速度加快,因此培训已成为企业提高员工工作效率、增强竞争力的必要手段。从员工的角度来看,自身的发展进步已经成为他们衡量自己的工作生活质量的一个重要指标。一个企业发展的机会多,培训的机会多,就意味着晋升的机会多。所以,培训也是员工选择企业的一个优先指标。

培训的方式可以分为:职前培训、矫正培训、晋升培训、交叉培训、再培训等。

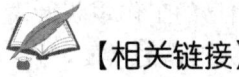【相关链接】

培训使大通曼哈顿银行员工满意

大通曼哈顿银行非常重视员工的培训,它每年的教育经费支出高达 5 000 万美元。银行要求员工每年制订一个自我培训计划,并把培训与晋级、提升、奖金等政策紧密结合,来调动员工参加培训的积极性。

(3) 创造自由开放的企业氛围。

员工普遍希望物流企业是一个自由开放的系统,能给予员工足够的支持和信任,给予员工丰富的工作生活内容,员工能在企业里自由平等地沟通。

"疑人不用,用人不疑。"所以,要想使物流企业员工的满意度提高,必须给予员工足够的信任与授权,让他们自由地完成工作任务,放开手脚,尽情地把工作才能发挥出来。

【相关链接】

融洽人际关系,通用电气企业成为员工的大家庭

在通用电气企业,从企业的最高领导到各级领导都实行"门户开放"政策,欢迎员工随时进入他们的办公室反映情况,对于员工的来信来访妥善处理。企业的最高领导和企业的全体员工每年至少举办一次生动活泼的"自由讨论"。通用企业努力使自己更像一个和睦、奋进的大家庭,从上到下直呼其名,无尊卑之分,互相尊重,彼此信赖,人与人之间的关系融洽、亲切。

(4) 创造开放的沟通系统。

自由开放的物流企业还应当拥有一个开放的沟通系统,以促进员工之间的交流,增强员工的参与意识,促进上下级之间的意见沟通,促进工作任务更有效地传达。

(5) 创造关爱员工的企业氛围。

关爱员工的企业要给予员工良好的工作环境,给予员工足够的工作扶持,使员工安心地在企业工作,善于鼓舞员工的士气,适时地给予员工以夸奖和赞扬,在员工做出成绩时向员工公开地、及时地表示感谢,并组织一些联欢活动使员工分享成功的喜悦。重视员工的身心健康,注意缓解员工的工作压力。物流企业可以在制度上做出一些规定,如带薪休假、医疗养老保险、失业保障等制度,为员工解除后顾之忧。

2. 注重员工的培训和成长

物流企业要提高内在的服务质量,应遵循员工也是客户的观念,关注员工的成长和权

利义务的分配。应做好以下几点：

(1) 为员工提供发展、提高其能力的机会。

如实施员工教育、培训计划，系统地对员工进行培训，以挖掘其潜力，在工作中不断提高其各方面的能力。

【相关链接】

麦当劳在员工进入服务的第一天，就教员工如何更好地服务客户，使客户100%的满意。麦当劳把餐厅服务组的工作分为20多个工作站，如煎肉、烘包、调理、品管、大堂等。以后员工将逐步在各个工作站学习，通过各个工作站学习后，表现突出的员工将会晋升为训练员，由训练员训练员工，训练员表现好就会晋升到主管。麦当劳专门设立了"汉堡包大学"来训练员工，不断提高员工的服务能力，从而使麦当劳员工有能力提供卓越的服务。

(2) 为员工的工作尽可能创造良好的条件，以帮助他们高效地完成工作。

如为客户服务人员配备电脑，以便让他们能随时掌握有关客户和企业产品的情况，从而使他们能及时做出最佳的销售计划。

(3) 员工要能提供卓越的服务，必须被赋予权力。

权力范围的设计是否适当，会直接影响工作的质量，要针对每个员工的特点和工作本身要求，适当地赋予权力。

【相关链接】

IBM公司专门选用优秀的业务人员，担任3年主管助理。在整整3年中，他们被授权负责一项工作，即对任何客户的抱怨或疑问务必在24小时内解决，这就大大提高了其服务及反应速度。

因此，企业要提高服务水平并创造服务的差别优势，就必须改善企业的内部服务质量，真正实现"客户就是上帝"的宗旨。

二、改进客户服务质量，提高客户满意度处理

处理物流客户投诉工作，就像"救火"一样，与其等大火烧起来了再去灭火，不如提前做好防范工作。"防范胜于救灾"，进行客户投诉管理的重点也要由事后处理转变为事前防范。在客户投诉之前，就要从蛛丝马迹中发现问题，及时处理，尽可能地防范和减少客户投诉，同时把工作做到前面，取得主动。而事前防范的种种措施，最重要的一点就是：不断改进物流客户的服务质量。

持续地进行物流服务质量的改进应当包括改进客户服务质量的良好环境，改善客户服务流程，改进客户服务的方法和策略。

(一) 创建"服务至上"的物流企业文化

现在越来越多的物流企业开始重视客户服务，并急于将其引入物流企业的经营活动中去，于是制定一大堆客户经理或市场营销的规章制度，强制员工去执行，结果却不尽如人意。问题在于：制定制度并不困难，关键是要让员工认可，内化服务理念、服务宗旨，这

样员工才会主动地、绞尽脑汁地去想、去做他能为客户所做的事情。同时,物流企业在服务上的竞争,关键不是服务项目和产品的多少,因为这是很易模仿的,而在于服务文化。因为建立和改变物流企业文化,需要一个漫长的过程。在这个过程中,管理者起着决定性的作用。杰出的管理者,会不厌其烦地阐释其服务理念,并亲自到第一线为客户提供服务,这样做可以使高层主管接触客户遭遇的问题,体验第一线员工的辛劳,同时向所有员工显示客户服务的重要性。只有参与型的领导才能真正地使员工体会到传播的"文化"的实质,而员工才可能有最大的投入。

此外,建立以客户为导向的组织结构也是重要的一环。这种组织结构应该向员工传递这样一个清楚信息:一线员工的职责是使客户满意;而管理人员的职责是支援员工,使他们更好地为客户服务。要做到这样,一线员工应被充分授权,因为真正了解客户的是直接面对他们的一线员工,如果这些人没有权力根据客户需求决定自己的行动,就不可能让客户满意。为了保证一线员工正确地使用权力,物流公司要加强员工培训,管理层要由机械管理者转变为客户拥护者和教练,配合员工愉快地工作。同时,在缩短管理半径的同时,强调管理人员与员工的双向沟通:一方面,管理者必须让员工了解服务的目标,协助他们提供最优服务;另一方面,一线员工应将客户的意见准确、快速地反馈给管理层,并提供决策参考。

(二) 剖析物流服务流程

每个物流企业都应当仔细观察了解客户与自己企业发生业务关系时所经历的每一个环节和步骤,因为这些环节和步骤为企业在哪些方面改进自身的服务提供了线索。因此,物流企业要想改进客户服务质量,还要从了解客户服务流程入手。

1. 物流服务流程的概念

物流服务流程就是物流企业在服务的提供过程中各个环节的顺序和相互关系。其内容包括服务业务流程和服务信息流程。业务流程图是对作业步骤的描述,它是一张顺序图,说明各个运作步骤之间的前后关系或运作关系。不同的运作步骤类型可以用不同的运作符号来表示。信息流程分析主要包括对信息的流动、处理、存储的分析。它抽象地舍去了具体的组织结构、物资、材料等,单从信息流动的角度来考查实际业务发生的情况。

物流服务的实质是指在供应链中,随着商品在企业和供应商、客户之间的移动,以及与每笔交易相关的资金和信息的移动,而对产生的相关的业务流程进行管理。从物流职能方面分析可以划分为以下子流程:

(1) 订单管理。

该流程包括订单获取、格式化数据、订单路由、订单确认、交易处理(借记卡或贷记卡处理与授权)。订单管理活动逐渐需要成熟的软件对客户订单在供应链中移动时进行转化、路由和管理。

(2) 退货管理。

退货管理也称为返还物流,处理产品回收,包括被退回产品的合适服务、包装和会计处理。

(3) 运输管理。

运输管理包括运输的采购、计划、优化和执行。特殊的活动有:和核心运输者进行合同谈判,建立行程安排指导,管理运输者合同,计划订单/交货的最优出货,优化出货,跟踪运输中的货物,审计和支付处理,运输者绩效监控,出货后的交货确认。

(4) 仓库、库存和订单履行管理。

订单经过路由后,合适的仓库或履行中心会负责该订单的提货、包装和出货。这方面的服务包括采购订单管理、发票生成、提货/包装/出货服务等。库存管理涉及监控库存水平、根据需要补货、将完成的产品送到合适的地点。图 4-3-1 所示是第三方物流仓储环节业务流程图。

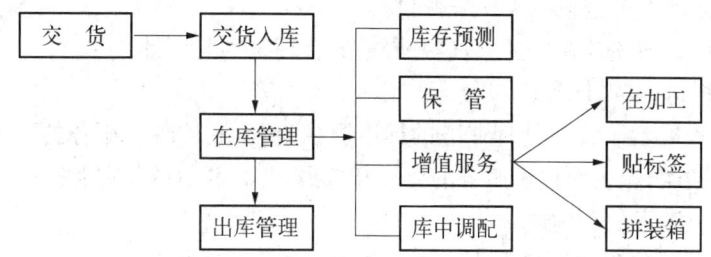

图 4-3-1　第三方物流仓储环节业务流程图

【相关链接】

第三方物流即生产经营企业为集中精力搞好主业,把原来属于自己处理的物流活动,以合同方式委托给专业物流服务企业,同时通过信息系统与物流服务企业保持密切联系,以达到对物流全程的管理和控制的一种物流运作与管理方式。第三方物流又叫合同制物流。

第三方物流企业是指受企业委托,专门从事各项物流活动的物流企业。一般是与运输业、仓储业等从事物流活动及相关的行业有关的企业,如运输公司、仓储公司、海运公司等。

2. 建立物流服务流程的意义

业务流程图和信息流程图有助于服务系统的建立,通过它们可以看出,为了完成服务任务,什么地方需要控制,什么地方需要服务标准。根据流程图可以看出企业服务管理的瓶颈位于何处,哪些流程需要增加人员、设备,或者哪些流程需要改变及如何改变,哪些步骤需要标准化,哪里的运作过程需要细分等。

改进服务质量应当实施有效的流程管理,不断地对流程进行审查,对其进行反复的、系统的改善。

以第三方物流公司的订单业务流程为例:

第三方物流公司在服务客户的整个过程中,订单处理既是业务的开始,也是服务质量得以保障的根本。

托运人以书面或网络传输的形式,向第三方物流服务商进行货物托运。通常情况下,向物流公司进行货物托运的是发货人或收货人,或者其各自的代理商或代表。需要指出的一点是,第三方物流公司接到任何一方的订单之后,其处理流程大体是一致的,不同的是从发货人处接到的订单信息是发货人的销售订单信息,而从收货人处接到的订单信息是收货人的采购订单信息。物流公司根据托运人所提供的货物描述及要求,合理安排服务计划。订单处理系统的当事人包括托运人、物流公司、分包商和收货人。

第三方物流公司接到客户订单后,需进行以下工作:
(1) 检查订单要求是否全部有效,确认订单信息是否完整。
(2) 提请信用部门审查客户的资信情况。
(3) 根据客户信用度情况,提请营销人员进行营销分析。
(4) 提请会计人员记录有关往来账目。
(5) 根据货物描述及客户要求,进行服务的合理策划与设计。
(6) 货物托运,委派任务。

以上的流程展示了订单处理业务的标准服务过程,它体现了服务的标准化和工作的细节,成为第三方物流企业提供服务的要求和依据,并且高效的订单管理是第三方物流高效运作和使客户满意的关键。

3. 如何建立物流服务流程图

在制作一个良好的流程之前,应当详细明确客户的需求,如客户会在何时何地提出何种要求、在服务过程中客户和服务流程之间有什么样的接触、客户是否有可能改变流程等。

物流企业要想获得客户积极肯定的评价,就必须深入研究服务流程中的关键环节。如要提高服务质量,就要考察流程流动的细节,重新确定员工是如何完成各种工作目标的,即要在业务流程图和信息流程图基础上建立更详尽的流程图。

服务流程图中涉及的重要环节和步骤,需要物流企业员工和管理者加以监督和管理。管理人员必须时时到各部门去查看"服务流程"的运行情况。在设计服务流程图时要注意以下问题:

(1) 亲身感知客户的遭遇,设计者必须以客户的身份去经历整个服务流程,记录下认为重要的东西,做出相应的记录,并考虑客户在和公司开展业务活动之前最先做的三件事是什么。拿起电话和业务员通话?填写邮购单?开车来公司?如果是电话,那么客户所采取的步骤是怎么样的?处理业务的员工所采取的步骤又是怎样的?如果开车来,客户对公司设施总体印象如何?

(2) 从一线员工那里获得帮助、建议和有关反馈信息。一线服务人员每天都在前线工作,直接和大量客户接触,要不断地满足客户需求,解决客户问题,他们比公司中的其他人更了解客户的需求,更懂得如何为客户提供满意的服务。

(3) 在对客户的某些行为、反应做出分析研究之后,根据重要的服务环节和步骤编制一份服务流程图。

(4) 随着情况的变化而不断更新、修改服务流程图。客户的需求是不断变化的,所以设计的服务流程图也应当是动态的,随着客户的期望和需求不断改变而改变,并坚持把服务质量保持在一定水平上。

通过追踪业务流程图和信息流程图,服务人员和管理人员能够非常容易地检查每一项业务,知道每一项业务是如何进行的以及如何才能改进业务流程。当企业的环境发生重大变革时,则需要进行流程再造。

(三)改进物流客户服务的方法和策略

不断地为物流客户提供满意的、创造的、个性化的服务,是物流企业开发和巩固物流客户的关键。

1. 要不断地完善物流客户服务的技能,提升服务水平

这主要体现于六个方面,概括为沟通、可靠、反应、保障、胜任和满意。

(1) 沟通。用物流客户能够理解、接受的方法,及时向物流客户提供信息,同时收集物流客户的要求和反馈的信息,从而实现有效沟通并建立相互信赖的关系。

(2) 可靠。通过提高物流客户的品质标准,保持客户服务内容的连贯性与稳定性,使客户产生认同感和信任感,从而建立客户忠诚。

(3) 反应。对物流客户的细微需求与要求做出迅速反应,主要包括两个层面:一是能及时解决客户的不满;二是对客户任何要求的变化、市场动向做出准确判断。

(4) 保障。物流客户服务活动表现为物流企业对客户的承诺与保证(如品质可靠、使用安全、价格合理),从而体现物流企业对客户的保障。

(5) 胜任。提供有效的物流服务,对客户提出的问题和需求能及时解决和满足。若实施的物流客户服务不能解决问题,这比不实施更糟糕。

(6) 满意。物流客户服务的所有机能归结于一点,就是要使物流客户获得最大的让渡价值。

2. 提高物流客户服务品质标准,培养客户的忠诚度

提高物流客户服务品质标准就是提升客户的满意度,从而培养忠诚度。其标准主要体现于三个方面:

(1) 时间的迅速性。物流客户不满度与延误客户服务时间呈正比,因此建立物流客户服务的快速反应机制、提高时间的迅速性十分必要。

(2) 技术的准确性。物流客户服务活动的技术,包括采用的方法、措施、策略等,提高其技术的准确性是提高物流客户服务品质标准的关键。

(3) 承诺的可信性。俗话说:君子一言,驷马难追。企业对客户的任何承诺要不惜一切代价兑现,否则客户的忠诚度就无从谈起。

3. 坚持物流服务创新,为客户提供一体化、个性化和增值物流服务

我国大部分物流企业主要是提供运输、仓储等功能性物流服务,通过比拼功能、服务价格进行市场竞争。要改变这种状况,一个重要方面就是要超越传统物流服务模式,在服务理念、服务内容和服务方式上实现创新。

(1) 要认清一体化物流与功能性物流在服务性质、服务目标和客户关系上的本质区别,树立全新的服务理念。

一体化物流不是单纯提供运输、仓储、配送等多个功能性物流服务的组合,扮演物流参与者角色;而是需要将多个物流功能进行整合,对客户物流运作进行总体设计和管理,扮演物流责任人角色。与传统物流单一的功能性交易服务方式相比,一体化物流在服务方式上更具灵活性、长期性和交互性。在服务方式上,从"一单一结"的短期交易服务转变到长期合同服务,从完成客户指令转变到实行协同运作,从提供物流服务转变到进行物流

合作。

（2）要在运输、仓储、配送等功能性服务基础上不断创新服务内容，实现由基本服务向增值服务延伸，由物流功能服务向管理服务延伸，由实物流服务向信息流、资金流服务延伸，为客户提供差异化、个性化物流服务。

（3）要根据客户需求，为客户提供超出常规的服务，或者是采用超出常规的服务方法所提供的服务。创新、超常规、满足客户个性化需求是增值物流服务的本质特征。

三、与物流客户建立伙伴关系

进行物流客户投诉预防管理的关键还在于物流企业和客户之间的关系确立，二者的关系已由交易中的买卖关系转变为伙伴关系，这也是留住客户、培养客户忠诚的重要策略。客户伙伴关系就是指企业与客户之间达成的最高层次的合作关系，是双方在相互信任的基础上，为了实现共同的目标而采取的共担风险、共享利益的长期合作关系。在实际运作过程中，物流服务提供商要与客户建立良好、互利、长期的合作伙伴关系，可采取以下几方面措施。

（一）明确物流客户的服务要求

服务要求模糊是许多物流外包合作关系不能正常维持的主要原因。例如，客户在没有充分了解货物流量、货物类别、运输频率的情况下，就提交了外包投标书，又因为缺乏应有的物流专业知识，不能正确详细地描述物流活动等，因此物流服务提供商首先要明确地了解客户的真正服务需求。由于物流外包的供需双方在事前未将服务需求量化或量化不够明确，使双方在理解条款上出现偏差——物流服务提供商觉得客户要求过高，而客户又会认为物流服务提供商未认真履行合约。

（二）制定物流客户服务组合

客户的需求多种多样，物流企业要对有限的资源进行合理配置，根据客户的不同类型采取相应的服务，一般而言，根据客户经营规模、类型和对本企业的贡献度来划分，可以采取支援型、维持型、受动型客户服务战略。对本企业贡献率高的企业，由于具有直接的利益相关性，应当采取支援型的策略。对本企业贡献率低的客户，要根据其规模、类型再加以区分，经营规模小或专业型的客户，由于存在进一步发展的潜力，可采取维持型战略，以维系现有的关系，为将来可能开展的战略调整打下基础；相反，经营规模小且属综合型的客户，近一步发展的可能性较小，所以，在服务上可以采取受动型策略，即在客户要求服务的条件下开展服务活动。

（三）注意物流客户服务的对比性和发展性

客户服务的变化往往会产生新的客户服务需求，所以在物流客户关系管理中，应当充分重视研究客户服务的发展方向和趋势。例如，以前就已经开始实施的在库、进出货、商品到达期、短货信息、在途信息、货物追踪等管理活动，随着交易对象简单化、效率化革新、EDI的导入、账单格式统一、商品入库统计表制定等信息服务已发展成为客户服务的重要要素，相应的也就要求物流服务提供商能够提供相对应的发展性的客户服务。客户管理的重点是服务质量，企业在制定客户服务要素和服务水准的同时，与其他企业物流服务相比应当有着鲜明的特色，这是保证高服务质量的基础，也是客户服务战略的重要特征。要实现这一点,就必须收集和分析竞争对手的客户服务信息,以此为依据开展对比性物流服务。

(四) 构筑信息系统,提高物流企业信息化水平

要实现高质量的客户服务,优化物流客户关系管理,必须建立完善的信息系统,这种信息系统的机能除了接受订货、迅速、完好地向客户传递商品外,更重要的是通过送货回复、商品物流周期缩短、备货保证、信息处理时间缩短、货物追踪等机制能确保优势于竞争对手的适时性客户服务。通过企业的信息化强化与客户的适时沟通,不断了解客户需求的变化,并且很敏锐地立即响应,以便对客户提供全面的物流信息以及个性化的客户服务。

(五) 明确制定物流服务评估标准

一般情况下,合约条款是客户评估物流服务提供商服务水平的标准。然而多数物流外包合约条款只描述结果,因此凭借它并不能对外包业务过程进行有效评估,也无法建立适宜的持续改进机制。正因为缺乏有效的评估手段,当客户准备增加外包项目时,往往会发现物流服务提供商已不符合其进一步的要求。简单地说,服务合作关系中评估是很主观的,并且这种主观性是不可避免的。因此,物流服务提供商要理解评估中的误差并努力去和客户协调关系,依据合约,在充分沟通协商的基础上,设计一个服务项目清单以获得反馈,这将有助于制定评估标准。评估标准应由合作双方共同制定,因为双方各自有不同的专业领域知识和考虑问题的不同角度。因此,制定评价尺度的通力合作可确保双方利用各自领域的专业知识,并考虑到双方的因素。被双方都认可的测试方法必须包括来自双方的数据收集和数据分析,这是很关键的,因为这样避免了买卖双方用不同的标准评价同一行为。同时评估标准要有可操作性,应该包含涉及企业发展的所有重要因素;这个评估标准要不断更新,以适应总体战略的需要。

(六) 不断对物流客户进行绩效评价

客户服务的实施情况应该每隔一段时间进行定期核查,其中特别值得注重的是,物流销售部门或客户是否对物流现状有抱怨,有无错误配送,事故破损是否严重等,以及,是否向客户做过调查,所设定的服务水准是否得以实现,在服务成本上应保持多大的合理性等。总之,对客户服务绩效进行评估的目的在于不断适应客户需求的变化,及时制定出最佳的客户服务组合。所以,定期了解客户的满意度,改善物流系统是客户服务中心的关键要素。

(七) 持续巩固合作关系

物流外包意味着供需双方利益是捆绑在一起的——良好的合作关系能使供需双方受益,而任何一方的不良表现也会损害双方的利益。因此,供需双方自我真诚的评估和定位,相互信任,忠诚履行承诺是建立良好外包合作关系的关键因素。要在整个合作过程中积极理顺沟通渠道。在履行物流外包合约过程中,双方要花费时间与精力相互沟通,建立正式的沟通体制,沟通模式也必须经过双方讨论确定下来。正式沟通对于服务客户关系尤其重要,因为服务状况和标准随时都在改变,双方都必须意识到这种改变,从而不断巩固合作关系。

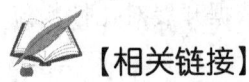【相关链接】

企业的物流形式

主要有两种:自营模式与外包模式,也有的企业两者兼顾。

自营模式,即企业自己从事物流活动。

外包模式,即企业将部分或全部物流业务外包给专业的物流企业运作。

(八) 在合作中建立有效的利益、风险分担机制

尽管联盟的基础是合作,但由于各自利益主体不同,在分配合作所带来的利益问题上彼此会展开竞争。由此可知,物流服务提供商需要确定联盟的合作程度以及合理的利益、风险分担机制。明确双方在合作关系中的角色,合作双方都应该明确哪一方对哪些或哪种合作行为负责,尤其要搞清楚在合作过程中对于客户的某些需求和服务变动的最终决策权在哪一方。

(九) 物流中心的建设与完善

物流中心作为客户服务的基础设施,其建立和完善对于保障高质量的客户服务是必不可少的,这是因为物流中心的功能表现为通过集中管理订货频度较高的商品使进货时期正确化,提高了在库服务率,同时由于缩短了商品在库时间,提高了在库周转率,商品入库增多。除此之外,物流中心在拥有对应多品种、小单位商品储存功能的同时,还具有备货、包装等流通加工机能,能够实施适当的流通在库管理和有效的配送等物流活动。这些都是高质量客户服务的具体表现。

(十) 完善解决问题和争议的方式

任何一种合作关系都是存在矛盾的,如果双方清楚各自关注的问题,能通过一个渠道被对方了解,那么他们将更愿意表达自己的观点和建议。当物流供需双方建立外包合作关系后,认真细致地考虑未来会发生的变化、潜在问题,并在问题出现之前提出解决方案,这对保障外包顺利实施不无裨益。双方可以经常探讨如何解决假设存在的问题,如如何处理客户投诉、服务质量下降、应变能力降低等。与物流服务提供商的合作关系并不总是一帆风顺的,若彼此的看法能适当的表达,公司将从中获益良多,所以为避免冲突的发生,事前就应该规划出当冲突发生时双方如何处理的方案,一旦有一方的需求不能得到满足时,即可加以引用并借以改进彼此的关系。

【实训任务实施】

实训项目:认知体验物流客户服务流程

一、实训目标

增强感性认知,模拟建立客户服务流程。

二、实训要求

实训之前要熟练掌握本单元物流客户服务流程等知识点,做好相应的知识准备。

三、实训准备

事先拟好模拟脚本,并在小组内进行角色分工。

四、实训任务

6人组成一个投诉处理小组,选出1名人员分工,以小组为单位开展实训。

五、实训操作

每小组在教师指导下,先根据物流服务的内容编写出某一项业务的服务流程,小组成员分别扮演物流人员和客户等不同的角色,然后根据此服务流程在全班进行模拟表演。

六、技能训练评价

表 4-3-1 技能训练评价表

专业:			班级:		被考评学员:	
考评时间			考评地点			
考评内容			认知体验物流客户服务流程			
考评标准	内容	分值	自评(20%)	小组互评(30%)	教师评议(50%)	考评得分
	查阅资料的内容正确、完整	20				
	参与讨论的积极性	20				
	项目任务完成情况	40				
	有团队合作精神	20				
	综合得分					
指导教师评语:						

【任务小结】

物流客户的投诉管理,要由过去的事后处理变为事前防范,在客户重大投诉还没有出现之前,及时处理,避免客户投诉的发生,而事前预防的种种措施,归根结底就是:不断改进物流客户的服务质量。从如何创建"服务至上"物流企业文化入手,改进客户服务方法和策略,到阐述只有满意的员工才能带来满意的客户以及如何与客户建立伙伴关系,这都是防范和减少物流客户投诉的关键问题。

任务四　客户赔偿处理

 任务目标

通过本任务的学习,熟悉物流中的货损处理、保险处理以及物流争议的解决;掌握物流客户赔偿处理能力,以及相关法律知识。

 重难点分析

如何处理客户赔偿和争议解决方式是难点,本任务理论性强,与实际生活联系不紧密,理解起来比较困难。

 教学建议

建议教学过程中注意加强学生对概念的理解,运用讨论法,案例分析教学方法等。

 【引导案例】

德国 MY 公司(卖方)与捷高公司(买方)达成 CIF 买卖合同,货物通过集装箱装运,从德国经海运至上海,交给买方指定的收货人捷高上海公司。货物运抵上海后,收货人凭提单在港区提货,运至其所在地的某园区内存放。上海新兴技术开发区联合发展有限公司(以下简称"联合公司")在该园区内为收货人拆箱取货时,货物坠地发生全损。

涉案货物起运前,MY 公司向德国某保险公司(以下简称"保险公司")投保,保险公司向 MY 公司签发了海上货物运输保险单,保险单背面载明被保险人为保险单持有人,保险责任期间"仓至仓"。但未载明到达仓库或货物存放地点的名称。事故发生后,保险公司支付 MY 公司保险赔款 19 万德国马克后取得权益转让书,并向联合公司提起海上货物运输保险合同代位求偿之诉。

一审法院经审理认为:收货人凭提单提货,货物的所有权已经转移,MY 公司不能证明事故发生时其具有保险利益,且货损事故发生时保险责任期间已经结束,保险公司不应再予理赔。保险公司不能因无效保险合同或不当理赔取得代位求偿权。遂判决对保险公司的诉讼请求不予支持。

保险公司不服,提起上诉。二审法院认为,货物交付后,海运承运人责任期间结束,所以海上保险责任期间也已结束,对于海上货物运输保险合同终结后发生的货损事故,保险人不必理赔。即使保险公司从托运人处取得代位求偿权,也只能追究承运人责任,而不能追究货物交付后第三人造成的货损责任。因此保险人的代位求偿权不成立。据此驳回上诉,维持原判。

案例思考:

本案从法律关系上看,应该由谁进行索赔?

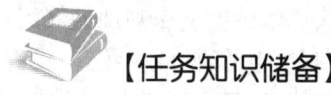

【任务知识储备】

一、货损处理

近些年来,随着信息技术的不断进步,互联网经济带来了更多的电子商务、网络购物等新的营销方式,这必然给商品物流服务带来了更多的机遇和挑战。在这种趋势和背景下,我国的物流相关产业不断发展壮大,各类新型的物流、快递公司如雨后春笋般设立起来。

这种局面带来的直接后果是,运输市场运作不规范,服务水平参差不齐,托运人与承运人之间纠纷不断。在这些货物运输合同纠纷中,大部分起因在于货物在承运人运输过程中发生了遗失、被盗、毁损等货损情况;在因拖欠运费发生的纠纷中,托运人也往往以承运人对其货物的货损须承担赔偿责任为由提出抗辩。

(一) 货物在运输过程中发生货损的责任分析

货物运输合同的标的是承运人的运输服务行为,承运人的主要合同义务应当是安全、完好、快捷、经济地将托运人的货物运送到其指定的地点并妥善交付给其指定的收货人。在货物交付承运人之后,保证货物的安全、完好,无疑是承运人的主要合同义务,如果在运输过程中货物发生毁损或者灭失,则承运人肯定无法保证货物的妥善交付,故不能认为其适当地履行了合同的主要义务,承运人应当对此承担赔偿责任。托运的货物在运输合同中完全脱离托运人的管控,而一直处于承运人的控制之下,这是由货物运输合同的特点和属性决定的。在此情况下,一旦货物发生风险,承运人对货损是否发生、程度如何以及货损发生的原因是最为清楚的,托运人则无从得知。

可见,法律普遍采取这种责任分配方式,一方面是为了督促承运人采取最谨慎的态度履行运输义务,提供安全、优质的运输服务;另一方面是根据货物运输合同的属性及当事人履约行为的特点合理分配责任,以最大限度地保障托运人对托运货物的利益。当然,如果货物的毁损或者灭失是由于第三人的过错造成,如货物被盗或者被他人纵火焚毁,承运人在向托运人或者收货人承担赔偿责任后,还可以向第三人进行追偿。

《合同法》第 311 条明确规定:"承运人对运输过程中货物的毁损、灭失承担损害赔偿责任,但承运人证明货物的毁损、灭失是因不可抗力、货物本身的自然性质或者合理损耗以及托运人或收货人的过错造成的,不承担损害赔偿责任。"

从该条规定不难看出,法律将货物在运输过程中毁损的责任首先归咎于承运人,并且这种归责方式采取了过错推定的法律原则,也就是说,除非承运人能够举证证明导致货物毁损原因是该条明确的三类免责情形,否则法律将推定是承运人的运输行为过错导致了货损的发生,并要求承运人承担损害赔偿责任。由此可见,当托运人或者收货人因货损向承运人主张索赔时,其只需要证明运输合同成立、货物交运以及货损发生的事实,而无须举证证明承运人的运输行为具有不当或者其他过错行为;只要承运人无法证明合同法规定的三类免责情形的存在,承运人就应当对货损承担赔偿责任。

(二) 货损的赔付数额的确定原则

法律已经明确货损的归责原则,但一旦货损发生之后,赔偿数额应当如何确定也争议颇大。其实,合同法对货物运输过程中的货损赔偿额确定方式也已做出了原则性的规定。《合同法》第312条规定:"货物的毁损、灭失的赔偿额,当事人有约定的,按照其约定;没有约定或者约定不明确,依照本法第六十一条的规定仍不能确定的,按照交付或者应当交付时货物到达地的市场价格计算。法律、行政法规对赔偿额的计算方法和赔偿限额另有规定的,按照其规定。"从条文表述可以看出,运输合同中的货损赔偿数额并非直接以货物的实际损失为确定依据,法律强调货损赔偿数额的确定首先应当遵从当事人在运输合同中对货物赔偿数额的预先约定。

法律做出如此规定,是充分考虑了运输行业的特点和发展中形成的惯例:一是运输企业往往投资大、成本高、收益慢,且具有一定的社会公益性,预先约定货损赔偿额有利于其取得与义务对等的合同权利,有利于其控制和分散风险;二是托运人在货损发生后往往难以证明受损货物的货值和损毁程度,索赔障碍较多,而预先约定的赔偿数额有利于托运人对货损取得充分的赔偿。因此,只有在托运人和承运人对货损赔偿数额没有约定或者约定不明确的情况下,才按照货物实际遭受的损失的市场价格来确定承运人所应当承担的赔偿数额。

(三) 运输合同中保价条款的适用

1. 保价条款存在争议

根据《合同法》第312条的规定,当事人对货损的赔偿数额可以预先做出约定,这种约定可以是针对不同情况的货损而明确的一个具体的赔偿数额,也可以是一种计算方法。但在实践中,由于承运人提供作为合同依据的运单、快递详情单一般均采取格式化操作,当事人之间按照上述方法明确预先约定赔偿额的做法并不多见。对货物运输合同中的保价条款,消费者(托运人)、运输企业和法院的认识很不统一。消费者或者托运人无一例外地认为保价条款是地地道道的"霸王条款",应属无效;运输企业则拿出行业惯例、《邮政法》等作为"护身符",强调低廉运费与不保价货物高额损失造成的权利义务的严重失衡,主张不保价者责任自负。

2. 保价条款的内容

保价条款是托运人在托运货物时向承运人要求进行保价运输的情况下成立的特殊合同条款,托运人具有选择权。在货物运输合同中,完整的保价条款应当包含两方面的内容:一是如果托运人选择保价运输,托运人应当声明托运货物的价值,并根据声明价值的大小支付数额不等的保价费。一旦货物发生全损,承运人的赔偿数额就以托运人声明的货物价值来确定;如果货物是部分损毁,赔偿的数额按照声明价值的适当比例来确定。二是如果托运人决定不选择保价运输,那么除运费之外无须另行支付保价费;相应的,一旦发生货损,承运人的赔偿数额将根据双方约定限制在运费的若干倍数以内。

3. 保价条款的法律属性

运输合同的保价条款实质上就是当事人之间在订立运输合同时对货物损害赔偿数额的一种预先约定,根据《合同法》有关规定,一旦货损发生而双方当事人之间又存在有保价条款,承运人应当按照保价数额进行赔偿。当然,当托运人未选择保价运输时,保价条款的另一部分内容将发挥其效力,允许承运人对货损不论实际大小只按运费的固定倍数承担赔偿责任。因此,托运人若要取得足额货损赔偿须在运费之外另行支付保价费并选择保价运输这种方式,这完全符合《合同法》中所确立的权利义务相一致的原则。

4. 格式化的保价条款应由承运人充分提示风险

运输合同双方当事人之间一般使用承运人提供的运单或快递详情单等作为确定合同内容的主要依据,而运单一般采取格式化操作,故应当按照《合同法》中关于格式条款的规定,判断保价条款的选择与否是否代表了托运人的真实意思。一般而言,保价条款在运单或快递详情单上的表现形式是:单据的正面有"是否保价"的选择栏,供托运人填写;有保价费的金额栏,供承运人填写根据保价金额计算得出的应收保价费;不保价的具体赔偿限额约定则一般印制在单据背面的一般运输条款中。鉴于不保价的后果具有限制承运人赔偿责任的性质,根据《合同法》第 39 条规定,承运人作为提供格式条款的一方,有责任采取合理方式提请对方注意该条款,并按对方要求予以说明。因此,应当注意审查运单或者快递详情单是否在正面的显著位置以相对突出的字体印制对背面条款的风险提示字样,如果承运人没有在运单正面以适当方式做出提示,也没有证据证明其在托运人办理托运时口头提示托运人注意运单背面的保价条款,则货损争议发生时承运人无权援引背面的保价赔偿限额对抗托运人的索赔;如果承运人已经以适当的方式做出了提示,托运人也已签字确认,则可以据此认定保价条款有效。

5. 合法有效的保价条款应当得到充分尊重和优先适用

保价条款作为货物运输合同的双方当事人之间对货损赔偿数额的预先约定,只要该条款反映了双方的真实意思,应当认定合法有效并予以充分尊重。如果货损发生,依照合同法的规定应当优先适用保价条款的约定作为确认承运人赔偿数额的依据。

当货损发生时,托运人对其请求承运人赔偿的实际损失的范围负有完全的举证责任,主要理由:一是尽管《合同法》对运输合同中的货损赔偿责任负担问题采取了承运人过错推定原则,托运人一般无须举证证明承运人对货损发生的过错,但根据民事诉讼"谁主张,谁举证"的基本原则,对其交运的货物内容、货物运输实际遭受的损害及其价值减损数额,举证责任仍然在托运人;二是《合同法》第 304 条规定了托运人要有"如实申报"的合同义务,即要求托运人在办理货物运输时应当向承运人准确表明货物的名称、数量等情况,而当事人在货损发生后,尤其是货物灭失后对货物的实际内容发生争议,其原因往往在于托运人在托运时没有如实、准确申报托运货物的名称及数量,由此产生的举证困境理应由托运人自己承担。

二、物流风险与物流保险法律制度

(一)物流风险的概念与表现形式

物流企业在提供物流服务过程中常常面临各种风险,这种风险远远高于一般行业。物流风险是物流保险存在的前提和基础,没有物流风险就不存在物流保险。因此,物流保险和物流风险密不可分,只有充分认识物流风险,才能理解物流保险中的法律规定。

1. 物流风险的概念和特点及表现形式

物流风险是物流企业在提供物流服务过程中所面临的各种危险的总称。物流风险的特点主要表现为以下方面:

(1)多样性。因为物流服务不仅包括传统的运输业和仓储业,还包括装卸、搬运、包装、流通加工、配送、信息处理等,这些环节均存在一定的风险性,而且其风险特质各不相同。因此,物流风险首先表现为多样性。

(2) 复杂性。现代物流业不仅涉及运输与仓储,还包括对存货管理、加贴商标、订单实现、属地和包装等提供服务,并且按照客户的经营战略谋划它的物流,从一定意义上讲,现代物流企业是个集多种业务于一身的综合性的大型服务业。正是由于物流业的综合性特点,物流企业的经营风险表现为复杂性的特质。

(3) 风险发生的比例不易确定。风险的估算要参考两个指数,即发生的概率和损失的严重程度。发生损失的概率越大,造成损失的程度越严重,风险也就越大。由于物流风险存在多样性和复杂性特点,所以物流风险的发生比率较难确定,这使得物流业的风险远远高于其他行业。

2. 物流风险的表现形式

从不同角度进行分析,物流风险的表现形式是不同的。

(1) 从物流业经营角度划分物流风险。

① 投资风险。现代物流服务是智能型、管理型产业,高度的现代化需要投入巨额资金,同时也意味着巨大的投资风险。

② 提供物流方案的风险。一些物流商或物流咨询公司专门针对一些客户的原有流程、经营管理及日后的发展计划分析研究后,进行设计,制订出方案,并收取较高的费用。但如果其所提供的方案达不到预期的要求,甚至有严重错误时,会由提供方案方承担相应的法律责任。所以这方面也存在潜在的风险。

③ 商品特性的风险。商品特性与物流商承担的责任有密切关系,其特性直接关系商品损坏的风险程度及导致的索赔事故。商品的特性主要包括六个方面,即易损坏性、易腐烂性、易自燃性、易爆炸性、每千克价值和财产对货运损坏的责任等,其风险不言而喻。

(2) 从风险产生的期间划分物流风险。

① 运输过程产生的风险。运输环节是物流系统的核心。在长距离的物流过程中,物流公司通常把货物运输交给专业承运人承担,物流公司则相当于一般意义上的发货人和收货人,在这种情况下,物流公司的责任风险主要来自承运人。除承运人外,物流公司自身工作的失误造成货物的错发错运也是其面临的风险之一。

② 搬运过程产生的风险。搬运是随运输和保管而产生的必要物流活动,是衔接运输、保管、包装、流通加工等物流活动的中间环节。在物流活动中,搬运活动频繁发生,因而是产品损坏的重要原因之一。

③ 仓储过程产生的风险。仓储是对有形物品提供存放场所,对存放物品进行相应保管,并实施物品存取过程管理的行为总称。现代物流中,仓储风险大致可以分为两类:一类是自然灾害引发的风险,如恶劣天气、洪水、海啸和地震等引起仓储物品毁损或灭失的风险;另一类是人为因素,即仓储监管不当造成损失的风险。仓储过程中物流企业要提供坚固、合适的仓库,对进入仓储环节的货物进行堆存、管理、保管、维护等一系列活动。仓库的损坏、进水、通风不良、没有定期整理和维护,都会引起货物的灭失。

④ 配送过程产生的风险。配送是物流中一种特殊的、综合活动形式,分拣配货是配送的特殊要求,也是配送中有特点的活动。由于配送活动包括的内容较多,所以物流企业

面临的风险也更为广泛。除了货物灭损和延时送达的风险外,还有可能因种种原因导致的分拨路径发生错误,使货物错发错运。

⑤ 流通加工和包装过程产生的风险。流通加工和包装是物品从生产领域向消费领域流动的过程中,为了促进产品销售、维护产品质量和实现物流效率化,对物品进行加工处理和包装的过程。期间可能产生物品发生物理或化学性变化形成质量问题的风险。

(3) 从物流合同角度划分物流风险。

① 与客户的合同责任风险。目前物流服务是买方市场,物流商迫于压力常常在合同中接受客户的某些苛刻条款。现代物流合同的期限又比较长,往往达数年之久,这种合同蕴藏高度的风险性。

② 与分包商的合同责任风险。物流业是所有供应链的组织者,其中有的环节由自己负责,有的环节需要委托分包商具体实施。当发生损失时,无论是谁的过失,均由物流商先承担对外赔偿责任。所以物流企业在选择分包商订立合同时存在风险。

③ 与信息系统提供商的合同责任风险。现代物流企业在开展物流服务时离不开信息技术,物流企业在利用信息技术时面临风险有信息系统出现故障和商业秘密受到侵犯。

(二) 物流保险的概念、险种与功能

1. 物流保险的概念与险种

物流保险一般是指对物流活动过程当中各个主要环节运作风险的保障和理赔。从社会角度看,物流保险是分散物流风险、消化损失的一种经济制度;从法律角度看,物流保险是一种契约或是契约产生的权利义务关系,这种契约即是物流保险契约。

广义的物流保险囊括了物流过程中涉及的全部保险,既包括货运险又包括责任险。

狭义的物流保险是责任保险,是相对于货运险体系之外的另一个体系的保险。货物保险投保人和受益人都是货方,而物流保险投保人和受益人都是物流企业。货物保险标的是货物本身,物流保险保的是物流经营人的责任。因此,真正意义上的物流保险应当是物流责任险。

目前,我国保险公司为物流业提供的保险险种主要有财产保险和货物运输保险。财产保险是承保机器设备、厂房、仓储材料等固定资产的自然灾害和意外事故的风险;而货物运输保险是以运输过程中的货物作为保险标的,保险人承担因自然灾害或意外事故造成损失的一种保险。这两种保险都是针对物流过程中单个环节的,物流的各个环节被肢解,但由于目前我国保险公司只提供这两个险种,所以物流经营人不得不按环节投保。

这种相对独立的保险产品割裂了现代物流的各个环节,与现代物流功能整合的理念背道而驰。比如,物流经营人要完成一项物流活动,就不得不在运输环节投保货物运输险、在仓储环节投保货物仓储险等。多次办理保险手续意味着多次的保险谈判、保单缮制、费用支付等,程序的复杂既延长了物流活动的时间,又增加了多环节保险的费用,给物流经营人带来不便。

【相关链接】

物流保险产品的匮乏主要是因为我国没有像国外那样完备的物流法律法规,物流业缺乏统一的运作规范和操作标准。这种无标准、无规范的物流运作无疑增加了保险产品

开发和设计的难度。因此,加强物流法制建设,可以为保险公司开展物流保险业务提供法律依据。

2. 物流保险的基本功能

保险是基于风险的存在和对因风险的发生而引起的损失进行补偿而产生和发展的,是处理风险的一种典型手段。物流风险的发生是物流保险存在的前提和基础。没有风险,保险便无从谈起。从保险的本质看,保险是多数单位和个人为了保障其经济生活的安定,在参与平均分担少数成员因偶发的特定危险事故所致损失的补偿过程中形成的互助共济价值形式的分配关系。因此,保险是一种高度社会化的业务,也是现代社会互助精神的体现。物流保险的功能可以概括为以下两点:

(1) 分散风险。

从物流经营者的角度看,保险是物流经营者进行风险管理的主要方法之一。保险将不确定的风险以固定的成本支出模式把经营中的风险转嫁给保险人,从而将物流经营者的风险降至最低。从另一个角度看,保险将分散的社会资源集中运作,使被保险人的各种风险能够在尽可能大的范围内得以分散,各种损失尽可能地得以在最大的范围内分摊,是物流企业分散经营运作风险、降低损失最主要的途径。面对保险,风险事故可以仅仅被称作一次"事件"而非"事故",物流经营者的损失经保险的填补,便不再成为其发展的绊脚石。或者从某种程度上讲,这种损失的填补就是风险分散的形式之一。

(2) 补偿损失。

首先,从货物所有人的角度看,不论是从事生产经营的企业自行行使物流职能,还是在当前社会分工的大环境下,将物流过程交由专门从事物流经营活动的第三方物流企业来完成,货物所有人的目标唯一而明确——保质、保量、保时地完成物流合同约定的内容,毫无疑问他们绝不希望在任何一个环节出现任何风险,更不希望因为风险的发生而遭受损失。但是世事无常,即便是小概率发生的风险也会导致利益损失,至少是有损物流经营者的商业信誉。因此,保险的经济补偿功能得以体现。

其次,从社会公众的角度看,整个物流产业与社会公众的联系异常紧密,以运输和仓储环节中的侵权责任表现最为突出。例如,大型物流器械设备使用和保管不当、危险物品运输和保管不当导致的对不特定的第三者侵权和环境污染对社会环境造成破坏,都需要物流经营者承担赔偿责任。保险可以为物流经营者弥补这些赔偿责任的承担而造成的损失。

(三) 物流保险合同

面对物流业这个新兴市场,中国保险业做了大胆的尝试。2004年7月1日,中国人民财产保险股份有限公司率先推出"物流货物保险"和"物流责任险"两个物流保险险种,为物流业的风险防范提供有效保障,填补了我国物流企业综合责任保险的空白,标志物流业进入一个全新的专业风险管理机制阶段。

继中国人保之后,其他保险公司也相继推出物流综合保险。目前物流企业综合保险主要包括财产、货物运输、机器损坏、雇员忠诚保证、人身意外伤害、车辆等。保险公司不同,保险内容有所不同。在物流业的发展中,上述两个保险险种很重要,它们的共同点是能节约时间和成本,物流经营人可以通过一次投保就达到转移风险的目的,从而促进和推动物流业的发展。

1. 物流货物保险

物流货物保险及其附加险主要针对第一方或第二方物流,它的保险标的是物流过程中的全部货物。物流货物保险合同为其客户提供全面、无缝式的保险保障,可避免一票货物一单的承包方式,从而为客户最大限度地简化投保手续,方便客户投保。它的保障范围综合传统货运保险和财产保险责任,承包物流物品在运输、存储、加工包装、配送过程中由于自然灾害或意外事故造成的损失和相关费用。

【相关链接】

从法律上看,物流并不转移货物的所有权,货物所有权仍然掌握在委托方(第一方或第二方)手里,委托方对货物具有直接的保险利益,因此,投保人应当是委托方。货物所有权在第一方和第二方之间的转移,决定由谁办理保险。但不管委托方中任何一方承担保险义务,均与作为第三方的物流企业无关。

2. 物流责任险

物流责任险对于物流经营人和保险公司来说是全新的尝试,它是专门针对第三方物流开发的物流保险产品。物流责任险的投保人和受益人都是物流企业,他的保险标的是第三方物流企业的责任风险。

(1) 物流责任保险条款。

中国人民财产保险公司推出的物流责任保险条款规定,在本保险期间,被保险人在经营物流业务过程中,由于下列原因造成物流货物的损失,依法应由被保险人承担赔偿责任的,保险人根据本保险合同的约定负赔偿责任:

① 火灾、爆炸;

② 运输工具发生碰撞、出轨、倾覆、坠落、搁浅、触礁、沉没,或隧道、桥梁、码头坍塌;

③ 碰撞、挤压导致包装破裂或容器损坏;

④ 符合安全运输规定而遭受雨淋;

⑤ 装卸人员违反操作规程进行装卸、搬运。

以上五种原因导致作为被保险人的物流企业要承担对物流货物的赔偿责任时,由保险人负责赔偿。

(2) 物流责任附加险。

物流责任保险条款的第五条还规定了保险人对被保险人所支付的法律费用也承担赔偿责任。物流责任保险条款附加险包括:

① 附加盗窃责任保险;

② 附加提货不着责任保险;

③ 附加错发错运费用损失保险;

④ 附加冷藏货物责任保险;

⑤ 附加流通加工、包装责任保险。

由此可见,物流责任保险承保范围基本上与国际货运代理责任保险承保范围差不多,所以,投保物流责任保险无须再投保国际货运代理责任保险。

【相关链接】

从中国人民财产保险公司的实践看,上述两个物流险种的实施都不尽如人意。尽管该条款在推出之初,很多物流公司的高层都表示对该物流保险有浓厚的兴趣和很高的期待,但条款实施以来,却是看的人多买的人少。

(3) 现行险种的缺陷。

从目前的物流保险市场来看,即使没有物流货物险,物流经营人仍可通过现行的险种进行投保,虽然对物流经营人来说,手续比较麻烦。现行险种不够完善,主要表现为:

① 保险责任范围小,无法满足市场需求。

保险人承担责任的条款只有两条,除外责任却多达二十几条。在承保范围内,还设定了限制条款,物流经营人真正想转移的风险没有被写进条款中,不能充分满足第三方物流企业,特别是国际物流企业的责任保险需求。

② 计收保费依据欠科学合理。

物流责任险一改责任保险的传统做法,没有按照保险人在保险合同期限内的累计赔偿责任限额和单次保险事故赔偿责任限额两个重要指标确定向被保险人收取保费,而是按照被保险人的营业收入计收保费,这不太符合物流企业的实际情况。事实上,不同类型的物流货物损坏及灭失发生概率存在差异,不同物流服务企业运输、储存、配送物流货物种类也存在差异。而且,物流货物自身价值与物流服务费用无必然比例关系,保险费用与保险人的赔偿责任限额却是密切相关。因此,该条款导致高昂的物流责任保险费用,增加了第三方物流企业的成本,在一定程度上影响了该险种的推广。

出现这种局面的原因,一方面是由于保险公司单方追求市场利益。我国尚未建立完善的物流保险法律制度,保险公司在制定物流保险合同时无法可依,随意性较强。另一面是物流业对保险的定位不清,主要表现为物流企业和货主混淆了物流货物保险和物流责任险。

【相关链接】

很多货主认为,第三方物流企业既然作为承运人,理所应当对于物流作业环节中发生的损失予以赔偿,自己无须再花钱办理保险。实际上,双方的保险需求完全不同。第三方物流企业在从事物流业务时,向委托方收取的保险费具有代收性质,第三方物流企业不应该是货物保险合同的当事人,它只对在物流作业中因货物损失等风险造成的损失负责。所以,第三方物流企业承担的是货物损失责任,应投保责任保险。还有一个原因是第三方物流市场不成熟,物流保险条款设计难度偏大。

目前我国物流市场混乱,没有标准化的物流企业分类及信用分级体制。加上缺乏统一配套的物流法规,行政管理条块分割现象严重,致使保险行业设计物流保险条款时措辞的使用、责任的界定均无法可依。

如何开展物流责任保险是我国保险市场面临的新问题。国外大多数物流保险都是"一揽子保险",即将物流过程中涉及的人身保险、财产保险、责任保险等条款全部标准化,都集成于一份保险单上面。针对我国目前的物流保险情况,应该对现行的保险条款做相应调整,制定符合物流实际情况需要的标准保险条款。业界目前迫切需要解决的问题是分清物流货物保险与物流责任保险,设立更合理的险种。

对于货运险,可以通过增加诸如隐藏损失责任条款,装前卸后条款,对于财产保险应增加仓储责任条款等达到分担物流经营人风险的目的。应当针对物流企业运营过程中所负的责任进行投保,或者是根据事故发生后,物流企业对此事故应负的责任进行赔偿,推出"物流赔偿责任险"。除此以外,任何货物损失都不应该由物流企业负担。这样才能使物流企业轻装上阵,真正达到保险的目的。

总的来说,建立和谐的物流与保险关系可以分两个层次进行理解:首先,加强物流企业与保险公司的合作;其次,物流业的发展势头和广泛的服务范围,使得保险业设置物流保险就能透过物流企业这个层面接触并承保物流服务后面的巨大的客户群。另外,物流企业将社会单个经营单位组合成庞大的集合体,通过集体采购可以大大节约单个客户在投保和索赔方面的成本支出。总之,保险公司与物流企业应积极建立起战略伙伴关系,实现双赢。

(四)物流活动中的保险法律规定

1. 货物运输保险的法律规定

(1)货物运输保险合同的概念和种类。

货物运输保险合同是指运输过程中,货物作为保险标的,保险人对保险标的因自然灾害或意外事故造成的损失承担赔偿责任而订立的保险合同。按照运输工具不同,货物运输保险合同可分为水路货物运输保险合同、公路货物运输保险合同、铁路货物运输保险合同、航空货物运输保险合同和海洋货物运输保险合同等;按适用范围不同,可以分为国内货物运输保险合同和涉外货物运输保险合同两种;按照保险人承担的责任不同,可以分为基本保险合同和综合保险合同。

(2)货物运输保险合同的特征。

① 以仓至仓确定保险期间。货物运输保险合同普遍采用仓至仓条款,即保险人承担保险责任期间,自被保险货物离开起运地点的仓库或储存所时起,至到达目的地收货人的仓库或储存所时终止。如果被保险货物未到达收货人的仓库或储存所,保险人对被保险货物承担保险责任的期限,以被保险货物卸离最后运输工具后的约定期间为限。

② 约定保险标的的价值。货物运输保险的保险标的的流动性较大,货物运输保险一般采用定值保险的做法,以约定的保险标的的价值确定保险金额。国内货物运输保险合同保险标的的价值一般通过起运地发票价、目的地成本价或目的地市价确定。涉外货物运输合同保险标的的价值根据不同的价格条件确定。较为普遍的价格条件有三种:离岸价格、成本加运费价格和到岸价格。

【相关链接】

我国《保险法》第53条规定:"货物运输保险合同和运输工具航程保险合同,保险责任开始后,合同当事人不得解除合同。"我国《海商法》也有类似规定,除合同另外约定外,保险责任开始后,被保险人和保险人均不得解除合同。

(3) 货物运输保险合同的保险责任。

① 基本责任。

货物运输保险合同的基本责任包括因火灾、爆炸、雷电、冰雹、暴风、暴雨、洪水、破坏性地震、地面突然塌陷所造成的损失；因运输工具发生火灾、爆炸、碰撞对所载被保险货物造成的损失，运输工具在危险中发生卸载对所载货物造成的损失，以及支付的合理费用；在装货、卸货或转载时发生意外事故所造成的损失；利用船舶运输时，因船舶搁浅、触礁、倾覆、沉没或遇到码头坍塌所造成的损失。

② 附加或特别责任。

附加或特别责任分为一切险、单独附加险、综合险和特别附加险四种。

(4) 责任免除。

货物运输保险合同的责任免除事项包括被保险人的故意行为或过失；发货人不履行贸易合同规定的责任；保险责任开始前被保险货物早已存在的品质不良和数量短差；被保险货物的自然损耗、市价跌落和本质上的缺陷；货物发生保险责任范围内的损失，根据法律规定或有关约定应由承运人或第三者负责赔偿的部分；战争、军事行动、核辐射或核污染等。

【相关链接】

中国某进出口公司与欧洲某公司依 1980 年《联合国国际货物销售合同公约》订立出口中国花生仁的合同，CIF 价格条件，由中国人民保险公司承保一切险，由广远 × 轮承运。× 轮于 1987 年 1 月 15 日自青岛开航，3 月 24 日抵达荷兰鹿特丹港，在卸货时发现该轮第四舱 18 000 包共 900 吨花生仁部分被带有毒性的蓖麻籽皮污染，收货人全部拒收，并向保险公司提出索赔。

保险公司拒赔，认为花生仁部分被带毒性的蓖麻籽皮污染是在保险责任开始前，被保险货物已存在的品质不良所造成，因为船上根本没有带有毒性的蓖麻籽皮。

结论：保险公司应当拒赔，因为损失属于除外责任所致。

2. 企业财产保险的法律规定

企业财产保险是指以投保人存放在固定地点的财产作为保险标的的一种保险。具体包括以下方面：

(1) 财产保险基本险。

该险种主要承保由于火灾、雷击、爆炸、飞行物体及其他空中运行物体坠落造成的保险财产损失；被保险人拥有财产所有权的自用的供电、供水、供气设备因保险事故遭受损坏，引起"三停"以致造成保险标的直接损失；保险事故发生后，为抢救保险标的而采取合理的措施造成标的的损失以及支付的合理施救费用。

(2) 财产保险综合险。

保险标的及承保责任在财产保险基本险的基础上，还承保由于暴雨、洪水、台风、暴风、龙卷风、雪灾、雹灾、泥石流、崖崩、突发性滑坡、地面突然塌陷造成的损失。

(3) 财产险。

财产险是根据我国具体情况在传统的火险基础上设计的一种适用范围很广泛的险

种。承保对象包括中外合资、合作或外商独资经营的企业财产、来料加工、补偿贸易或使用外汇贷款项目的财产。承保责任为列明责任,包括自然灾害、火灾、爆炸、飞行物体降落,以及水箱、水管爆裂等保险单中列明的责任。

(4) 财产一切险。

财产一切险是在财产险的基础上发展起来的,除了承保财产险中列明的责任外,对于意外事故及人为造成的损失,如偷窃、疏忽、恶意行为造成的直接物质损失或灭失也予以负责。财产一切险的保障范围很大,它负责赔偿列明除外责任以外的各种自然灾害和意外事故造成的损失。

(5) 营业中断保险。

营业中断保险也称利润损失保险,是对财产险或机器损坏险中不保的后果损失提供保险补偿。

3. 机动车辆保险的法律规定

机动车辆保险是指机动车辆所有人或使用人向保险人支付保险金,保险人在被保险车辆发生保险合同约定的保险事故时承担赔偿保险金责任的保险。主要包括基本险和附加险。

(1) 基本险。

基本险分为车辆损失险和第三者责任险。车辆损失险对保险车辆遭受保险责任范围内的自然灾害或意外事故,造成保险车辆本身损失,保险人依照保险合同的规定给予赔偿。第三者责任险对保险车辆因意外事故,致使第三者遭受人身伤亡或财产的直接损失,保险人依照保险合同的规定给予赔偿。

(2) 附加险。

在投保了车辆损失险的基础上可投保全车盗抢险、玻璃单独破碎险、车辆停驶损失险、自燃损失险、新增加设备损失险;在投保了第三者责任险的基础上方可投保车上责任险、无过失责任险、车载物掉落责任险;在投保了车辆损失险和第三者责任险的基础上方可投保不计免赔特约险。

附加险条款与基本险条款相抵触之处,以附加险条款为准;未尽之处,以基本险条款为准。基本险的保险责任终止时,相应的附加险的保险责任同时终止。

三、物流争议解决

物流诉讼是指人民法院在当事人和其他诉讼参与人的参加下,按照法律规定的程序,依法审理和解决物流争议案件的诉讼活动。物流争议的诉讼多数情况适用民事诉讼程序。除了民事诉讼程序,物流争议双方之间还可以自愿达成协议,将纠纷提交仲裁机构进行审理,由仲裁机构做出对双方当事人都具有约束力的裁决。

(一) 物流争议民事诉讼法律制度

1. 民事诉讼的基本原则和制度

(1) 以事实为依据,以法律为准绳原则。

人民法院依据法律审理各类案件必须以事实为依据,以法律为准绳。

(2) 民事诉讼当事人诉讼地位平等原则。

民事诉讼当事人有平等的诉讼地位,享有同等的诉讼权利和承担相应的诉讼义务,人民法院审理民事案件,对当事人在适用法律上一律平等。

(3) 调解原则。

人民法院在合法以及当事人自愿前提下,可以依照法定程序对争议问题进行调解;调解不成的,人民法院应当及时判决。

(4) 辩论原则。

在诉讼中,双方当事人在人民法院的主持下,有权就案件的事实和争议额问题,相互进行反驳和答辩。人民法院审理民事案件时,当事人有权进行辩论,以维护合法权益。

(5) 处分原则。

在诉讼过程中,当事人有权在法律规定的范围内处分自己的民事权利和诉讼权利,他人不得非法干预。

(6) 合议制度。

人民法院审理民事案件,依照法律规定实行合议制度,由3位以上审判员组成合议组织,对案件进行审理和裁判。

(7) 回避制度。

人民法院审理民事案件实行回避制度。民事诉讼法规定的审判人员和其他有关人员与案件有利害关系或者其他关系,可能影响案件公正审理的,法律规定应当回避。回避制度的设立目的是保证案件裁判的公正性。

(8) 公开审判制度。

人民法院审理民事案件实行公开审判原则。但是,人民法院审理的民事案件,涉及国家秘密、个人隐私的,不公开审理;涉及商业秘密的案件,当事人申请不公开审理的,可以不公开审理。

(9) 两审终审制度。

一个民事案件经过两级人民法院审理后即告终结。当事人对第一审人民法院的判决或者裁定不服,可以在法定期限内向上一级人民法院提起上诉。第二审人民法院的判决和裁定是终审的判决和裁定,一经送达,立即生效。

2. 民事诉讼管辖

民事诉讼管辖是确定上下级人民法院之间和同级人民法院之间受理第一审民事案件的分工和权限。

(1) 级别管辖。

级别管辖是人民法院系统内划分上下级人民法院之间受理第一审民事案件的分工。主要是以案件的性质、案件影响的大小、案件的繁简程序为标准确定级别管辖。

① 基层人民法院。

除法律规定由中级人民法院、高级人民法院和最高人民法院管辖的一审民事案件外,其他的一审案件都由基层人民法院管辖。

② 中级人民法院。

中级人民法院管辖下列第一审民事案件:重大涉外案件;在本辖区有重大影响的案件;最高人民法院确定由中级人民法院管辖的案件。包括海事、商事案件以及除专利行政案件以外的其他专利纠纷案件。

③ 高级人民法院。

高级人民法院管辖在本辖区有重大影响的第一审民事案件。

④ 最高人民法院。

最高人民法院管辖下列第一审民事案件：在全国有重大影响的案件；认为应当由本院审理的案件。

（2）地域管辖。

① 一般地域管辖。

一般地域管辖是按照当事人所在地与人民法院辖区的隶属关系确定的管辖。遵循"原告就被告"的原则，由被告住所地人民法院管辖。

对公民提起的民事诉讼，由被告住所地人民法院管辖；被告住所地与经常居住地不一致的，由经常居住地人民法院管辖。

对法人或者其他组织提起的民事诉讼，由被告住所地人民法院管辖。

② 特殊地域管辖。

因合同纠纷提起的诉讼，由被告住所地或者合同履行地人民法院管辖。

因保险合同纠纷提起的诉讼，由被告住所地或者保险标的物所在地人民法院管辖。

因票据纠纷提起的诉讼，由票据支付地或者被告住所地人民法院管辖。

因铁路、公路、水上、航空运输和联合运输合同纠纷提起的诉讼，由运输始发地、目的地或者被告住所地人民法院管辖。

因侵权行为提起的诉讼，由侵权行为地或者被告住所地人民法院管辖。

因铁路、公路、水上和航空事故请求损害赔偿提起的诉讼，由事故发生地或者车辆、船舶最先到达地、航空器最先降落地或者被告住所地人民法院管辖。

因船舶碰撞或者其他海事损害事故请求损害赔偿提起的诉讼，由碰撞发生地、碰撞船舶最先到达地、加害船舶被扣留地或者被告住所地人民法院管辖。

因海难救助费用提起的诉讼，由救助地或者被救助船舶最先到达地人民法院管辖。

因共同海损提起的诉讼，由船舶最先到达地、共同海损理算地或者航程终止地的人民法院管辖。

③ 协议管辖。

合同的双方当事人可以在书面合同中协议选择被告住所地、合同履行地、合同签订地、原告住所地、标的物所在地人民法院管辖，但是不得违反民事诉讼法对级别管辖和专属管辖的规定。

④ 专属管辖。

法律规定因不动产纠纷提起的诉讼，由不动产所在地人民法院管辖；在港口作业中发生纠纷提起的诉讼，由港口所在地人民法院管辖。

⑤ 共同管辖。

共同管辖，即两个以上人民法院对案件有管辖权的，原告可以选择其中一个人民法院提起诉讼。原告向两个以上有管辖权的人民法院提起诉讼的，由最先立案的人民法院管辖，先立案的人民法院不得将案件移送给另一个有管辖权的法院。法院在立案前发现其他有管辖权的法院已经立案的，不得重复立案；立案后发现其他有管辖权的法院已经先立案的,应当裁定将案件移送给先立案的法院。

(3) 移送管辖。

人民法院受理案件后,发现所受理的案件不属于自己管辖时,应当将案件移送给有管辖权的人民法院。受移送的人民法院不得自行移送。如果受移送的人民法院认为受移送的案件依照法律规定不属于自己管辖的,应当报请上级人民法院指定管辖。

(4) 指定管辖。

有管辖权的人民法院由于特殊原因不能行使管辖权的,由上级人民法院指定其他人民法院管辖。人民法院之间就管辖权发生争议,经过协商解决不成的,报它们的共同上级人民法院指定管辖。

3. 物流诉讼参加人

(1) 当事人。

民事诉讼中当事人是因民事权利义务发生争议,以自己的名义起诉或应诉,接受人民法院为解决民事纠纷行使的民事审判权并受法院裁判约束的人,包括原告和被告。

原告是为维护自己的民事权益,以自己的名义向人民法院提起诉讼,从而引起民事诉讼程序发生的人。被告是被原告诉称侵犯其合法权益而与原告发生民事争议,而由法院通知应诉的人。原告与被告可以是自然人、法人或其他组织。

当事人的诉讼权利主要有:起诉的权利;原告放弃或者变更诉讼请求的权利;被告承认或者反驳诉讼请求的权利;提起反诉的权利;申请回避的权利;委托诉讼代理人的权利;收集和提供证据的权利;进行陈述、质证和辩论的权利;选择调解的权利;自行和解的权利;申请财产保全的权利;申请先予执行的权利;提起上诉的权利;申请再审的权利;申请执行的权利;查阅、复制本案有关材料的权利等。

当事人的诉讼义务主要有依法行使诉讼权利的义务;遵守诉讼秩序的义务;履行生效法律文书的义务等。

(2) 共同诉讼人。

共同诉讼是当事人一方或双方是两个以上的诉讼。依照法律规定,当事人一方或者双方为两人以上,其诉讼标的是共同的,或者诉讼标的是同一种类、人民法院认为可以合并审理并经当事人同意的,为共同诉讼。

(3) 第三人。

第三人是对原告与被告之间正在进行诉讼的诉讼标的,具有全部或部分的请求权,或者虽然不具有独立请求权,但是案件的处理结果与其有法律上的利害关系,从而参加诉讼中人。

(4) 诉讼代理人。

根据法律规定或者他人授权,为维护当事人的利益进行诉讼的人是诉讼代理人。

当事人、法定代理人也可以委托1~2人作为诉讼代理人。律师、当事人的近亲属、有关的社会团体或者所在单位推荐的人、经人民法院许可的其他公民,都可以被委托为诉讼代理人。

委托他人作为诉讼代理人的,应当有授权委批书。授权委托书必须记明委托事项和权限。诉讼代理人代为承认、放弃、变更诉讼请求,进行和解,提起反诉或者上诉,必须有委托人的特别授权。

4. 民事审判程序

民事审判程序主要包括第一审程序、第二审程序和审判监督程序。

（1）第一审程序。

第一审程序包括普通程序和简易程序。

普通程序是人民法院审理第一审民事诉讼案件时通常适用的程序。

① 起诉和受理。

起诉是公民、法人或其他组织在其民事权益受到侵害或者与他人发生争议，向人民法院提出诉讼请求，请求人民法院通过审判予以司法保护的行为。

当事人起诉必须具备一定的条件：原告是与本案有直接利害关系的公民、法人和其他组织；有明确的被告；有具体的诉讼请求和事实、理由；属于人民法院受理民事诉讼的范围和受诉人民法院管辖。

当事人起诉应当向人民法院递交起诉状，并按照被告人数提出副本。

人民法院收到起诉状或者口头起诉，对符合起诉条件的，必须受理，应当在7日内立案，并通知当事人；认为不符合起诉条件的，应当在7日内裁定不予受理；原告对裁定不服的，可以提起上诉。

② 审理前的准备。

人民法院接受原告的起诉并决定立案受理后，在开庭之前应当依法做各项准备工作。

人民法院应当在立案之日起5日内将起诉状副本发送被告，被告在收到之日起15日内提出答辩状。被告提出答辩状的，人民法院应当在收到之日起5日内将答辩状副本发送原告。被告不提出答辩状的，并不影响人民法院审理。

人民法院对决定受理的案件，应当在受理案件通知书和应诉通知书中向当事人告知有关的诉讼权利义务，或者口头向当事人告知有关的诉讼权利义务。在合议庭组成人员确定后，应当在3日内告知当事人。

审判人员必须认真审核诉讼材料，调查收集必要的证据。

③ 开庭审理。

人民法院审理民事案件，除涉及国家秘密、个人隐私或者法律另有规定的以外，应当公开进行。涉及商业秘密的案件，当事人申请不公开审理的，可以不公开审理。

人民法院应当在开庭3日前通知当事人和其他诉讼参与人。公开审理的，应当公告当事人姓名、案由和开庭时间、地点。

开庭审理前，书记员应当查明当事人和其他诉讼参与人，宣布法庭纪律。审判长告知当事人有关的诉讼权利义务。

法庭调查按照下列顺序进行：当事人陈述；告知证人的权利义务，证人作证，宣读未到庭的证人证言；出示书证、物证和视听资料；宣读鉴定结论；宣读勘验笔录。

法庭辩论按照以下顺序进行：原告及其诉讼代理人发言；被告及其诉讼代理人答辩；第三人及其诉讼代理人发言或者答辩；互相辩论。

④ 判决。

法庭辩论终结，人民法院应当依法做出判决。对于能够判决前调解的案件，法院还可以进行调解。如果调解不成，应当及时判决。

当事人应当按时到庭。原告经传票传唤无正当理由拒不到庭的,或者未经法庭许可中途退庭的,可以按撤诉处理。被告经传票传唤,无正当理由拒不到庭的,或者未经法庭许可中途退庭的,人民法院可以缺席判决。

人民法院对公开审理或者不公开审理的案件一律公开宣告判决,并应当告知当事人上诉权利、上诉期限和上诉的法院。

简易程序是基层人民法院及其派出法庭审理简单民事案件的程序。法律规定对于事实清楚、权利义务关系明确、争议不大的简单的民事案件,适用简易程序。简单的民事案件由审判员一人独任审理。

(2) 第二审程序。

第二审程序是因为当事人对第一审人民法院所做的未发生法律效力的裁判不服,向上一级人民法院提起上诉,上一级人民法院对案件进行审理所适用的程序。

当事人不服地方人民法院第一审判决的,有权在判决书送达之日起15日内向上一级人民法院提起上诉。当事人不服地方人民法院第一审裁定的,有权在裁定书送达之日起10日内向上一级人民法院提起上诉。当事人上诉应当递交上诉状。上诉状应当通过原审人民法院提出,并按照对方当事人或有代表人的人数提出副本。当事人直接向第二审人民法院上诉的,第二审人民法院应当在5日内将上诉状移交原审人民法院。

第二审人民法院对上诉案件应当组成合议庭,开庭审理,对上诉请求的有关事实和适用法律进行审查。

第二审人民法院对上诉案件经过审理,按照下列情形分别处理:

① 原判决认定事实清楚,适用法律正确的,判决驳回上诉,维持原判决;

② 原判决适用法律错误的,依法改判;

③ 原判决认定事实错误,或者原判决认定事实不清,证据不足,裁定撤销原判决,发回原审人民法院重审,或者查清事实后改判;

④ 原判决违反法定程序,可能影响案件正确判决的,裁定撤销原判决,发回原审人民法院重审。

当事人对重审案件的判决、裁定可以上诉。

第二审人民法院的判决、裁定是终审的判决、裁定。

(3) 审判监督程序。

审判监督程序是人民法院对已经发生法律效力的判决、裁定发现确有错误,依法对案件进行再审的程序。

各级人民法院院长对本院已经发生法律效力的判决、裁定发现确有错误,认为需要再审的,应当提交审判委员会讨论决定。最高人民法院对地方各级人民法院已经发生法律效力的判决、裁定,上级人民法院对下级人民法院已经发生法律效力的判决、裁定发现确有错误的,有权提审或者指令下级人民法院再审。

当事人对已经发生法律效力的判决、裁定认为有错误的,可以申请再审,但是原判决、裁定不停止执行。当事人的申请符合下列情形之一的,人民法院应当再审:

① 有新的证据,足以推翻原判决、裁定的;

② 原判决、裁定认定事实的主要证据不足的;

③ 原判决、裁定适用法律确有错误的；
④ 人民法院违反法定程序，可能影响案件正确判决、裁定的；
⑤ 审判人员在审理该案件时有贪污受贿、徇私舞弊、枉法裁判行为的。

当事人申请再审，应当在判决、裁定发生法律效力后 2 年内提出。

最高人民检察院对各级人民法院、地方各级人民检察院对同级人民法院已经发生法律效力的判决、裁定，上级人民检察院对下级人民法院已经发生法律效力的判决、裁定，发现有法律规定的情形之一，应当按照审判监督程序提出抗诉：

① 原判决、裁定认定事实的主要证据不足的；
② 原判决、裁定适用法律确有错误的；
③ 人民法院违反法定程序，可能影响案件正确判决、判定的；
④ 审判人员在审理该案件时有贪污受贿、徇私舞弊、枉法裁判行为的。

人民检察院提出抗诉的案件，人民法院应当再审。

5. 证据

(1) 证据的概念。

证据是在民事诉讼中能够证明案件真实情况的客观资料，具有客观性、关联性和合法性特点。

(2) 证据的种类。

我国民事诉讼法规定的证据种类有以下几种：① 书证；② 物证；③ 视听资料；④ 证人证言；⑤ 当事人的陈述；⑥ 鉴定结论；⑦ 勘验笔录。

以上证据必须查证属实，才能作为人民法院认定案件事实的根据。

6. 执行程序

当事人对发生法律效力的判决、裁定必须执行。一方拒绝执行的，另一方当事人可以向人民法院申请执行。

申请执行有一定的期限，双方或者一方当事人是公民的为 1 年，双方是法人或者其他组织的为 6 个月。

(二) 物流争议仲裁法律制度

1. 仲裁法的概念与特征

仲裁也称"公断"，是指双方当事人达成协议，自愿将双方之间发生的纠纷，提交仲裁机构进行审理，由仲裁机构做出对双方当事人都具有约束力的裁决的制度。《仲裁法》规定，平等主体的公民、法人和其他组织之间发生的合同纠纷和其他财产权益纠纷，可以仲裁。

仲裁具有以下特征：

(1) 自愿性。当事人是否采取仲裁方式解决纠纷，完全基于当事人双方的自愿。任何一方不同意用仲裁的方式解决纠纷，都不会引起仲裁程序的适用。

(2) 约束性。仲裁的裁决对当事人均有约束力，一方当事人不履行的，另一方当事人可以向人民法院申请执行，受理申请的法院应当执行。

(3) 灵活性。当事人可以选择仲裁庭的组成形式、开庭的方式及仲裁规则等，仲裁程序、仲裁形式等与民事诉讼相比，具有很大的灵活性。

(4) 效率性。仲裁实行一裁终局制度,不同于法院审判的两审终审制度,可以使当事人的纠纷在较短时间内得到解决。

2. 仲裁机构

仲裁机构包括仲裁委员会和仲裁协会。

(1) 仲裁委员会。

仲裁委员会可以在直辖市和省、自治区的人民政府所在地的市设立,也可以根据需要在其他社区的市设立,不按照行政区划层层设立。涉外仲裁委员会可以由中国国际商会组织设立。

仲裁委员会应当具备以下条件:① 有自己的名称、住所和章程;② 有必要的财产;③ 有该委员会的组成人员;④ 有聘任的仲裁员。

仲裁委员会由主任 1 人、副主任和委员若干组成。仲裁委员会的主任、副主任、委员由法律、经济贸易专家和有实际工作经验的人员组成。在仲裁委员会组成人员中,法律、经济贸易专家不得少于 2/3。

【相关链接】

仲裁员应当符合以下的条件:① 从事仲裁工作满 8 年的;② 从事律师工作满 8 年的;③ 曾任审判员满 8 年的;④ 从事法律研究、教学工作并具有高级职称的;⑤ 具有法律知识、从事经济贸易等专业工作并具有高级职称或具有同等专业水平的。仲裁委员会应当从公道正派的人员中聘任符合以上条件的人担任仲裁员。

(2) 仲裁协会。

中国仲裁协会是社会团体法人,是仲裁委员会的自律性组织。仲裁协会是社会团体法人。中国仲裁协会实行会员制,各种仲裁委员会是中国仲裁协会的法定会员。

3. 仲裁协议

仲裁协议是双方当事人自愿将物流争议提交仲裁机构进行裁决的意思表示。仲裁协议对双方当事人具有约束力,仲裁机构因仲裁协议取得物流争议案件的管辖权,同时,也排除了人民法院对仲裁协议中约定事项的管辖权。

仲裁协议可以是物流合同中订立的仲裁条款,也可以是以其他书面方式单独订立的协议,包括以合同书、信件和数据电文(包括电报、电传、传真、电子数据交换和电子邮件)等形式达成的请求仲裁的协议。仲裁协议既可以是在物流争议发生前达成的,也可以是在物流争议发生后达成的。

仲裁协议应当具有以下内容:① 请求仲裁的意思表示;② 仲裁事项;③ 选定的仲裁委员会。仲裁协议必须采用书面形式。

在以下情形下,仲裁协议无效:① 约定的仲裁事项超出法律规定的仲裁范围;② 无民事行为能力人或者限制行为能力人订立的仲裁协议;③ 一方采取胁迫手段,迫使对方订立仲裁协议的。

仲裁协议对仲裁事项或者仲裁委员会没有约定或者约定不明的,当事人可以补充协议;达不成补充协议的,仲裁协议无效。

仲裁协议约定两个以上仲裁机构的，当事人可以协议选择其中的一个仲裁机构申请仲裁；当事人不能就仲裁机构选择达成一致的，仲裁协议无效。

仲裁协议约定由某地的仲裁机构仲裁，并且该地仅有一个仲裁机构，该仲裁机构视为约定的仲裁机构。该地有两个以上仲裁机构的，当事人可以协议选择其中的一个仲裁机构申请仲裁；当事人不能就仲裁机构选择达成一致的，仲裁协议无效。

【相关链接】

仲裁协议独立存在，物流合同中的仲裁条款应视为与合同其他条款分离地、独立地存在的条款。物流合同的变更、解除、终止或者无效，并不影响仲裁协议的效力。

物流合同当事人对仲裁协议的效力有异议的，可以请求仲裁委员会做出决定或者请求人民法院做出裁定。物流合同当事人对仲裁协议的效力有异议的，应当在仲裁庭首次开庭前提出。

4. 仲裁程序

（1）申请与受理。

物流争议当事人申请仲裁应当符合一定的条件：

① 有仲裁协议。

仲裁协议是当事人自愿将他们之间将要发生或者已发生的争议提交仲裁机构解决的意思表示，也是仲裁机构受理案件的依据。如果当事人之间没有仲裁协议，仲裁机构不予受理。

② 有具体的仲裁请求和事实、理由。

申请人应当有具体的仲裁请求，并且以一定的事实和理由作为依据。

③ 属于仲裁委员会的受理范围。

当事人申请仲裁解决的纠纷应当是属于仲裁解决的范围，该仲裁委员会也是当事人在仲裁协议中所选定的，而且当事人提交仲裁委员会解决的纠纷是仲裁协议中所确定的事项。

当事人申请仲裁，应当向仲裁委员会递交仲裁协议、仲裁申请书及副本。仲裁委员会收到仲裁申请书之日起5日内，认为符合受理条件的，应当受理，并通知当事人；认为不符合受理条件的，应当书面通知当事人不予受理，并说明理由。

仲裁申请书应当记载以下事项：

当事人的姓名、性别、年龄、职业、工作单位和住所，法人或者其他组织的名称、住所和法定代表人或者主要负责人的姓名、职务；

仲裁请求和所依据的事实、理由；

证据和证据的来源、证人姓名和住所。

仲裁委员会按照不同的专业设仲裁员名册。在受理仲裁申请后，仲裁委员会应当在仲裁规则规定的期限内将仲裁规则和仲裁员名册送达申请人，并将仲裁申请书副本和仲裁规则、仲裁员名册送达被申请人。被申请人收到仲裁申请书副本后，应当在规定的期限内向仲裁委员会提交答辩书。

仲裁委员会收到答辩书后,应当在仲裁规则规定的期限内将答辩书副本送达申请人。被申请人未提交答辩书的,不影响仲裁程序的进行。

如果当事人已经达成仲裁协议,一方向人民法院起诉时没有声明订有仲裁协议的,人民法院受理案件后,另一方当事人在首次开庭前提交了仲裁协议的,人民法院应当驳回起诉。但是,如果另一方当事人没有在首次开庭前对人民法院受理案件提出异议,视为放弃仲裁协议,人民法院应当继续审理案件。

申请人可以放弃或者变更仲裁请求。被申请人可以承认或者反驳仲裁请求,有权提出请求。

【相关链接】

一方当事人因另一方当事人的行为或者其他原因可能使裁决不能执行或者难以执行的,可以申请财产保全。当事人申请财产保全的,仲裁委员会应当将当事人的申请依照民事诉讼法的有关规定提交人民法院。申请有错误的,申请人应当赔偿被申请人因财产保全遭受的损失。

(2)仲裁庭的组成。

仲裁委员会受理案件后,应当交由依法组成的仲裁庭审理并做出裁决。

仲裁庭的组成有两种类型:仲裁庭可以由3名仲裁员或者由1名仲裁员组成。当事人约定由1名仲裁员成立仲裁庭的,应当由当事人共同选定或者共同委托仲裁委员会主任指定仲裁员。当事人约定由3名仲裁员组成仲裁庭的,应当各自选定1名仲裁员,或者各自委托仲裁委员会主任指定1名仲裁员。第三名仲裁员由当事人共同选定或者共同委托仲裁委员会主任指定。第三名仲裁员是首席仲裁员。当事人没有在仲裁规则规定的期限内约定仲裁庭的组成方式或选定仲裁员的,由仲裁委员会主任指定。

仲裁庭组成后,仲裁委员会应当将仲裁庭的组成情况书面通知当事人。

为保证仲裁的公正进行,《仲裁法》规定了仲裁员回避制度。

【相关链接】

仲裁员有下列情形之一的,必须回避,当事人也有权提出回避申请:① 仲裁员是本案当事人或者当事人、代理人的近亲属;② 仲裁员与本案有利害关系;③ 仲裁员与本案当事人、代理人有其他关系,可能影响公正仲裁的;④ 仲裁员私自会见当事人、代理人,或者接受当事人、代理人请客送礼的。

当事人提出回避申请的,应当在首次开庭前提出并说明理由。回避事由在首次开庭后知道的,可以在最后一次开庭终结前提出。仲裁员是否回避由仲裁委员会主任决定;仲裁委员会主任担任仲裁员时,由仲裁委员会集体决定。

(3)开庭与裁决。

仲裁应当开庭进行。如果当事人协议不开庭的,仲裁庭可以根据仲裁申请书、答辩书以及其他证据材料做出裁决。

仲裁不公开进行。如果当事人协议公开的,可以公开进行,但涉及国家机密的除外。

仲裁委员会应当在仲裁规则规定的期限内将开庭日期通知双方当事人。申请人经过书面通知,无正当理由不到庭或者未经仲裁庭许可中途退庭的,可以视为撤回申请。被申请人经书面通知,无正当理由不到庭或者未经仲裁庭许可中途退庭的,仲裁庭可以缺席裁决。

当事人应当对自己的主张提供证据。仲裁庭认为有必要收集证据的,可以自行收集。证据应当在开庭时出示,当事人可以质证。在证据可能灭失或者以后难以取得的情况下,当事人可以申请证据保全。

当事人在仲裁过程中有权进行辩论。

当事人申请裁决后可以自行和解。达成和解协议的,当事人可以请求仲裁庭根据和解协议做出裁决书,也可以撤回仲裁申请。和解撤回仲裁申请后又后悔的,当事人可以根据仲裁协议申请仲裁。

仲裁庭开庭后可以先行调解。调解应当遵循合同当事人自愿的原则。调解不成的,仲裁庭应当及时做出裁决。调解达成协议的,仲裁庭应制作调解书或根据协议结果制作裁决书。调解书经双方当事人签收后即发生法律效力。在调解书签收前当事人反悔时,仲裁庭应及时做出裁决。

裁决书自做出之日起发生法律效力。

5. 申请撤销裁决

当事人提出证据证明裁决有下列情形之一的,可以向仲裁委员会所在地的中级人民法院申请撤销裁决:

(1) 没有仲裁协议的。没有仲裁协议是指当事人没有达成仲裁协议,仲裁协议被认定无效或者被撤销的,视为没有仲裁协议。

(2) 裁决的事项不属于仲裁协议的范围或者仲裁委员会无权仲裁的。

(3) 仲裁庭的组成或者仲裁的程序违反法定程序,可能影响案件正确裁决的。

(4) 裁决所根据的证据是伪造的。

(5) 对方当事人隐瞒了足以影响公正裁决的证据的。

(6) 仲裁员在仲裁该案时有索贿受贿、徇私舞弊、枉法裁决行为的。

人民法院组合合议庭审查核实有以上情形之一的,应裁定撤销裁决。凡裁决违反社会公共利益的,也应当裁定撤销。

当事人申请撤销裁决的,应当自收到裁决书之日起6个月内提出。人民法院应当在受理撤销裁决申请之日起2个月内做出撤销裁决或者驳回申请的裁定。

6. 仲裁裁决的执行

根据仲裁法的规定,仲裁实行一裁终局的原则,仲裁庭做出的裁决是终局的裁决,当事人不得就同一纠纷再次申请仲裁,也不能以不服仲裁裁决为由向人民法院提起诉讼。

对仲裁庭做出的裁决,当事人应当履行。一方当事人不履行的,另一方当事人可依照《民事诉讼法》的有关规定向人民法院申请执行,受申请的人民法院应当执行。

被申请人提出证据证明裁决有下列情形之一的,经人民法院组成合议庭审查核实,裁定不予执行:① 当事人在合同中没有订立仲裁条款或者事后没有达成书面仲裁协议的;② 裁决的事项不属于仲裁协议的范围或者仲裁机关无权仲裁的;③ 仲裁庭的组成或者仲裁的程序违反法定程序的;④ 认定事实的主要证据不足的;⑤ 适用法律确有错误的;⑥ 仲裁员在仲裁该案时有索贿受贿、徇私舞弊、枉法裁决行为的。

【实训任务实施】

实训项目:认知体验物流客户赔偿处理

一、实训目标

增强感性认识,模拟处理客户赔偿的流程,以此增强物流企业的客户服务人员处理赔偿的能力。

二、实训要求

实训之前要熟练掌握物流客户赔偿处理等知识点,做好相应的知识准备。

三、实训准备

事先拟好模拟脚本,并在小组内进行角色分工。

四、实训任务

进行情景模拟练习。假如有一名客户因为收到货物时发现货物发生毁坏,因而向公司申请赔偿。请展示解决赔偿的整个过程,也可自行增加其他情节。

五、实训操作

每小组在教师指导下,先根据物流客户请求赔偿的内容编写出服务流程,小组成员分别扮演物流人员和客户等不同的角色,然后根据此服务流程在全班进行模拟表演。

六、技能训练评价

表 4-4-1 技能训练评价表

专业:		班级:		被考评学员:	
考评时间		考评地点			
考评内容		认知体验物流客户赔偿处理			
考评标准	内容	分值	自评 (20%)	小组互评 (30%)	教师评议 (50%)	考评得分
	查阅资料的内容正确、完整	20				
	参与讨论的积极性	20				
	项目任务完成情况	40				
	有团队合作精神	20				
	综合得分					

续 表

指导教师评语：

【任务小结】

货损在货物运输中是不可避免的，因此，我们就需要对货物在运输过程中发生货损的责任以及赔付金额进行分析和确定。物流风险是物流保险存在的前提和基础。物流风险存在多样性、复杂性、风险发生的比率不易确定等特点。物流风险主要产生于运输、搬运、仓储、配送、流通加工和包装等物流活动过程中，物流企业不仅在物流活动过程中要承担物流风险，而且在投资、提供物流方案、商品特性、与客户及分包商的合同责任、与信息提供商的合同责任等各方面面临经营风险。

物流保险是指物流活动过程当中各个主要环节运作风险的保障和理赔，它对减轻物流企业的经营风险，推动物流业的发展意义重大。广义的物流保险囊括了物流过程当中涉及的全部保险，既包括货运险又包括责任险。狭义的物流保险是责任保险。目前我国保险公司为物流业提供的保险险种主要有财产保险和货物运输保险。

参考文献

[1] 胡丽霞,陈捷.物流市场调查与分析[M].北京:中国水利水电出版社,2011.
[2] 曲建科.物流市场营销[M].北京:电子工业出版社,2017.
[3] 赵一平.物流客户服务[M].北京:中国物资出版社,2006.
[4] 张杰,徐蕾.物流客户服务[M].大连:大连出版社,2006.
[5] 盘红华.电子商务客户服务[M].北京:北京理工大学出版社,2016.
[6] 常莉.物流客户服务[M].北京:中国财政经济出版社,2015.
[7] 周爱国,陈羲.物流客户投诉与危机处理[M].北京:中国物资出版社,2008.
[8] 崔亮.客户异议与投诉处理[M].北京:高等教育出版社,2010.
[9] 袁旦.物流客户服务[M].北京:电子工业出版社,2018.
[10] 杨永杰.物流客户服务[M].北京:中国劳动社会保障出版社,2006.
[11] 常莉.物流企业客户服务[M].北京:中国物资出版社,2006.
[12] 王峰,郭晓莉.物流法律法规知识[M].北京:北京理工大学出版社,2015.
[13] 张冬云,谷晓峰.物流法律法规概论与案例[M].北京:北京交通大学出版社,2015.
[14] 王海兰.物流标准与法规[M].上海:上海财经大学出版社,2018.
[15] 刘中,李明顺,柳伍生.物流项目招投标管理[M].北京:电子工业出版社,2006.
[16] 石文庆,周其亮,钱进.物流业务招投标实战指南[M].北京:人民邮电出版社,2009.
[17] 孟祥茹.物流项目招投标管理[M].北京:北京大学出版社,2010.
[18] 赵曾海.招标投标操作实务[M].北京:首都经济贸易大学出版社,2017.
[19] 百度百科.https://baike.baidu.com/.
[20] 百度文库.https://wenku.baidu.com/.
[21] 中国知网.https://www.cnki.net/.